살아있는 지리 교과서 **1**

살아있는 지리 Geography 교과서

1 자연지리
— 사람과 자연의 조화로운 공존

전국지리교사연합회

Humanist

우리 삶과 밀접한 지리 교육을 꿈꾸며

1

수업 내내 판서를 하고 지도를 그리고 목청을 높여 지리를 가르쳐 왔지만, 정작 지리가 어떤 가치를 지닌 과목인지, 어떤 가치를 지녀야 할 과목인지 잘 알 수 없었다. 또한 지리 교육이 미래를 살아갈 우리 학생들에게 어떤 의미로 다가갈지 감이 잡히지 않았다.

지리 교육의 목표가 '세계와 국토 공간에 대한 이해'임에도 지리 시간이 되면 세계와 국토는 몇 개의 지도와 그래프 뒤로 숨어 버리기 일쑤이고, 학생들은 지리에 대해 점점 흥미를 잃었다. 교육학자 이반 일리치가 "학교가 학생을 바보로 만든다."라고 설파한 것처럼, 지리 수업은 학생들을 지리맹(地理盲)으로 만들어 가고 있다.

게다가 교육 평가가 교육 내용을 철저하게 구속하는 우리나라에서 수능시험의 위력은 막강하다. 최근 '수능 지리'는 한심하기 짝이 없다. 특정 도시들의 연 강수량이나 기온의 연교차 등을 파악할 수 있어야 하고, 우리나라 1차 에너지 중 원자력과 천연가스의 소비 비중을 비교할 수 있어야 수험생은 '지리 1등급'을 받을 수 있다. 전국의 지리 교사와 지리학자들은 과연 '수능 지리'에서 어떤 등급을 받을지 궁금하다.

현재 우리 지리 교육의 비극은 '틈', '간격', '거리', '헐거움'에서 나온다. 우리의 삶과 지리 교과서 간에 틈이 있으며, 교과서와 수업 간에 틈이 있으며, 수업과 평가 간에도 틈이 있다. 결국 우리의 삶과 수능시험 사이에는 말로 표현할 수 없을 만큼의 '멀고도 먼 거리'가 존재하며, 그 사이에는 지리 교육을 집어삼키고도 남을 심연이 있다.

2

우리는 기존의 지리 교육을 대체할 수 있는 대안 지리 교육이 필요하다고 생각하였다. 대안 지리 교육은 삶과 밀접한 지리 교육을 말한다. 도심, 부도심, 중간 지역, 주변 지

역은 학생의 삶과 아무 연관이 없는 공허한 개념에 지나지 않는다. 도시에서 사람들이 어떻게 부대끼며 살아가는지, 더 나은 삶을 위해 도시 공간을 어떻게 가꾸어야 하는지를 아는 것이 중요하다.

대안 지리 교육을 구성하려면 현실을 제대로 볼 수 있는 관점의 변화가 필요하다. 그러려면 먼저 우리 지리학과 지리 교육을 감싸고 있는 두터운 커튼을 걷어 올려야 한다. 현행 지리 교육은 '통계자료를 지도나 그래프로 만들고, 이를 분석하고, 다시 분석한 내용을 받아들이기'의 메커니즘으로 진행된다고 해도 지나친 말이 아니다. 우리는 수도권에 대학, 기업, 금융기관 등이 집중되어 있는 사실을 이미 알고 있다. 그럼에도 애써 통계자료를 찾고, 그것을 그래프로 만들고 분석한 후, 수도권에 기능이 집중되어 있다는 사실을 재차 확인하며 만족해한다. 그 과정에서 '수도권에 주요 기능이 집중된 이유는 무엇인가?', '지역 간 기능 집중의 차이는 무엇을 뜻하는가?', '지역 간의 불균형을 해소하려면 어떤 노력을 기울여야 하는가?'와 같은 중요한 물음들은 소멸되고 만다.

지리 교육을 삶과 무관하게 만드는 '두터운 커튼'의 정체는 무엇일까? 그것은 바로 '공간과 시간', '공간과 사회', '공간과 경제', '공간과 정치'의 분리이다. 지리 수업 시간에 도시, 인구, 문화, 기후와 지형 등을 학생들에게 가르치지만, 정작 총체성으로서의 공간에 대해서는 가르치지 못하였다. 따라서 대안 지리 교육은 분리라는 장막을 거둔 '총체성으로서의 공간을 보는 능력'을 가르치고 배우는 교육이 되어야 한다.

우리는 '살아 있는 지리 교육'과 '살아 있는 지리 교과서'가 어떤 모습이어야 하는가에 대해 많은 생각들을 서로 교환하였다. 또한 기존의 교과서 체제를 유지할 것인가, 아니면 획기적인 틀을 만들어 볼 것인가를 놓고 고민하면서 많은 공을 들였다. 틀을 만든 후에도 고민은 계속되었고, 난상 토론과 불면의 밤도 끊이지 않았다. 그 끝없는 노력의 결과물을 이제야 내놓게 되었다.

3

———

이 책을 만들면서 지리 분야의 척박함에 가슴 답답할 때가 적지 않았다. 참고 자료를 찾기 위해 지리 관련 책은 물론 이웃한 학문의 책도 살펴보았지만, 그 속에서 살아 있는 지리 지식을 찾아내는 것은 쉽지 않았다. 우리는 생생한 지리 정보를 찾기 위해 잡지를 뒤적이고, TV 다큐멘터리와 인터넷의 유튜브 동영상에도 두루 관심을 두었다.

우리는 감히 이 책이 우리 지리 교육과 지리 교과서의 전환점이 되리라 생각한다. 대안적인 지리 교육을 생각하여 만든 최초의 대안 지리 교과서이기 때문이다. 첫 작업이기에 부끄럽고 미흡하지만 《살아있는 지리 교과서》는 당분간 우리에게 자부심이자 자랑거리가 될 것이다.

첫 단추는 우리가 끼웠다. 하지만 앞으로 많은 선후배, 동료 교사들이 《살아있는 지리 교과서》의 한계를 지적하고, 그것을 극복하기 위한 시도를 하리라고 생각한다. 이 책을 넘어서는 더 멋진 콘텐츠, 더 멋진 지향(指向)의 대안 지리 교과서들이 봇물처럼 쏟아져 나와 우리 지리 교육의 토양을 살찌우기를 소망한다.

이 책은 전국지리교사연합회 주관으로 만들어졌다. 필자와 검토자는 전국을 망라하였으며, 편집회의도 전국 각지에서 열렸다. 우리는 서로 생활하는 곳도, 말씨나 식성도 달랐지만 지리를 사랑한다는 뚜렷한 공통점이 있었다. '지리 사랑'의 힘으로 3년에 걸친 기획, 집필, 검토의 지난한 시간을 이겨 낼 수 있었다.

지리를 사랑하는 전국의 지리 선생님들께 감사의 마음을 전한다. 지리 교육의 위상이 날로 위협받고 있는 교육 현실 속에서 꿋꿋하게 지리 교육에 헌신하는 선생님들이야말로 진정한 지리의 수호자라고 생각한다. 부디 이 책이 일선 교육 현장을 지키는 선생님들에게 유용하게 쓰이기를 간절히 소망한다. 끝으로 적지 않은 기간 동안 우리와 지리 행로를 함께한 휴머니스트 편집부, 그리고 우리의 가족들에게도 고마운 마음을 전한다.

2011년 8월
필자 일동

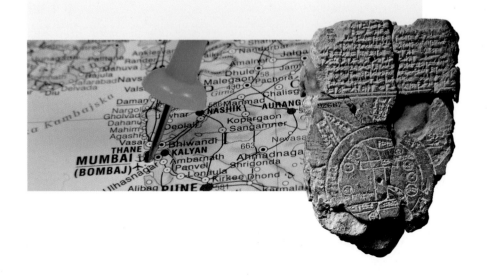

I 지리,
자연을 읽다

리빙스턴과 동행한 베인스가 그린 빅토리아 폭포(1862년)

그들은 왜 떠나야만 했을까?

19세기 유럽의 유명 인사였던 헨리 모턴 스탠리와 데이비드 리빙스턴은 아프리카를 탐험하였던 대표적인 인물이다. 리빙스턴은 영국 왕립지리학회의 후원으로 나일 강의 근원을 찾기 위해 아프리카로 떠났다. 비록 그가 나일 강이 시작되는 발원지라고 믿었던 루알라바 강은 스탠리의 탐험에 의해 나일 강이 아닌 콩고 강의 상류 지역으로 밝혀졌지만, 그 과정에서 리빙스턴은 아프리카의 새 지도를 그릴 수 있었다. 그는 잠베지 강 유역의 지리 정보를 수집하고 아프리카에서 가장 큰 빅토리아 폭포를 발견하기도 하였다.

당시 《뉴욕 헤럴드》의 통신원이었던 스탠리는 연락이 끊긴 리빙스턴을 찾고자 아프리카로 향했다. 1871년 그는 운 좋게 탄자니아 우지지의 탕가니카 호수 부근의 마을에서 병마와 싸우던 리빙스턴을 발견할 수 있었다. 스탠리는 리빙스턴과 대면하자마자 얼떨떨한 마음에 "리빙스턴 박사이신가요?"라는 인사말을 건넸고, 이 일화는 세계적인 뉴스거리가 되었다.

리빙스턴과 스탠리는 둘 다 용감한 탐험가였으나 평가는 극명하게 갈린다. 아프리카를 탐험하는 동안 리빙스턴은 아프리카에 만연한 노예 제도에 반대하며 불행에 처한 이들을 구하는 데 애쓴 반면, 스탠리는 아프리카 원주민들을 야만인으로 취급하며 총을 쏘는 일도 서슴지 않을 만큼 그들에게 가혹하였다.

후대의 평가는 달랐지만 리빙스턴과 스탠리, 이 두 사람에게는 공통점이 있다. 스탠리가 속물적이고 영악하다고 해도 그 역시 자신의 목숨을 걸고 아프리카를 탐험하였다는 것은 부인할 수 없는 사실이다. 그렇다면 그들은 왜 생명의 위협까지 감수하며 낯선 곳으로 떠난 것일까.

가장 근본적인 이유는 절대로 뚜껑을 열지 말라는 제우스의 경고를 어기고 상자를 열었던 판도라처럼 그들 역시 낯선 곳에 대한 호기심을 견디지 못했기 때문이다. "나는 지금 어디에 있는가?", "내가 가 보지 못한 저 너머의 세상에는 무엇이 있을까?", "내가 딛고 서 있는 지구의 모습은 과연 어떨까?" 이러한 질문의 답을 얻기 위해 수많은 사람이 미지의 세계로 떠났고, 스탠리와 리빙스턴도 그런 사람들 중 하나였다.

총을 든 스탠리

1845년 북서항로 개척에 도전한 존 프랭클린 일행(1860년)

낯선 곳에 대한 호기심이 이끌다

나에게 익숙지 않은 장소, 내가 알지 못하는 세상은 언제나 두렵고 불편하다. 그래서 옛날 사람들은 가 보지 못한 세상 너머에는 외눈박이에 뿔 달린 무시무시한 괴물들이 살고 있을 것이라고 생각하였다. 세상의 끝은 한길 낭떠러지이고, 해가 떠오르는 동쪽으로 가면 태양의 열기에 휩싸여 타 버릴지도 모른다고 여겼다. 그러나 인류는 막연한 두려움과 불편함을 뛰어넘어 마침내 세상에서 가장 높은 산과 깊은 오지를 정복하고, 세상의 끝인 북극점과 남극점을 찾아냈다.

사람들은 왜 자석에 이끌리듯 낯선 곳에 끌리는 것일까? 가 보지 못한 미지의 세계를 향한 호기심이 우리를 그곳으로 인도하기 때문이다. 바로 이것이 지리학의 시작이고 매력이며 존재 이유이다. 우리의 호기심만큼이나 지리학의 세계는 공간적으로 넓고, 시간적으로 깊다. 실제로 지리학은 '낯선 곳에 대한 호기심'이라는 강력한 동기를 통해 발전해 왔다.

과거 마르코 폴로가 그랬고 콜럼버스와 마젤란이 그랬듯이 지금도 누군가는 세상을 애정 어린 시선으로 관찰함으로써 끊임없이 새로운 지리적 지식을 발견해 내고 있다. 새로운 발견은 언제나 가슴 설레는 일이다.

누구라도 지리학의 주인공이 될 수 있다. 비록 신항로를 개척하기 위해 떠났던 지리상의 발견 시대는 끝났을지 몰라도 사람들이 땅 위에 발 딛고 살아가는 한 지리학의 발견은 결코 끝나지 않는다. 지리학은 지표상의 물리적인 위치와 분포에 대한 탐색을 넘어, 인간과 인간의 생활양식에 대한 이해까지 추구하는 학문이기 때문이다.

먼 옛날 어떤 이들은 하늘과 바다가 맞닿은 수평선을 보며 멀리 나갔다간 낭떠러지에 떨어질 것이라고 두려워하였지만, 어떤 이들은 같은 수평선을 보면서 지구는 둥글다는 것을 알아차렸다. 떠날 때는 배의 아랫부분부터 서서히 사라지고, 돌아올 때는 배의 돛대부터 떠오르는 것을 관찰하였기 때문이다. 내가 속한 공간을 좀 더 확장된 시선으로 세심하게 관찰하는 것, 이것이 지리적 사고이다. 지표상에서 벌어지는 일들을 지리적 사고를 통해 바라보면 낯선 세상이 매혹적인 이야기로 가득하다는 것을 발견할 수 있을 것이다.

에베레스트 산 정상에 오른 산악인

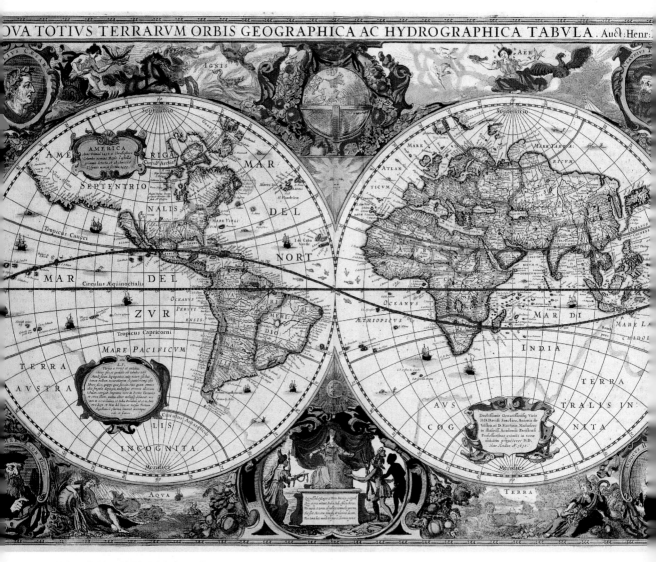

헨리쿠스 혼디우스가 그린 세계지도(1630년)

지리적 사고로 세상의 지평을 넓히다

북극에 사는 북극곰은 온 세상이 눈과 얼음으로 뒤덮여 있다고 여기며, 아마존에 사는 원숭이는 열대우림이 세상의 전부라고 믿을 것이다. 눈에 보이는 세상만이 전부라고 믿는 것은 우물 안 개구리처럼 어리석고 위험한 일이다. 그런데 세상에 대한 무지와 편견에서 벗어날 수 있는 가장 쉬운 방법이 있다. 바로 지리를 만나는 것이다.

지리적 사고로 세상을 본다는 것은 따뜻한 눈으로 자연을 관찰하고, 그 속에서 우주의 이치를 깨닫는 것이다. 그래서 예전처럼 좁은 창으로 작은 세상을 바라보는 것이 아니라 자꾸만 커지는 마법의 창을 통해 넓은 세상을 마주할 수 있다. 이런 마법의 힘은 복잡한 세계를 유기적으로 이해하는 지리의 생명력에서 비롯된다. 그것이 가능할 때만이 화산활동으로 인한 왕조의 몰락, 허리케인이 주식시장에 미치는 영향, 기후변화에 따른 종교의 개혁 등과 같이 별 관련이 없어 보이는 자연과 인간의 관계를 설명할 수 있다.

까마득한 옛날부터 변화무쌍한 자연 속에서 살아가는 데 지리적 사고는 든든한 나침반이 되어 주었다. 인류는 살아남기 위해 지리적 사고를 하지 않을 수 없었다. 어디에 열매와 사냥감이 많은지, 어떤 곳에 위험이 도사리고 있는지 파악해야 했다. 세계가 오늘만큼 발전한 것도 따지고 보면 지리적 사고 덕분이다. 깊고 넓은 눈으로 주변을 관찰하고, 자연의 순리를 이해하는 것은 삶의 지혜를 터득하는 과정이기 때문이다. 지리는 우리의 삶을 좀 더 예측 가능하고 효율적으로 만들어 주기도 하고, 사고의 지평을 한없이 넓히기도 한다.

지리적 사고의 가장 큰 힘은 세상의 다양성을 인정하는 것이다. 습윤기후 지역에 사는 사람들은 산이라면 당연히 녹음이 우거져야 한다고 생각한다. 그러나 세상에는 나무 한 그루 없이 모래와 자갈로만 된 산도 엄연히 존재한다. 또 어떤 사람들은 하천은 상류에서 하류로 갈수록 강폭이 넓어지는 것이 상식이라고 여기지만, 습윤 지대에서 발원하여 건조 지대로 흐르는 하천은 흐르는 동안 수분이 증발하여 하류가 상류보다 강폭이 좁아지기도 하고 하천 자체가 사라지기도 한다. 이처럼 공간과 시간에 따라 변모하는 천의 얼굴을 가진 자연을 이해하기 위해서는 낮은 자세, 자연으로 돌아간 겸허한 마음이 필요하다.

2011년 3월 11일, 일본의 한 마을을 덮치는 지진해일

인간과 자연을 함께 이야기하다

2011년 3월, 미야기 현과 이와테 현 등 일본의 동북부 지역에 리히터 9.0 규모의 지진이 발생하였다. 지진 규모가 리히터 규모 1씩 증가할 때마다 30배 이상의 에너지가 증가한다. 따라서 일본 지진은 리히터 7.0이었던 아이티 지진보다 약 900배 더 강력하며, 1945년에 투하되었던 히로시마 원자폭탄의 2,700배에 해당하는 위력이었다. 2011년 7월 현재 사망자 및 실종자의 수가 2만여 명, 피난민이 10만 명에 이르고, 피해액은 천문학적이다.

문제는 이 지진이 자연재해로만 끝나지 않는다는 점이다. 거대한 지진해일이 덮치면서 후쿠시마 원자력발전소에 문제가 생겼다. 전기 공급 중단으로 냉각수 공급에 차질이 생기자 원자로의 수소 폭발로 이어졌다. 결국 방사능 누출이 시작되었고, 전 세계는 방사능의 공포에 떨고 있다. 일본의 원전 사고는 세계의 원자력 정책에까지 영향을 주고 있다. 이미 여러 나라에서 원전 건설 계획을 잠정 보류하거나, 원전 수명의 연장을 중단하고 있는 실정이다. 방사능 누출에 따른 피해는 장기적으로 나타나므로 앞으로 어떤 피해가 발생할지는 미지수이다.

이러한 지진에 피해가 컸던 것에는 문명의 발달과 인간의 욕심도 한몫하였다. 안락하고 편리한 삶을 영위하기 위해 화석연료를 마구 사용하면서 지구의 기온이 상승하였고, 화석연료의 대안으로 탄생한 원자력발전소는 우리에게 방사능 누출의 위험이라는 기회비용을 선사하였다. 기후, 지형, 식생, 토양과 같은 자연 지리적 조건은 언제나 우리에게 시련과 혜택을 동시에 준다. 세상에 작용·반작용의 법칙이 존재하듯이 자연 역시 인공적인 환경을 조성해 온 우리에게 영향력을 행사하기 시작한 것이다.

이상기후 현상으로 위력적인 자연재해가 잦아지는 요즘, 우리의 삶에서 자연의 영향력쯤은 과학기술로 충분히 극복할 수 있다고 믿는 것은 매우 어리석고 오만한 태도이다. 자연의 절대적 힘 앞에서 여전히 인간은 무기력하기 짝이 없고, 자연을 극복하기 위해 만들어 낸 인공적인 환경은 부메랑이 되어 우리의 삶을 위협하고 있다. 이제 우리는 더 늦기 전에 자연과 인간의 관계를 살피는 지리적 사고를 도구로 삼아 공존을 이야기해야 할 때이다.

Mother Nature too needs care and protection.
Show her you care. By caring for her trees.

love trees... love nature...

5 JUNE
WORLD ENVIRONMENT DAY
Forests: Nature at Your Service
support of the UN International Year of Forests

2011년 세계 환경의 날 포스터

지리, 자연을 꽃이라 부르다

우리는 태양과 바람, 공기와 물, 식물과 동물이 주는 고마움을 쉽게 잊는다. 이렇게 함부로 자연을 파괴했다가는 어느 날 한 통의 편지를 받게 될지도 모른다.

> 안녕하세요. 지구 환경 위원회에서 결정된 결과를 알려 드립니다.
> 지구에는 더는 자연 상태의 깨끗한 공기가 존재하지 않게 되었습니다.
> 수십만 대의 메가톤급 정화기가 돌아가지 않는 이상 숨을 쉴 수 없는 지경에 이르렀습니다.
> 풍요로울 때 지켜야 했지만 우리는 너무 어리석었습니다.
> 따라서 오늘부터 그동안 무료였던 공기는 다시는 제공되지 않습니다.
> 본인의 몸무게와 호흡수에 따라 매달 산소세가 부과될 예정이오니, 이 점 주지하시기 바랍니다.

공기를 돈을 주고 사야 한다니 말도 안 되는 이야기라고 생각하는가? 그러나 옛사람들도 물을 사 먹는 세상을 상상하지 못했다. 이 편지는 '공유지의 비극'이라는 짧은 우화를 떠올리게 한다.

누구에게나 열려 있는 공공 목장이 있다. 공짜라는 이유로 목동들은 소들을 마음껏 풀어놓고 풀을 뜯어 먹게 하였다. 그런데 소가 점점 늘어나면 결국 풀은 사라지고 목장은 황폐해질 수밖에 없다. 또한 공동체도 위협을 받게 된다. 즉 공공 목장이 파괴되면서 발생하는 피해는 소를 키우는 목동 모두가 공유하게 되는 것이다.

우화에 등장하는 공공 목장은 바로 '지구'이다. 지구는 공공재이자 유한재의 성격이 강함에도 인류는 그 한계 수용력을 고려하지 않은 채 훼손과 남용을 일삼고 있는 실정이다. 환경문제는 공유지의 비극이 현실로 나타난 결과이다. 인류는 추위와 더위, 굶주림과 질병, 전쟁 등과 같은 고난에서 벗어나기 위해 지구를 끊임없이 변화시켜 왔다.

이제 우리는 하나뿐인 지구를 꽃이라 부를 때가 되었다. "내가 그의 이름을 불러 주었을 때 그는 나에게로 와서 꽃이 되었다."라는 시 구절처럼 지리는 자연을 꽃으로 만든다. 지리적 사고로 세상을 보면 의미 없던 공간이 소중한 공간으로 다가올 것이다. 또한 지리적 교양을 가지게 되면 자연의 숭고함 앞에 겸손해질 수 있을 것이다.

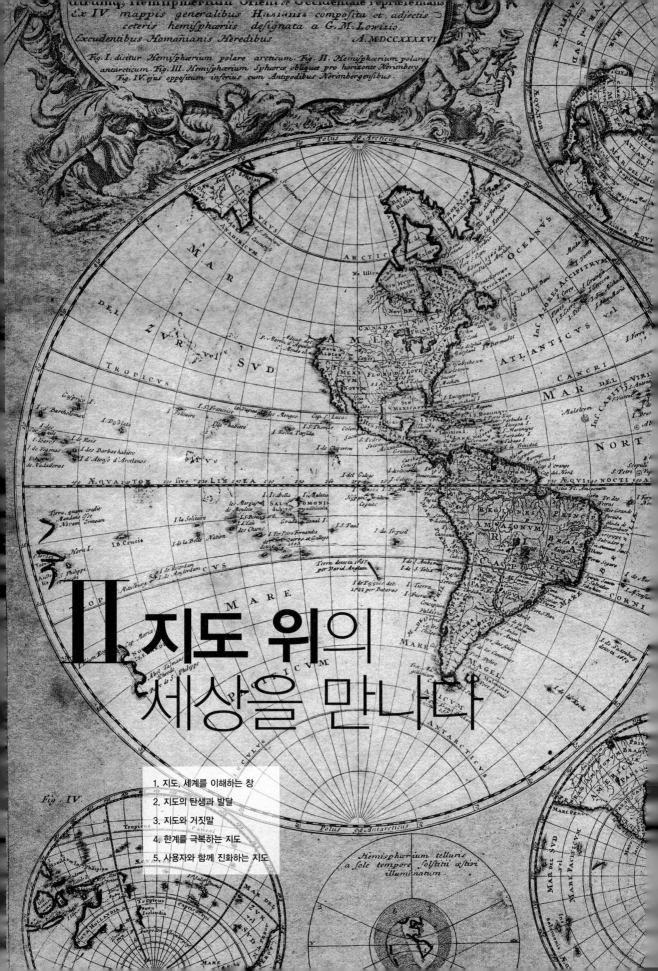

II 지도 위의 세상을 만나다

18세기 세계지도

'마법의 양탄자'를 타고 하늘을 날아오른다.
양탄자가 하늘 높이 날수록 시야에는 넓은 땅이 들어오고,
양탄자가 땅에 가까워질수록 땅 위의 사물들은 자세해진다.
이런 마법의 양탄자가 부러운가?

지도와 지도책은 마법의 양탄자보다 몇 배나 값진 것이다.
지도를 타고 떠나는 여행은 거센 바람에
흔들리지도, 멀미가 나지도 않는다.
고단하거나 피곤하지 않을뿐더러 더위와 추위, 배고픔도
느껴지지 않는다. 지도를 탄 여행에서는 보고 싶은 것만을
골라서 볼 수 있으며, 내가 원하면 과거의 모습, 미래의
모습까지도 볼 수 있다.

'마법의 지도' 속으로 여행을 떠나 볼까?

1 지도, 세계를 이해하는 창

나는 그것이 무엇인지 한눈에 알 수 있었다. 선장의 옷상자 속에서 찾아낸 보물섬 지도였다. ……
그러나 나보다 더 깜짝 놀란 것은 해적들이었다. 마치 쥐를 발견한 고양이처럼 그 지도에 뛰어들었
다. "야, 지도다. 틀림없는 보물섬 지도야!" "그렇다. 플린트가 가졌던 거야. 제이 에프(J. F)라고 씌
어 있어." "됐어, 보물은 이제 우리 차지다."
                                                                  ―《보물섬》, 로버트 루이스 스티븐슨

| 보물을 담고 있는 지도 | 《보물섬》의 해적들이 금은보화를 숨긴 장소를 지
도에 표시한 것처럼 세상의 모든 지도 속에는 보물이 숨어 있다. 그 보물
은 금은보화보다 값진 것으로, 인류가 흘린 땀과 눈물, 그리고 과학과 지식
의 결정체들이다. 지도는 몇천 년 동안 인류가 시도하였던 온갖 도전과 고
민을 보여 준다. 더불어 지도 속에는 당시의 세계관이 그대로 담겨 있을 뿐
아니라 탐험가와 지리학자, 지도 제작자들의 숨은 노력도 깃들어 있다.

지도를 들고 낯선 길을 떠났던 사람들의 모험과 도전은 끊임없이 새로운
지도가 만들어지는 원동력이 되었다. 지도
를 이용해 영웅들은 전쟁을 치렀으
며, 통치자와 관리들은 세상을 다
스렸다. 어떤 이는 지도를 보고
길을 찾아 목숨을 구할 수 있
었고, 또 어떤 이는 이곳저곳
을 이동하며 장사를 하여 큰돈
을 벌 수 있었으며, 역사에 이
름을 남기기도 하였다.

그러므로 지도 한 장에는 무수한

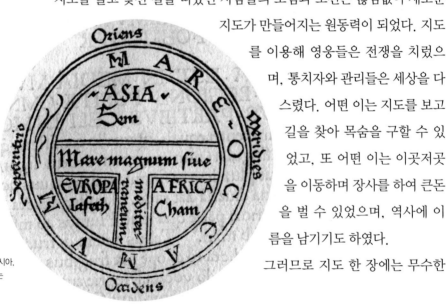

T-O 지도 중세 유럽에서
사용하던 지도로, 당시의
세계관을 보여 준다. 중세
유럽인들은 세상이 둥글다고
생각하였으며, 그 둥근
지구를 둘러싸고 바다가
있다고 믿었다. 둥근
땅에는 T형으로 바다가
있으며, 중앙에는 영원의
도시 예루살렘이 있어
당시의 세계 인식이 그대로
드러난다. 한편, 방위는 현재
우리가 사용하는 것과는 달리
T-O 지도에서는 동쪽이 위에
있다. 따라서 가장 큰 구획이 아시아,
왼쪽 아래가 유럽, 오른쪽 아래는
아프리카이다.

이야기가 담겨 있다. 지도 위에 그려진 작은 점, 가는 선 하나는 단순한 점과 선이 아니다. 작아 보이는 점 하나가 누군가에게는 잊지 못할 중요한 장소나 도시일 수 있으며 가느다란 선 하나가 문명의 원천이 되었던 하천이거나, 치열한 싸움과 갈등을 통해 정해진 국경선일 수 있는 것이다.

| **세계를 이해하는 데 도움을 주는 친구, 지도** | 여기 아프리카 대륙에 자리한 수단의 지도가 있다. 과연 이 지도에는 어떤 시간과 공간의 이야기가 숨어 있을까? 또 우리는 그 이야기를 어떻게 읽어 낼 수 있을까? 지금부터 우리는 지도를 통해 수단의 과거와 현재, 그리고 미래를 같이 읽게 될 것이다.

수단의 지형도에 나타난 색들은 우리에게 수단의 지세▪를 알려 준다. 초록색은 고도가 낮은 편평한 땅을, 갈색은 고도가 높은 곳을 의미한다. 갈색이 진해질수록 고도가 높아진다는 것도 더불어 알아 두자. 따라서 수단의 지형도를 통해 수단의 서쪽에는 높은 땅이, 홍해 연안을 따라서는 낮은 땅이 띠를 이루고 있음을 알 수 있다. 한편, 지도에 파란색 선으로 나타난 하천은 땅의 높낮

지세(地勢)
땅의 생긴 모양이나 기세, 즉 지형을 이름

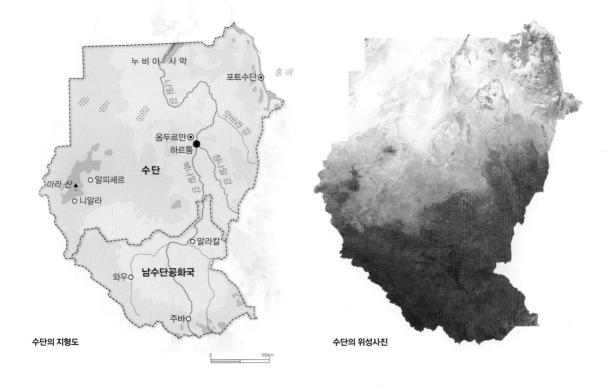

수단의 지형도

수단의 위성사진

이에 따라 남에서 북으로 흐르고 있다. 이 하천이 바로 세계에서 가장 긴 나일 강이다. 지금 이 순간에도 지중해를 향해 흐르고 있을 북아프리카 생명의 젖줄이다. 이렇게 지형도는 땅의 모양과 하천의 흐름 등 지도에 나타난 지역에 대한 전반적인 정보를 우리에게 알려 준다.

이번에는 수단의 지형도를 좀 더 자세히 들여다보자. 지형도의 곳곳에 알알이 찍힌 까만 점들이 보이는가? 이 점들은 뜨겁고 건조한 사막을 의미하는데, 우리가 지도에서 사막을 표현하는 데 쓰기로 약속한 기호이다. 따라서 다른 지도에서 이런 점이 보이면 사막이라고 생각하면 된다. 북서부 지역에 사막 기호가 있는 것으로 보아 이곳은 사람들이 살기 어려운 사막 지역임을 알 수 있다. 또한 지형도에 있는 원형의 여러 기호는 도시를 나타내는 것으로, 인구 규모에 따라 그 크기가 다른데, 특히 수도는 눈에 잘 띄는 빨간색으로 표현한다. 이제 우리는 기호 해석을 통해 사막의 위치, 수단의 수도와 도시 분포도 알게 되었다.

이번에는 근래 들어 지도로 자주 활용하는 위성사진으로 수단을 살펴보자. 수단의 북쪽과 남쪽의 색깔이 확연히 달라 보이지 않는가? 이런 현상은 북부와 남부의 식생 차이에서 비롯된다. 위성사진에서 연한 갈색은 건조 지역을, 초록색은 습윤 지역을 보여 준다. 실제로 북부 지역에서는 일 년 내내 아열대

수단 북부의 사막 아열대고압대에 속하는 수단의 북부에는 사막이 넓게 분포하고 있다. 현재 사헬 지역의 사막화가 진행되어 사막이 점차 확대되고 있다.

수단 남부의 열대초원 적도 바로 위쪽에 위치한 수단의 남부 지역은 적도저압대의 영향으로 비가 내려 식생이 형성될 수 있다.

고압대■의 영향을 받아 사막이 발달하는 반면, 남부 지역에서는 적도저압대로 인해 비가 많이 내려 풀과 나무가 자란다.

지도를 통해 문화도 읽을 수 있다. 아래의 종교 분포도를 살펴보자. 수단의 북부에는 이슬람교도의 비율이 높고, 남부에는 크리스트교와 원시종교를 신봉하는 사람들의 비율이 높음을 알 수 있다. 실제로 북부에서는 피부색이 비교적 흰 아랍계 사람들이 이슬람교를 믿으며 살아가고 있다. 반면, 수단의 남부에는 피부가 검은 비아랍계 사람들이 크리스트교나 원시종교를 믿으며 살아가고 있다.

한 발 더 나아가 보자. 종교 분포도를 보면서 무슨 생각이 드는가? 한 나라 안에서 이렇게 확연하게 종교 분포의 차이가 나타난다면 사회적으로 문제가 있지 않을까, 혹은 문제가 있어서 나뉜 것은 아닐까 하고 생각할 수 있다. 실제로도 그렇다.

수단은 1956년에 영국으로부터 독립하였는데, 그 과정에서 남북은 인종과 종교 차이로 심각한 대립과 갈등을 겪었다. 북부 수단의 누메이리가 1969년 쿠데타를 일으켜 정권을 장

아열대고압대
고기압은 대기를 안정시켜 강수가 매우 적다. 따라서 아열대 고압대에서는 세계적인 사막인 아프리카의 사하라 사막과 아라비아 반도의 룹알할리 사막과 같은 거대한 건조 지역이 나타난다.

내전으로 고통받는 아이들 수단의 북부와 남부에 거주하는 주민들의 인종과 종교는 서로 다르다. 이는 결국 내전의 원인이 되어, 주민들은 20년 동안이나 서로를 향해 총부리를 겨누며 전쟁에 시달려야 하였다.

0 ─── 500km

수단

남수단공화국

이슬람교
크리스트교
원시종교
이슬람교, 크리스트교 혼합
자료: 유엔 개발 계획

수단의 종교 분포도 북부 수단에는 이슬람 세력이 거주하고, 남부 수단에는 크리스트교 및 원시종교를 신봉하는 사람들이 주로 거주한다.

악하고, 1983년 이슬람법을 국가의 공식 법령으로 채택하자 크리스트교를 신봉하는 남부 수단이 강하게 반발하였다. 남부 수단 측에서는 즉각 반군을 조직하여 대항하였고, 수단은 내전의 포화 속으로 들어갔다.

수단의 내전은 그야말로 참혹하였으며, 2005년에야 종식되었다. 20여 년간에 걸친 내전으로 200만 명 이상이 목숨을 잃었다. 2011년 남부 수단의 분리 독립 여부를 묻는 주민 투표가 실시되었는데, 남부 수단의 주민 중 98.83%가 분리 독립에 찬성하였다. 그 결과 2011년 7월 수단으로부터 분리 독립한 남수단공화국이 아프리카 지도에 새로운 나라로 등장하였다.

우리는 종교 분포도를 통해 수단의 아픈 역사를 읽을 수 있었다. 수단에서 벌어진 남북 갈등의 원인은 인종과 종교의 문제이기도 하지만 그게 전부는 아니다. 이제 수단의 자원 분포도로 눈을 돌려 보자. 지도를 보면 검은 황금 이라고 불리며 현대사회에서 국가의 부를 좌우하기도 하는 석유가 수단의 남부에 집중 분포하는 것을 알 수 있다. 이를 통해 갈등의 핵심 은 석유에 있을지 모른다고 추측할 수 있다.

수단 전체를 놓고 볼 때, 남부 수단에서 석유의 75%가 생산된다고 한다. 이렇게 생산된 석유는 파이프라인을 통 해 홍해 연안에 자리 잡은 포트수단으로 운반되어 세계 각 지로 수출된다. 그런데 석유 수출로 발생하는 경제적 이득을

수단의 자원 분포도 북부 수단과 남부 수단 사이에는 국경선과 유사한 경계선이 놓여 있으며, 이러한 두 진영 사이에 석유 자원이 매장되어 있기도 하다.

포트수단

파이프라인

수단

석유 생산지

남수단공화국

주바

● 유전

자료: 유엔 개발 계획

포트수단 북부 수단에 있는 포트수단은 수단의 대표적인 석유 수출항이다.

보는 곳은 석유가 산출되는 남부가 아니라 파이프라인이 통과하는 북부였다. 이로 인해 석유의 이권을 둘러싸고 남북 간에 첨예한 대립과 갈등이 일어나 결국 내전으로 이어졌다.

이후 내전을 끝내고 양 진영은 2011년까지 석유의 생산과 수출에 관한 이익을 절반씩 나누기로 합의하였고, 더 나아가 남북 분리 문제를 주민 투표로 결정하기에까지 이른 것이다. 이처럼 지형에서 시작한 수단의 이야기는 짧게는 50여 년에 걸친 사람들의 이야기이자 길게는 수천 년에 걸쳐 이루어진 자연의 이야기임을 알 수 있다.

여지껏 살펴본 여러 종류의 수단 지도는 수단의 현실을 이해하는 데 도움을 주었을 것이다. 이 지도들에 여러분이 알고 있는 이야기 하나를 더해 보자. 다큐멘터리 영화 〈울지 마, 톤즈〉의 배경은 남부 수단이다. 수단 지도를 통해 이 영화의 주인공 고 이태석 신부가 거룩한 삶을 살다간 남부 수단과 그곳 사람들이 겪고 있는 고통에 대해서 더 잘 이해하게 되었을 것이다. 이처럼 지도에 담겨 있는 수많은 이야기는 내가 살지 않는 다른 세계를 이해하는 창이 된다.

영화 〈울지 마, 톤즈〉 고 이태석 신부는 남부 수단의 고통받는 어린이들을 위해 각종 교육 사업과 의료 사업을 펼치다 아름다운 생을 마쳤다. 다른 사람들 앞에서 눈물을 보이지 않는 것이 그들의 관습이지만 이태석 신부의 사망 소식에 남부 수단 사람들은 하나같이 눈물을 흘렸다.

| 지도, 생명을 구하다 | 재난이 발생하였을 때 구호단체들에게 가장 필요한 것은 무엇일까? 첨단 구호 장비나 구호 자금 못지않게 중요한 것이 바로 재난 관련 '정보'이다. 재난에 처한 사람들이 어디에 얼마나 있는가, 누가 얼마나 구호 활동에 참가하고 있는가, 재난 극복을 위해 필요한 물품은 무엇인가 등을 알아야만 효율적인 대책을 세울 수 있기 때문이다. 그런데 이러한 정보를 지도에 담아 생명을 구하는 사람들이 있다.

세계의 재난 지역으로 달려가 지도를 제작하는 맵액션Map Action이라는 단체에서 활동하는 사람들이 바로 그들이다. 맵액션은 현장에서 수집한 정보를 지도로 제작하여 필요한 구호 기관에 제공하며, 이렇게 제공된 정보는 구호 활동에 적극 이용된다. 맵액션은 지진, 지진해일, 화산, 홍수, 태풍 등 자연재해가 발생한 곳이라면 세계 어디든지 달려가 그곳에서 필요한 지도를 단시간 내에 만들어 낸다.

맵액션 활동 모습 맵액션은 영국과 독일 등지에 근거지를 둔 국제적인 비정부기구로, 구성원들은 대부분 지도 제작과 관련된 기술을 지니고 있는 자원봉사자들로 이루어져 있다. 이들은 재해 지역 주민들과 이들을 돕는 사람들에게 실질적인 정보를 제공하기 위해 최선을 다한다.

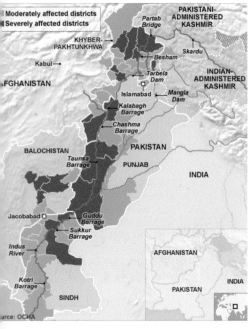

2010년 파키스탄의 홍수 지도
맵액션이 제작하여 유엔의
OCHA(유엔 인도주의 업무
조정국)에 제공한 지도이다. 이
지도를 통해 파키스탄에서 발생한
홍수의 심각성을 알 수 있을 뿐
아니라, 구호단체들이 체계적인 구호
활동에 나설 수 있었다.

지니계수
소득의 불평등 정도를 나타낸
수치로, 숫자가 0에 가까울수록
소득분배가 평등한 것을, 100에
가까울수록 불평등한 것을 의미한다.

맵액션의 구성원들은 지리 정보 시스템GIS과 위성 항법 시스템GPS 기술을 주로 활용한다. 이들은 재난 지역에서 발로 뛰면서 정보를 수집하고, 재난 지역의 다양한 정보들을 토대로 수집한 정보를 위성 영상과 결합하여 지도를 제작한다.

재난이 발생하면 맵액션은 재난의 사안별로 팀을 구성하여 사람들을 급파한다. 실제로 2010년 맵액션이 활동한 곳은 허리케인이 불어닥쳤던 카리브 해의 세인트루시아, 대홍수와 산사태가 발생하였던 파키스탄, 대지진으로 수많은 사람이 목숨을 잃은 아이티, 홍수로 고생을 겪었던 알바니아 등지였다.

이 밖에도 2011년에는 대지진과 지진해일의 참혹한 재해를 당했던 일본 동북부 지역을 찾아 즉각적으로 정보를 수집해 구호 활동에 큰 도움을 주었다. 지금 이 순간에도 그들은 내전이 벌어지는 아프리카의 리비아와 코트디부아르 등지에서 죽음을 무릅쓰고 지도를 만들고 있다.

│ 정의롭고 착한 지도 │ 지금까지 지도는 대부분 가진 자, 강한 자, 승리한 자들의 이익을 대변해 왔다. 예를 들면, 치열했던 전쟁터에서 이름 없이 죽어간 사람들의 목소리는 지도에서 읽을 수 없었지만 영웅이 된 사람들의 목소리는 쉽게 읽을 수 있었다. 지도 제작을 의뢰하는 사람들은 늘 지배자요, 권력자요, 통치자였기 때문이다. 그래서 지도는 어떤 부분을 과장하거나, 때로는 사람들이 꼭 알아야 할 진실을 숨기고 허위를 전면에 드러내기도 한다.

그러나 더 나은 세상을 위해서는 진실에서 비롯되는 지도의 힘이 중요하다. 지도는 가진 자보다는 가지지 못한 자, 권력자보다는 소외된 자에게 봉사해야 한다. 최근에 이런 문제의식을 가진 사람들이 늘어나면서 더 평화롭고 평등하고 자유로운 세상을 만드는 데 지도가 기여하는 일이 많아졌다.

오른쪽의 지도도 그러한 예가 될 것이다. 이것은 세계 각국의 지니계수▪를 나타낸 지도인데, 지도에서 색깔이 옅은 곳은 소득분배가 잘 이루어진 나라들이다. 북유럽의 스웨덴은 그 수치가 23밖에 되지 않는 반면, 아프리카의 나미비아는 지니계수가 무려 70.7에 이른다. 이는 곧 나미비아에서는 소수의 부자들이 국가 부의 대부분을 차지하고 있다는 것을 의미한다. 그뿐만 아니라 무한 경쟁을 강조하는 미국식 자본주의가 유럽식 자본주의에 비해 소득분배에 있어서 어떤 문제점이 있는지도 지도를 통해 파악할 수 있다.

정의롭고 착한 지도는 현실을 바꿀 수 있는 강력한 무기가 된다. 병든 세상을 고치기 위해 가장 필요한 것은 얼마나 병들었는지 진단하는 것이다. 그래야 어떠 처방을 내릴지 판단할 수 있기 때문이다. 지도는 세상의 병세를 한눈에 알아볼 수 있도록 보여 줌으로써 우리가 좀 더 살기 좋은 세상을 만들기 위해 어떻게 해야 할지를 고민하게 한다.

프랑스 월간지《르몽드 디플로마티크》는 지도를 통해 병든 세계를 보여 주는 다양한 작업을 하고 있다. 세계의 경제적·정치적·사회적 불평등을 보여 주는가 하면, 지구를 위협하고 있는 환경문제들을 제시하기도 한다.

결국 강력한 힘을 지닌 지도란 사람들에게 세상을 있는 그대로 보여 주고, 우리에게 지구환경과 생명 보호를 위해 고민하게 하며, 정의롭고 착한 세상을 만들어 갈 수 있도록 격려해 주는 지도일 것이다.

세계 각국의 지니계수 우리나라는 2008년을 기점으로 지니계수가 작아져 소득 불평등이 완화되고 있다. 2010년에는 34.1을 기록해 저불평등 국가에 해당하지만 좀 더 자세한 자료를 들여다보면 부의 재분배 효과는 낮은 편에 속해 부의 양극화는 심한 편이다.

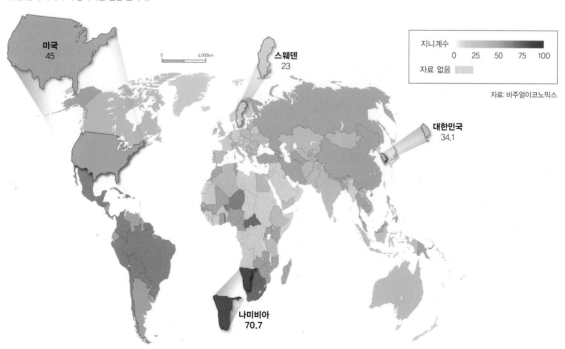

자료: 비주얼이코노믹스

메릴랜드의 노예를 구한 퀼트 지도

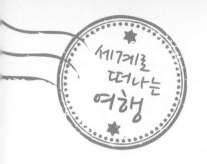

'지하철도'가 고안한 퀼트 지도들

술 주정뱅이 패턴 퀼트 숲에서 지그재그 무늬의 퀼트를 만나면 술 취한 사람처럼 좌우로 방향을 틀어서 가라는 뜻이다.

북극성 패턴 퀼트 별 모양의 퀼트는 밤이 되기를 기다렸다가 북극성을 쫓아가라는 신호이다.

1850년대 미국의 농장에는 아프리카에서 강제로 끌려온 흑인들이 많았다. 그들은 노예로서 고통받으며 자유를 갈망하였다. 인간이 아닌 생산을 위한 도구로 여겼던 농장주에게서 그들은 달아나고 싶었다. 북쪽 저 멀리 캐나다 국경만 넘으면 자유의 몸이 될 수 있다는 소문은 들었지만 도망칠 자신이 없었다. 노예의 신분으로 지도를 가진다는 것도 쉽지 않았지만 설령 지도를 지니고 있다 하더라도 지도 읽는 법을 몰랐다. 지도를 보는 방법을 배운 적이 없기 때문이다.

노예들은 목숨을 내걸고서라도 자유를 얻고 싶었다. 이가 없으면 잇몸이라 했던가? 우선 그들은 자신들만의 나침반을 찾았다. 가야 하는 곳이 북쪽이니 깜깜한 밤에 북두칠성을 찾고 북두칠성이 가리키는 북극성을 쫓아가다 보면 언젠가 북녘 자유의 땅에 도달할 수 있을 것이라고 생각하였다. 하지만 길은 멀었다. 방향은 잡을 수 있을지 몰라도 중간 중간에 어디서 쉬어야 할지, 누구에게 도움을 받아야 할지는 하늘의 별들도 가르쳐 줄 수 없었다.

1840년에서 1861년까지 남부 노예주에서 캐나다나 북부 자유주로 흑인 노예들의 탈출을 돕던 '지하철도(Underground Railroad)'라는 조직이 그들의 탈출을 도울 아이디어를 냈다. 여성들이 만든 '퀼트'를 이용해 탈출할 시기와 방법에 대한 신호를 보내는 것이었는데, 노예들은 창에 걸린 퀼트의 패턴을 보고 탈출을 감행하였다. 노예들의 모세로 불렸던 해리엇 터브먼은 메릴랜드에서 탈출해 필라델피아에서 자유를 얻은 노예였는데, 작은 천 조각들을 이어 붙인 퀼트를 만들어 보급하는 데 앞장선 사람이다. 그 퀼트의 신호 덕에 노예들은 언제

떠나고 언제 숨어야 할지를 알 수 있었다.

비밀 지도의 범례와 같은 퀼트 덕분에 해리엇 터브먼은 메릴랜드로 돌아가 가족들을 포함한 많은 노예들을 열아홉 차례나 탈출시켰으며, 단 한 차례도 실패하지 않았다. 오늘날에도 그 퀼트 무늬들은 '프리덤 퀼트(Freedom Quilt)'라고 불리며 입에서 입으로 전해지는 구전 지도의 대표적인 사례로 종종 거론되고 있다.

프리덤 퀼트의 문양 왼쪽과 같은 단순한 문양을 조합하면 오른쪽과 같은 '행동'을 암시하는 문양을 만들 수 있다. 이는 지도 제작자와 사용자 간에 지도를 읽기 위한 사전 약속인 범례와 비슷하다. 프리덤 퀼트의 문양은 지도 사용자의 처지를 고려한 특별한 범례의 한 예이다.

해리엇 터브먼과 도망 노예들

지도의 탄생과 발달

낯선 곳으로 여행을 떠나는 사람에게는 지도가 필요하다. 이때 지도는 말없이 안내자 역할을 하는 둘도 없는 친구와 같다. 마찬가지로 초기의 인류도 안전하면서도 풍요로운 곳과 위험한 곳을 동료들에게 알려 주기 위해 지도를 그리기 시작하였을 것이다.

| 문자보다 앞선 소통 수단 | 신문 기사나 팸플릿을 읽다 보면 글보다는 그림이 눈에 먼저 들어오는 경우가 많은데, 이렇게 본능적으로 나타나는 행동에는 반드시 과거로부터 내려오는 진화의 패턴이 숨어 있게 마련이다. 그것은 인류가 문자보다 그림을 먼저 사용해 왔고 그림에서 더 직관적인 메시지를 읽을 수 있음을 의미한다. 이러한 사실을 알타미라 동굴벽화나 라스코 동굴벽화에서 확인할 수 있다.

알타미라 동굴벽화 에스파냐 북부 산탄데르 서쪽 30km 지점에 있는 알타미라 동굴은 1868년 사냥꾼에 의해 발견되었다. 붉은색·검은색·보라색으로 들소, 멧돼지, 말 등 여러 동물의 모습을 비롯해 사람의 형상과 손바닥 모양 등이 그려져 있다.

라스코 동굴벽화 1940년 프랑스 도르도뉴 몽티냐크 근처 베제르 계곡에서 발견되었다. 동굴의 벽면은 다양한 색채로 들소, 유니콘 모양의 신비로운 동물, 고라니, 황소, 말뿐만 아니라 강을 헤엄치는 수사슴의 머리와 목 등이 모두 이야기체 구성으로 그려져 있다.

친구가 영화관이나 도서관 같은 특정 장소의 위치를 물어본다면, 여러분은 어떻게 답할 것인가? 아마도 말로 하거나 간단히 약도를 그려 줄 것이다. 약도는 특징적인 몇 개의 이정표와 길을 통해 목적지까지 가는 길을 간단하면서도 쉽게 안내한다. 초기의 지도들은 약도처럼 간단한 형태로 그려졌을 것이다. 초기 인류 역시 사나운 육식동물이 사는 곳을 피하고, 맛있는 열매가 풍성한 장소를 기억하기 위해 지도를 그리기 시작하였을 것이다. 그들은 자신과 다른 사람들을 위해 생존에 필요한 지리 정보를 진흙판과 암석 표면에 새겨 나갔다.

수렵이나 채집, 어로를 하며 살았던 초기 인류는 끊임없이 안전한 곳과 먹을거리를 찾아 헤매야만 했다. 당시에는 이동 생활에서 살아남기 위해서라도 지리 정보를 공유하는 것이 매우 중요하였다. 그들은 자신과 주변 지역을 표현하고 공유하기 위해 분명히 자료를 남기고자 했을 테지만 안타깝게도 오랜 시간이 흘렀고, 변동의 소용돌이 속을 지나왔기에 당시의 지도는 남아 있지 않다. 지금까지 남아 있는 고지도들은 농업혁명이 일어나고 한곳에 정착하여 생활하기 시작하면서 만들어진 것이 대부분이다.

현재까지 가장 오래된 지도로 알려진 것은 '고대 메소포타미아의 점토판 지도'이다. 기원전 600년경에 제작되었을 것으로 추정되는 이 지도는 해석이 난해한 쐐기문자와 추상적 기호로 가득 차 있어서 다양한 해석이 나타날 수밖에 없었다. 점토판에 새겨진 원이 도시를 의미한다고 주장하는 학자들이 있는가 하면, 또 어떤 학자들은 점토판 자체가 땅의 소유권을 입증하는 증명서라고 주장하기도 한다. 어떤 해석이 맞는지는 정확히 알 수 없지만, 어디에 무엇이 있는지에 대한 위치 정보를 표현하고, "여기까지가 내 땅이오."라는 사실을 알리고 싶어 했다는 것만은 분명하다. 진흙으로 만든 초기의 지도도 결국 서로 간에 소통을 위한 수단으로 이용되었음을 보여 준다.

지도를 만드는 목적은 무엇이 어디에 있는지, 내가 지금 어디에 있는지, 목적지에 어떻게 가야 하는지 등의 위치 정보를 공

고대 메소포타미아의 점토판 지도
바빌로니아의 세계 인식을 엿볼 수 있는 지도이다. 바빌론은 직사각형으로 나타나 있고, 그것을 가로지르는 세로로 긴 사각형은 유프라테스 강이다. 원 바깥은 대양을 나타내고, 원 안의 둥근 모양들은 이웃한 도시를 나타낸다.

마추픽추 잉카 트레일 지도의 범례
지도의 범례는 일종의 약속된 기호이다. 지도상의 범례 표기는 세계적으로 공통된 것이 아니라 국가 또는 제작 기관마다 다르다.

유하면서 서로 소통하기 위해서이다. 이런 정보를 다른 사람에게도 정확히 전달할 수 있어야 지도로서 가치가 있다. 만일 메소포타미아의 점토판 지도를 보고 무슨 의미인지 이해할 수 없다면, 그 지도는 한낱 진흙 덩어리에 불과하다.

현대 지도의 범례처럼 고대 지도 역시 서로의 약속을 전제로 지리 정보를 공유하였다. 지도가 문자보다 먼저 만들어졌다는 사실은 지도가 기호와 이미지를 통해 사람들 사이에서 가장 효과적으로 정보를 공유할 수 있게끔 도와주는 소통 수단임을 보여 주는 것이다.

│ 세계의 지평을 넓혔던 지도 │ 근대과학이 발전하기 이전에는 다른 곳의 지리 정보를 수집하는 것이 매우 어려웠다. 그래서 대부분의 지리 정보 수집은 외국에 나갔다 돌아오는 상인이나 여행자 또는 전쟁 후 귀국하는 군인에 의해 단편적으로 이루어졌다. 이렇게 하나 둘 쌓인 세계에 대한 지리 정보를 최초로 집대성한 것이 바로 클라우디오스 프톨레마이오스83(?)~168(?)■가 저술한 8권의 《지리학 Geographike Hiphegesis》이다. 이 책은 당시 '지리 정보의 결정판'으로 평가받았는데, 특히 함께 수록된 세계지도 한 장이 사람들의 주목을 끌었다.

프톨레마이오스
프톨레마이오스는 로마의 지배하에 있는 이집트의 알렉산드리아 도서관에서 일하였다. 당시 이곳은 세계에서 가장 많은 장서를 지닌 최고의 도서관이었으므로 집필하기에 매우 좋은 환경이었다.

프톨레마이오스 세계지도
150년경에 초판이 제작되었다고 추정되는 이 지도는 '톨레미의 세계지도'라고도 불린다. 지중해 연안과 유럽 지역의 정보는 비교적 상세히 기술되어 있는 반면, 아시아 등에 대한 정보는 정확하지 않은 편이다. 또한 중국의 일부는 표현되어 있으나 우리나라와 일본은 표현되지 않았다. 사진은 15세기에 채색한 지도이다.

프톨레마이오스의 세계지도는 비록 당대의 과학적 한계 때문에 오차가 있고, 당시 사람들의 인식 범위 밖에 있던 아메리카 대륙이 누락되었지만 여러 면에서 획기적이었다. 우선, 이 지도는 과거 에라토스테네스 지도에서 사용되었던 경선과 위선을 과학적으로 체계화하였고 투영법을 적용하였다. 또한 지도의 위쪽을 북쪽으로 하여 방위를 정하는 등 현대 지도에서 사용되는 여러 요소가 보이기 시작하였다. 이런 이유로 프톨레마이오스의 세계지도는 근대 지도의 효시로 평가받고 있다. 그러나 프톨레마이오스가 살던 당시에는 그 가치를 제대로 평가받지 못하였다. 오히려 당시 로마에서는 '포이팅거 지도'라 불리는, 여행자들을 위해 간략한 약도처럼 그린 실용적인 지도가 유행하였다.

중세 후반에 들어서면서 중국에서 나침반이 들어오고, 항해술이 발달하자 유럽에서는 동방무역이 더욱 활발하게 이루어졌다. 이때 유럽 사람들은 오스만튀르크를 거치지 않고 새로운 항로를 통해 동방무역을 할 방법을 궁리하고 있었다. 프톨레마이오스의 세계지도를 유심히 보던 이탈리아 출신의 콜럼버스는 곧장 대서양을 가로질러 서쪽으로 가면 인도에 다다를 수 있는 새로운 동방무역 항로를 개척할 수 있을 것이라고 확신하게 되었다.

그러나 그 믿음은 전혀 예상치 못한 결과로 나타났다. 콜럼버스가 긴 항해

중국 한나라 시대의 나침반 최초의 나침반은 쟁반 모양의 반 위에 국자 모양의 자석인 지남기가 올려진 형태로, 손잡이 부분이 남쪽을 가리킨다. 나침반은 항해를 돕는 중요한 물품 중 하나이다.

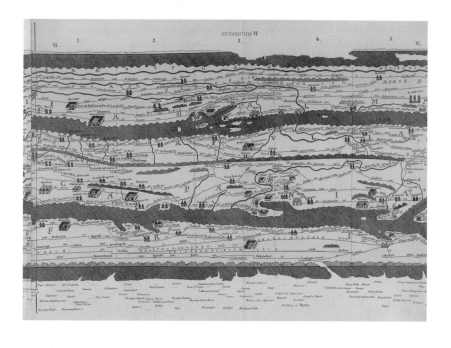

포이팅거 지도 로마제국의 도로망을 표현한 지도이다. 이동에 필요한 도로의 방향과 주요 도시만 간략히 표현한 지도로, 로마 문화의 실용성을 잘 보여 주고 있다. 하지만 오늘날에는 약도에 가까운 지도로 평가받는다. 이처럼 지도는 당대의 문화를 반영하는 문화로서의 가치도 있다.

콜럼버스의 항해 에스파냐의 이사벨 여왕을 설득해 항해에 나선 콜럼버스는 대서양을 건너 드디어 아메리카 대륙을 발견하였다. 하지만 정작 그는 죽을 때까지 아메리카를 인도로 알고 있었다.

끝에 육지를 발견하였을 때, 그는 마침내 인도를 찾았다고 환호하였다. 그러나 실제로 그곳은 대륙도 아닌, 카리브 해에 있는 작은 섬에 불과하였다. 이후 카리브 해의 여러 섬은 인도와 아무런 상관이 없음에도 서인도 제도로 불리기 시작하였다.

　콜럼버스의 신항로 개척 이후 아메리카 대륙의 존재가 알려지고, 잇따른 탐험가들의 활동으로 대항해시대가 열렸다. 새로운 세상을 향해 목숨을 걸었던 탐험가들은 미지의 땅에 대한 지리 정보를 수집해 나갔다. 그리고 그 정보를 바탕으로 유럽은 아메리카에 활발하게 진출하였다. 이제 미지의 세상은 상상 속에서만 존재하는 것이 아니라, 눈에 보이는 지도 속에서 그것을 정확하고 생생하게 표현할 수 있게 되었다.

　│ **상업의 도구가 된 지도** │ 어떤 이들은 지도의 역사를 광기의 역사에 비유한다. 지도 제작에 미치지 않고서는 지도가 발전할 수 없기 때문이다. 실제

아시아의 향신료 대항해시대에
향신료는 주요한 교역 물품이었다.
왼쪽은 인도 남부의 말라바에서
후추를 수확하는 모습을 그린
그림으로, 향신료에 대한 유럽인들의
관심이 엿보인다.

후추　　　　정향

팔각　　　　육두구

로 지도가 엄청나게 발전하였던 시기는 대항해시대가 시작되면서부터이다.
유럽의 왕실에서는 무역을 통해 막대한 이익을 얻고자 했는데, 이를 위해서
는 반드시 지도가 필요하였다. 따라서 각국의 왕실은 경쟁적으로 지도 제작
에 뛰어들었고, 지도는 돈을 버는 수단이라는 인식이 생겨나게 되었다.

　　인도를 중심으로 한 동방무역이 시작되면서 유럽인들은 주변에서 구하기
힘든 물건을 교역을 통해 들여왔다. 이 중에서 특히 고기의 특유한 냄새를
없애고 고기가 상하는 것을 막는 정향, 육두구와 후추 같은 향신료는 아주
비싼 가격에 거래되었다. 후추는 14~15세기에 핀셋으로 집어서 거래할 만
큼 귀한 것이었으며, 같은 크기의 금과 맞바꿀 정도로 고가였다. 후추뿐 아
니라 각종 재화를 구하기 위해서는 기본적으로 어디에서 그 재화를 구할 수
있느냐는 것이 중요하였다. 따라서 사람들은 지역에 대한 각종 지리 정보를
수집한 뒤 글과 지도로 이를 정리하였다.

　　이때부터 유럽인들은 다른 문화권에 비해 훨씬 더 많은 지리 정보를 축적
해 나갔다. 인쇄술이 발달하고 탐험이 계속되면서 지도에도 커다란 발전이
이루어졌다. 항해를 위해서는 오차를 최소화하는 것이 중요하였으므로, 각
종 투영법이 고안되었다. 그러나 갈수록 정교해지는 지도는 식민지를 수탈
하기 위한 도구로 악용되기도 하였다.

대영제국의 영토 1886년 제작된 대영제국의 영토를 표시한 지도이다. 유럽의 식민주의 열강은 자국의 제국주의 목표를 분명히 하기 위해 지도를 사용하기도 하였다. 이전과 달리 표준 축척과 색깔을 사용함으로써 지도는 더 큰 매력을 지니게 되었다.

| 식민주의의 도구가 된 지도 | 유럽인들의 탐험과 식민정책이 치열해지면서 아메리카 대륙뿐 아니라 아프리카나 아시아에도 식민지가 활발히 건설되었다. 제국주의가 전 세계로 확대되면서 노예 매매와 물품 교역을 위해 식민지의 해안 지역부터 지도가 그려지기 시작하였다.

더 많은 자원을 수탈하고 더 많은 땅을 지배하기 위해 유럽의 손길은 식민지의 내륙까지 뻗쳤고, 점차 내륙의 지도도 완성되어 갔다. 또한 원거리 항해를 위한 항해도와 상세한 지도 제작을 위한 측량술이 발달하면서 지도는 근대적인 모습으로 탈바꿈하였다.

19세기가 되자 유럽은 식민주의의 정당성을 주장하기 위해 지리학의 주제를 변화시키기도 하였다. 예를 들면, 열대기후 지역의 사람들은 게으르다는 식의 종족 행위 결정론 등을 내세워 식민 지배를 합리화하는 데 지리학을 이용하였다. 이때 지리학은 '상업을 훈계하는 과학', 지도학은 '탁월한 제국주의 과학'이라고 불렸다.

조선박람회 홍보용 관광 지도
일제강점기였던 1929년에 경복궁에서 열린 조선박람회 때 제작된 지도이다. 일제는 개화된 서울의 이미지를 지도에 담음으로써 식민 지배의 당위성을 알리고자 하였다. 수탈을 목적으로 가설된 철도 노선, 조선총독부 건물, 남산 일대의 조선신궁 등 식민 통치를 상징하는 건축물을 강조하여 표현하였다. 반면, 독립운동가들을 가혹하게 고문하고 감금하였던 서대문 형무소는 점으로도 나타나 있지 않다.

독일과 영국에서는 장교들의 해외 정보 수집 능력을 향상시키기 위해 지리학을 강조하였고, 유럽의 많은 국가에서는 탐험을 후원하고 지도 제작에 관여하는 지리학 단체가 설립되었다. 이 때문에 지리학은 '제국주의 학문의 꽃'이라는 오명을 가지게 되었고, 지리학의 정체성이라고 할 수 있는 지도 역시 침략의 무기가 되어 버렸다.

그러나 식민주의 시대가 끝나자 지리학은 인류에 대한 공헌과 상생을 위해 쓰였던 원래의 자리로 되돌아왔으며, 그와 관련한 다양한 연구도 이루어지고 있다. 오늘날 지리학과 지도는 변화와 혁신을 추구한다. 현재 지도는 복잡한 세계를 분석하는 틀로서 이용될 뿐 아니라, 21세기의 화두인 환경 문제를 해결하고자 지속 가능한 인간과 자연의 관계를 규명하는 데 일익을 담당하고 있다.

이제 지리학과 지도는 지구촌이 함께 살기 위해 노력하며, 식민주의의 지배 도구에서 벗어나 분쟁과 갈등의 조정자로서 평화로운 세상을 만드는 데 기여하고 있다.

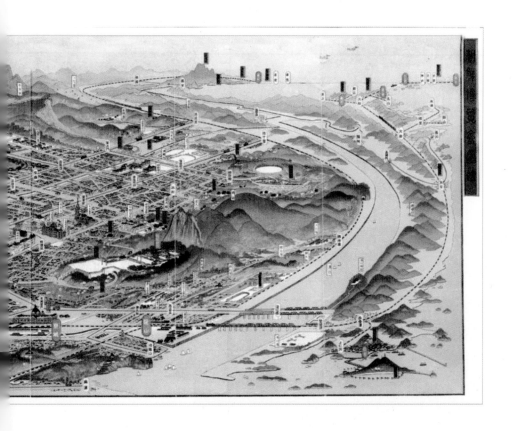

영국
그리니치

시간과 공간을 연결한 곳,
그리니치천문대

세계지도를 상하좌우로 관통하는 위선과 경선은 하나하나에 나름의 이유와 기준이 있다. 가만히 들여다보면 시간의 기준선이라 할 수 있는 본초자오선은 영국을 통과한다. 왜일까? 그 비밀이 숨어 있는 곳은 바로 영국 런던에 있는 그리니치천문대이다.

대항해시대 탐험가들의 고민은 자신의 위치를 정확히 파악하는 것이었다. 위치를 파악한다는 것은 위도와 경도를 구한다는 말과 같은데, 그나마 위도는 태양의 고도나 북극성을 관측하면 바다 위에서라도 손쉽게 측정할 수 있었지만 경도는 달랐다. 망망대해 한가운데에서 어떤 기준점 없이 경도를 구하는 것은 불가능하다고 생각하였다.

천문학을 통해 이 문제를 풀어 보려던 크리스토퍼 렌은 시계를 이용한 경도 측정 방법을 제안하였다. 목적지에 도착해서 해가 가장 높이 뜬 정오에 가져온 시계가 가리키는 시간과 그 차이를 비교해 경도를 측정하는 방식이었다. 이는 지구는 360°이며 24시간 동안 자전하기 때문에 경

그리니치천문대 1675년 세워질 당시의 이름은 '왕립 그리니치천문대(Royal Observatory, Greenwich)'였다. 하지만 실제 왕립 그리니치천문대는 이전을 거듭하다 문을 닫았고, 현재의 그리니치천문대는 원래 천문대가 있던 곳에 런던 해사 박물관의 일부로 새로 세워졌다.

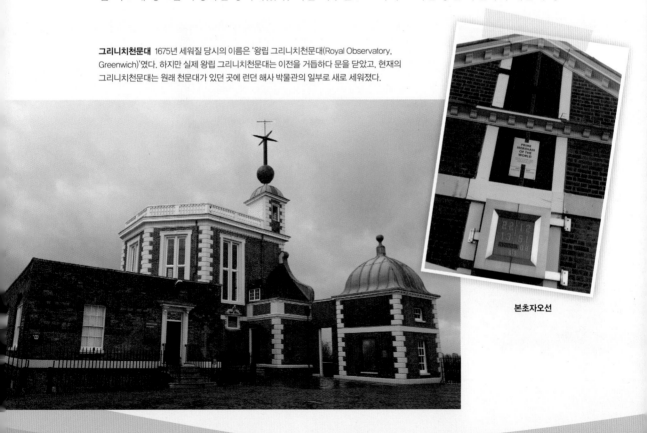

본초자오선

도 15°마다 1시간이라는 시간 차이가 존재한다는 것에서 착안한 것이다. 렌의 제안을 받아들인 영국 왕실은 1675년 왕립 그리니치천문대를 지었다. 1714년에 영국 의회는 그리니치천문대를 본부로 하는 경도 위원회를 구성하여, 오차가 적은 경도를 구하기 위해 현상금 2만 파운드를 내걸었다. 해상에서 정상적으로 작동하는 시계가 발명되지 않았던 1761년에 영국의 시계 기술자 존 해리슨은 크로노미터라는 정확한 해상시계를 발명하고 우여곡절 끝에 상금을 탈 수 있었다.

이 시계가 발명된 후 런던을 출항하는 모든 배는 그리니치천문대에서 제공하는 시간을 표준시로 삼았다. 이로써 선박은 더욱 안전하게 항해할 수 있었고, 영국은 식민 지배에서 우위를 점할 수 있게 되었다. 이러한 성과를 바탕으로 영국은 1851년에 그리니치천문대를 관통하는 자오선을 경도의 기준이 되는 본초자오선으로 정했고, 1884년 워싱턴에서 열린 세계 만국 지도 협회는 이를 받아들였다.

하지만 최근 그리니치천문대는 위기를 맞이하고 있다. 현재 그리니치천문대에 그어진 본초자오선은 사실상 과거의 유산이다. 본초자오선은 지오이드 기준면의 변경으로 100여 m 동쪽으로 이동하였다. 하지만 여전히 관광객들은 이곳에서 두 발로 동반구와 서반구를 동시에 밟으며 사진을 찍고는 한다.

또한 지구의 자전을 기준으로 시간을 측정하여 세계의 기준 시각을 알려 주던 그리니치표준시(GMT)는 지구의 자전 속도가 조금씩 느려지는 오차에 대처하지 못해, 세슘 원자의 진동을 이용하여 시간을 측정하는 협정세계시(UTC)에 국제 표준시의 자리를 내주게 되었다. 다만 둘은 초의 소수점 단위에서 차이가 나 일상에서는 큰 불편 없이 혼용되어 사용되기 때문에 아직도 '그리니치표준시'라는 말이 남아 있다. 하지만 더 정확한 협정세계시가 왜 그리니치표준시에 맞추어 보정을 해야 하냐는 볼멘소리가 높아지면서 조만간 그리니치표준시는 완전히 폐기될지도 모르는 위기에 처해 있다. 이는 아마도 영국이 세계의 질서를 주도하였던 19세기 후반과 지금의 현실이 달라졌기에 불거진 문제일지도 모른다.

본초자오선과 세계 각 도시의 경도

크로노미터 H-4 존 해리슨이 네 번째로 만든 크로노미터이다. 영국의 탐험가이자 지도 제작자인 제임스 쿡 선장은 복제된 크로노 H-4를 가지고 3년 동안 지구를 세 바퀴 도는 거리와 맞먹는 11만 km를 항해하였고, 이 해상시계는 지구 지도의 1/3을 그리는 데 크게 기여하였다.

3 지도와 거짓말

지도는 수많은 지리 정보를 우리에게 알려 준다. 그렇다면 지도에 담긴 정보는 어느 정도 진실일까? 우리가 무조건적으로 신뢰할 수 있는 정보를 담고 있을까? 이 물음에 대한 대답은 '아니요'이다. 이 세상에 완벽한 지도는 존재하지 않는다. 복잡한 3차원의 세계를 축소하여 평면에 표현하는 순간부터 지도의 왜곡이 시작되는 것은 아닐까?

| 거꾸로 된 세계지도 | 때때로 당연하다고 생각하는 상식들이 당연하지 않을 때가 있다. 거꾸로 된 세계지도도 그중 하나이다. 그런데 뒤집힌 세계지도에 국가명과 지명은 똑바로 적혀 있다. 도대체 어떻게 된 일일까?

오스트레일리아 출신의 맥아더의 세계지도는 일부러 남쪽을 위로 잡아 제작한 지도이다. 북쪽을 위쪽으로 생각하는 것도 일종의 관습에 지나지 않는다. 이 지도를 통해 오스트레일리아는 자국을 지도 한가운데에 나타낼 수 있게 되었다. 실제로 지구는 무한대의 우주에 떠 있기 때문에 위아래가 구분되지 않는다. 그런데도 단지 북반구에 많은 나라들이 있다는 이유로 북쪽을 위쪽으로 여겨 왔던 것이다.

우리나라에서 발행되는 세계지도도 거꾸로 된 지도와 비슷한 사연이 있다. 우리나라의 세계지도에는 주로 아메리카 대륙이 유라시아 대륙의 오른쪽에 놓여 있다. 그러나 서양에서는 유라시아 대륙을 오른쪽에 왼쪽에 아메리카 대륙을 그리는 경우가 많다. 그런데 서양식으로 대륙이 배치된 지도에서는 마치 우리나라가 유라시아 대륙의 구석진 곳에 있는 것처럼 보인다. 흔히 지도는 사실을 표현하는 것이라고들 하지만, 어쩌면 공

맥아더 개정 범세계지도(1979)
남반구를 위쪽에 배치한 몇 안 되는 세계지도의 하나로, 기존의 통념에 대해 강력하게 문제를 제기하고 있다.

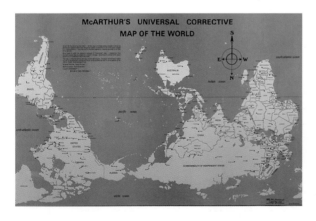

간 관계에 대한 묘사라고 하는 것이 더 적절할지도 모른다.

지도는 만드는 과정에서 제작자나 주문자의 가치관과 의도가 개입하게 마련이다. 그래서 마음에 있는 왜곡된 사실이 눈에 보이는 현실의 지도로 드러나기도 하는 것이다. 지도는 수많은 사람의 생각과 필요에 따라 만들어진 문화의 산물이다. 그 때문에 지도는 의도적으로 진실과 거짓을 동시에 보여 준다. 지도에 담겨 있는 진실을 읽을 것인가, 아니면 거짓에 속을 것인가의 여부는 지도를 읽는 능력에 달려 있다고 해도 지나친 말이 아니다.

세계지도의 비밀 우리가 교과서나 지리부도에서 흔히 보는 세계지도이다. 어느 대륙을 중심에 놓느냐에 따라 지도의 모양이 다름을 알 수 있다.

| 요술처럼 변하는 그린란드 | 그린란드는 세계에서 가장 큰 섬이다. 북아메리카에 접해 있고 북유럽과 인접한 북반구 북단에 위치하며, 지도상에 표현할 때 심하게 왜곡되는 곳이다. 왜 그린란드는 줄었다, 늘었다 요술처럼 변하는 것일까? 다음 페이지의 지도는 그린란드■를 평면에 나타낸 것과 입체적으로 본 것이다. 이 세 지도는 모두 같은 지역을 표현한 것이지만 표현 방식이 변함에 따라 전혀 다른 곳처럼 느껴진다.

왼쪽 지도는 메르카토르 도법으로 그렸기 때문에 그린란드가 아프리카만큼이나 커 보이지만, 실제 그린란드의 면적은 아프리카의 1/14에 지나지 않는다. 메르카토르 도법은 두 지점 간의 정확한 각도 표현에 초점을 맞춘 것으로, 출발지와 목적지를 직선으로 연결하면 직선 항로를 쉽게 찾을 수 있다. 따라서 이 도법은 대항해시대에 항해사에게 매우 유용하였다. 그러나 각도를 정확하게 유지하면서 둥근 구를 직사각형의 종이에 반듯하게 펼치다 보니 적도 부근은 거의 완벽하게 투영이 되어 실제에 가깝지만 고위도로 갈수록 땅의 면적이 부풀려지고 형태도 왜곡된다.

그린란드
대서양과 북극해 사이에 있는 세계에서 가장 큰 섬으로 덴마크령이다. 일반적으로 그린란드의 면적을 기준으로 그린란드보다 넓으면 대륙, 좁으면 섬이라고 구분하기도 한다.

헤르하르튀스 메르카토르(1512~1594)
네덜란드의 지리학자로 근대 지도학의
창시자이다. 메르카토르 도법을
항해도에 처음 사용하였다.

약간 휘어 보이는 오른쪽 지도는 몰바이데 도법으로 그린 것이다. 몰바이데 도법은 면적을 정확하게 표현하기 위해 고안된 도법으로, 경선은 타원의 곡선으로 그리고, 위선은 직선으로 긋는다. 면적을 정확하게 표현하기 위해 위선 간의 간격을 계산하여 달리 그리기 때문에 고위도로 갈수록 위선 간의 간격은 좁아진다. 또한 경선은 중심에서 벗어날수록 휘어진 곡선으로 표현하다 보니 가장자리로 갈수록 형태가 일그러진다.

메르카토르 도법이 각도의 정확성에 치중한 나머지 고위도의 면적을 지나치게 확대시킨 반면, 몰바이데 도법은 정확한 면적을 나타내고자 형태와 각도를 훼손시켰다. 이처럼 우리가 이용하는 지도는 어쩔 수 없이 거짓말을 하고 있다. 즉 지도를 이용하는 사람들이 찾고자 하는 것을 쉽게 찾을 수 있도록 다른 것들을 무시하거나 감춰 버리기도 한다.

지도 왜곡
왼쪽 지도는 메르카토르 도법으로 그린 것이고, 오른쪽 지도는 몰바이데 도법으로 그린 것이다. 각각의 지도에서 그린란드를 살펴보면 서로 크기와 형태가 다름을 알 수 있다. 이렇게 지도는 무엇에 초점을 두어 그리느냐에 따라 모양이 왜곡되기도 한다. 한편, 지구본의 형태로 입체적으로 표현한 것은 모양과 면적의 왜곡이 거의 나타나지 않는다. 다만 바라보는 시점에 따라 그 모양이 변한다.

메르카토르 도법상의 그린란드

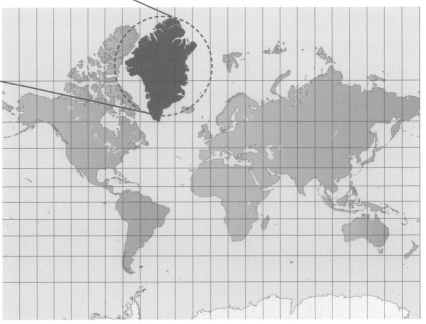

0   4,000km

| 메르카토르와 페터스의 공방 | 우리가 흔히 접하는 세계지도는 주로 메르카토르 도법으로 그린 것이다. 그런데 이 도법의 세계지도는 서구 중심의 세계관이 담겨 있다는 이유로 줄곧 비난을 받아 왔다. 메르카토르 도법의 세계지도는 저위도는 비교적 정확하지만 고위도로 갈수록 땅의 면적이 부풀려지면서 유럽, 러시아, 북아메리카 대륙이 과장되어 나타난다.

이런 와중에 1970년 독일의 역사학자 아르노 페터스는 새로운 세계지도를 내놓았다. 이 지도는 메르카토르 도법과 관련한 논쟁에 불씨를 지피게 된다. 페터스는 메르카토르 도법으로 그린 세계지도가 유럽의 자기중심적인 오만함을 조장하고, 제3세계 개발도상국을 작게 표현함으로써 식민주의를 정당화한다고 주장하였다. 그는 세계에 있는 모든 국가의 정당한 권리를 보여 주기 위해 모든 국가와 대륙의 면적의 상대적 비율이 정확하게 그려진 세계지도를 내놓았다. 그러나 페터스 도법 역시 정확한 면적을 표현하기 위해 방향과 형태가 왜곡될 수밖에 없었다.

여기에서 중요한 사실은 어떠한 평면 지도도 실제의 지구를 완벽하게 표현할 수 없다는 점이다. 그럴 수도 없고, 그럴 필요도 없다. 우리가 원하는 것을 지도에서 나타내고자 한다면 특정한 지리 정보를 일부러 강

아르노 페터스(1916~2002)
독일의 역사학자였던 페터스가 죽자 《타임》지는 "그는 모든 사물의 평등을 강력히 주창한 인물"이었다고 평가하였다.

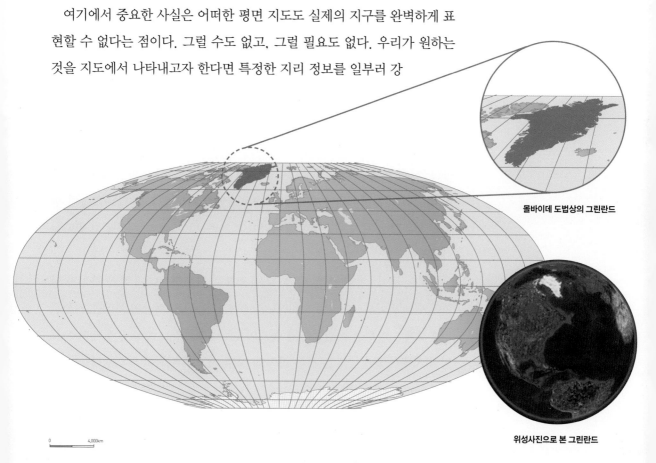

몰바이데 도법상의 그린란드

0   4,000km

위성사진으로 본 그린란드

◉ 메르카토르 도법

《Christianity Today》에 실린 페터스 도법과
메르카토르 도법의 비교 기사

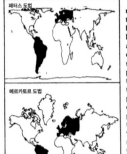

rect sizes. To do so, it enlarges and elongates most Third World countries at the expense of the northern hemisphere, particularly Europe. That's exactly what Peters, a historian from Bremen, West Germany, had in mind when he drew the map.

Another German, Gerhard Kramer, first drew the more familiar Mercator map in 1569. (Kramer Latinized his last name to "Mercator.") His map produced severe size distortions in some countries because he located his own homeland, Germany, in the center of the map. It

although it distorts shapes in order to preserve accurate geographical relationships.

"In our epoch, relatively young nations of the world have cast off the colonial dependencies and now fight for equal rights," he says. "It seems important to me that the developed nations are no longer placed at the center of the world, but are plotted according to their true size." His work is perhaps more of a contribution to world politics than it is to cartography, since its shape distortion renders it unsuitable for use in navigation. *(cont.)*

페터스 도법

메르카토르 도법

The Peters projection, top, reflects the actual sizes of land masses. The Mercator map, bottom, makes Europe appear larger than South America. It is actually smaller.

지도학자 메르카토르가 태어난 1512년은 콜럼버스가 아메리카 대륙을 발견한 지 20년이 지난 해였다. 당시 유럽은 아메리카 대륙을 향한 쟁탈전이 한창이었으며, 이후에는 탐험과 새로운 항로의 개척, 그리고 아메리카 대륙의 수많은 지리 지식이 유럽으로 홍수처럼 밀려들었다.

고의든 아니든 간에 메르카토르는 독일을 다른 유럽 국가들과 함께 세계지도의 중앙에 놓았다. 그는 백인의 거주지를 실제보다 더 크게 그렸고, 제3세계 국가나 대륙은 실제 크기보다 작게 그렸다. 그래서 지금도 우리는 유럽을 매우 큰 지역으로 인식하게 되었다. 유럽의 실제 크기는 인도와 비슷한데, 메르카토르의 지도에서는 인도가 유럽의 스칸디나비아 반도의 크기와 비슷해 보인다. 북아메리카와 아프리카 대륙도 지도상에서는 비슷하게 보이지만 실제로는 북아메리카가 아프리카 면적의 2/3에 지나지 않는다.

조하거나, 불필요한 것들은 가려내야 하기 때문이다. 물론 페터스 도법이 투철한 정의감을 가지고 세계를 공평하게 보고자 했던 열정은 높이 살 부분이다. 그렇다고 해서 메르카토르 도법을 무작정 비난하는 것도 바람직하지 않다. 누가 뭐라고 해도 메르카토르 도법은 나침반 하나로 망망대해를 헤맸던 탐험가들에게 든든한 길잡이가 되어 주었기 때문이다. 문제는 그동안 항해와 상관없는 세계지도에도 끊임없이 메르카토르 도법이 사용되어 왔다는 사실이다.

지도는 누가, 언제, 어떻게, 어떤 목적으로 사용하느냐에 따라 가치가 달라지게 마련이다. 따라서 메르카토르 도법에 쏟아진 비난의 화살은 지도를 엉뚱하게 사용하는 사람들에게 돌려야 한다. 메르카토르 도법과 페터스 도법의 치열하였던 공방은 사용 목적에 따라 지도의 가치가 달라진다는 것을 보여 준 사건인 셈이다.

| 선의의 거짓말을 하는 지하철 노선도 | 여러분이 목적지에 가기 위해 지하철을 탔다면 지하철 노선도를 유심히 볼 것이다. 어디서 갈아타고, 어디서 내려야 할지를 알기 위해서이다. 그런데 누구라도 정확한 정보를 쉽게 얻을 수 있도록 간편하게 만들어진 이 지하철 노선도가 거짓말투성이라면 믿을 수 있겠는가?

지하철 노선도에 그려진 노선은 실제로 지하철이 다니는 길과 아주 다르다. 길의 모양과 역 구간 간의 거리가 왜곡되어 있기 때문이다. 지하철 승객에게는 선택의 여지가 많지 않다. 지금 내리거나 계속 타고 가거나 둘 중 하나만 선택할 수 있으므로 사실 수많은 지리 정보는 불필요하다. 지도 제작자의 입장에서도 불편하기는 매한가지이다. 환승 지점은 여러 노선이 복잡하게 얽혀 있어 역명을 적기도 어렵고, 노선이 하나만 지나는 외곽 지역은 텅 비어 보이기 때문이다.

지하철 노선도는 승객이 직접 운전을 하거나, 걸어서 가는 길이 아니라 승객을 태운 지하철이 다니는 길을 표시한 것이다. 따라서 정확한 길의 모양이나 실제 거리보다는 목적지에 가기 위해 몇 호선을 타고, 몇 정거장을 지나서 어느 역에서 내려야 하는지 등에 대해 정확한 정보를 제공하는 것이 중요하다.

그렇다면 생략과 왜곡이 지나친 지하철 노선도를 처음 만든 사람은 누구일까? 바로 영국 런던에 살았던 전기 기술자 해리 벡이었다. 그는 직업과 관

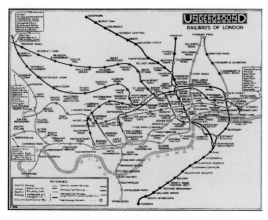

1927년 런던 지하철 노선도 F. H. 스팅모어가 디자인한 1927년의 런던 지하철 노선도이다. 호수와 숲과 같은 지형·지물에 근거하여 지하철 역의 실제 위치와 역 간의 거리를 정확하게 보여 주지만 매우 산만해 보인다.

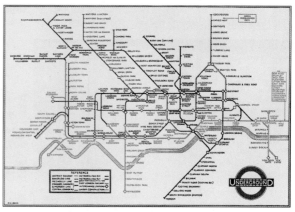

1933년 런던 지하철 노선도 해리 벡이 제작한 1933년의 런던 지하철 노선도이다. 실제 방향과 위치 등을 무시하고 역 간의 관계를 단순화하여 기하학적으로 디자인하였다. 역과 환승역 등 전달하고자 하는 정보를 강하게 표현하고, 그 밖의 불필요한 정보를 과감하게 생략하였다.

런 깊은 전기회로도에서 영감을 얻어 런던의 복잡한 지하철 노선도를 보기 좋게 만들었다. 그러나 벡이 지하철 노선도를 만들었던 당시에는 그 가치를 제대로 인정받지 못했기 때문에 자신이 표현한 방식으로 만든 지도가 현재 전 세계적으로 사용되고 있다는 사실을 알게 된다면 무척 놀랄지도 모른다.

지도는 목적에 따라 보는 사람이 필요한 정보를 빠르고 쉽게 알 수 있도록 만들어야 한다. 그래서 필요하지 않은 정보는 없애거나 실제와 다르게 그릴 수 있다. 때로는 많은 정보보다 목적에 맞는 정보를 담고 있는 지도가 유용할 수 있기 때문이다.

│ **예술과 과학 사이에 있는 지도** │ 고갱, 고흐, 피카소와 같은 화가의 그림이 높이 평가받는 이유는 그것이 현실의 모습을 똑같이 그렸기 때문이 아니다. 현실과 다르게 그렸다고 해서 비난받지도 않는다. 오히려 적절히 생략되거나 과장된 표현은 감상하는 이들을 상상의 세계로 빠져들게 한다. 지도 역시 현실과 상상을 넘나들며 그 속에 희망과 절망, 평화와 분쟁을 그려 내고, 낯선 곳에 대한 호기심과 동경을 자극한다. 때로 지도를 보면서 가슴이 뛰는 이유도 이 때문이다.

지도는 정확한 정보를 전달한다는 점에서 과학으로서의 성격이 강하지만, 시각적 아름다움을 추구하고 사람들의 상상력을 자극한다는 점에서는 예술과도 유사하다. 화려한 색깔의 지도나 빛바랜 고지도에서 깊은 아름다

터키의 지도 이 지도는 과연 그림일까 지도일까? 이것은 16세기에 터키의 피리 레이스라는 사람이 그린 지도로 전해지는데, 남극 대륙의 모습이 나타나 있다.

천하도 17~18세기 중국 중심의 세계관이 반영된 이 지도 역시 한 폭의 그림과 같다.

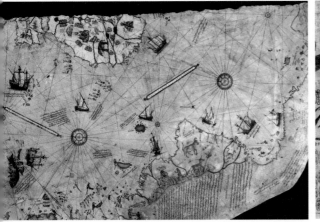

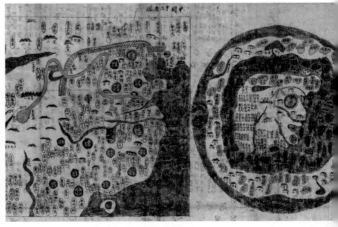

움이 느껴지는 것도 지도가 예술적 속성을 지녔기 때문이다. 보기 좋은 지도가 읽기에도 좋듯이, 아름다운 지도는 보는 이로 하여금 시각적인 정보를 쉽게 얻도록 도와준다. 따라서 지도는 점, 선, 면으로 그려진 실제를 반영한 예술 작품이라고 할 수 있다.

지도는 현실에 대한 선택적 표현이다. 축척, 투영법, 방향, 상징, 기호, 색상, 제목, 그림 중에서 특정한 주제를 선택해 그릴 뿐이다. 그러므로 세상에 완벽한 지도가 있다고 믿는 것은 지도의 본질을 부인하는 것이며, 선택에 대한 가정을 무시하는 것이다. 지도학이 기술적으로 엄청나게 발전했다고 해서 현대의 지도가 완벽할 것이라고 생각하면 큰 오산이다. 어쩌면 3차원의 입체인 지구를 2차원의 평면에 표현하는 것 자체가 왜곡일 수 있다.

결과적으로 지도 제작 과정은 무엇을 보여 줄 것인가와 그것을 어떻게 보여 줄 것인가, 그리고 한 걸음 더 나아가 무엇을 보여 주지 않을 것인가를 선택하는 과정이라고도 해도 무방하다. 따라서 지도가 진실과 거짓을 동시에 보여 주는 것을 부정적으로만 생각하지 말고, 수 세기를 거치며 변화해 온 인류의 가치와 관심사를 반영한 결과물로 보면 족할 것이다.

카토그램 카토그램은 엄청난 왜곡이 나타나지만 훌륭한 지리적 표현 방법이다. 특정한 지표, 즉 주택 가격, 온실가스 배출량, 인구 규모와 같은 상대적 측정값을 지리적 위치에 근거하여 나타낸다. 카토그램의 기하학적 모양과 구조는 정확한 거리나 면적보다는 특정한 주제에 대한 내용을 강렬하게 전달하는 효과가 있다.

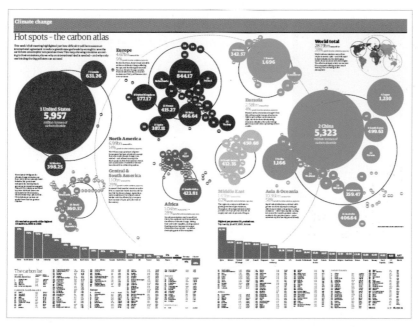

한계를 극복하는 지도

온라인 커뮤니티를 기반으로 한 N(Net)세대는 디지털 신인류의 시초였다. 2000년대에 들어 휴대용 디지털 기기가 널리 보급되면서 유목민처럼 자유롭게 이동하는 '디지털 노마드'가 탄생하였고, 최근에는 이동 중에도 자유자재로 인터넷을 사용하는 M(Mobile)세대가 등장하였다. 즉 N세대가 M세대로 진화한 것이다. 온 세상을 자유롭게 이동하는 M세대에게 필요한 것은 무엇일까?

지리 정보 시스템(GIS)
GIS(Geographic Information System)는 컴퓨터를 이용하여 지역에 관한 여러 자료를 수치화하여 입력, 저장, 처리, 분석하여 결과를 얻어 내는 종합적인 관리 체계를 일컫는다.

| **지도, 정보 통신 기술의 날개를 달다** | 지도에는 분명 한계가 있다. 생략과 왜곡이 없는 지도는 존재하지 않기 때문이다. 과거의 방식처럼 종이에 인쇄된 지도는 급변하고 있는 오늘날의 복잡한 세계를 담아내는 데 한계가 있다. 이제 지도는 시대가 요구하는 새로운 정보를 담는 틀로 진화하고 있다. 즉 정보 통신 기술과 결합하여 더 편리하고 새로운 정보로 무장함으로써 생활 속에서 그 영역을 넓혀 가고 있는 것이다.

지도의 변신은 무엇보다도 먼저 첨단 과학의 정보 통신 기술을 바탕으로 지도 제작기술이 급격히 발전하면서 가능해졌다. 항공사진과 위성 영상이 개발되기 전까지, 지도 제작을 위한 주요 재료는 여전히 종이였다. 하지만 컴퓨터 하드웨어와 소프트웨어의 획기적인 발전으로 지리 정보 기술이 등장하면서 자료를 디지털화하였고, 이를 응용하는 분야가 새롭게 개척되었다. 사람들이 공간을 어떻게 관리하고 이용하고 가꿀 것인가를 도와주는, 이른바 지리 정보 시스템GIS이 등장한 것이다.

지리 정보 시스템은 위치 자료를 중심으로 그와 관련된 속성 자료를 연계하여 시각화해 주는 시스템 전체를 말한다. 지리 정보 시스템 덕에 단

인공위성 인공위성은 지구 주위를 맴돌면서 시시각각 정확한 정보를 전달해 준다. 이 정보를 바탕으로 지도도 빠르게 진화하고 있다.

순 조작만으로도 다양한 유형의 자료를 수집, 저장, 검색, 분석할 수 있을 뿐 아니라 정보를 갱신하는 일도 쉬워지면서 기존 지도의 한계를 극복할 수 있게 되었다. 기존 지도가 읽고 분석하는 데 공을 많이 들여야 했다면, 지리 정보 시스템은 원하는 정보를 쉽게 조작하고 더 효과적으로 결과를 표시할 수 있게 하여 지도의 진화를 도왔다.

컴퓨터 관련 기술과 인공위성과 같은 과학기술의 발달은 지리 정보 시스템의 발달에 기여하였다. 인공위성을 활용한 원격탐사를 통해 효율적인 지리 자료 수집이 가능해졌는데, 인간이 접근하기 어려운 북극과 남극, 바다와 땅속까지도 인공위성을 통해 상세한 정보를 수집하고, 수집된 정보를 컴퓨터에 데이터베이스로 저장해, 이를 분석할 수 있게 되었다.

이처럼 원격탐사는 지진이 발생한 지역의 재난 범위를 분석하거나, 아마존의 열대림 파괴 지역을 주기적으로 모니터링하는 등 다양한 분야에서 활용되고 있다. 이제 지도는 정보 통신 기술에 힘입어 지구와 지구촌 사람들을 살리는 역할을 하게 된 셈이다.

군사적 목적에서 시작된 디지털 지도(육군지형정보단) 지도학은 과학기술을 수용함으로서 디지털 지도로 변화하고 있다. 디지털 지도는 더 많은 정보를 갖게 되었고, 이를 쉽게 사용자에게 전달하고 있다. 또한 평면 종이 지도를 3차원의 동적인 지도로 변모시켰다. 이제 지도는 종이를 넘어서 모니터, 내비게이션, 스마트폰으로 그 영역을 넓히며 우리의 생활 속으로 파고들고 있다.

| **지도, 모바일과 만나서 스마트해지다** | 자동차와 휴대전화는 정보화 사회에 살고 있는 우리에게 필수품이 되었다. 자동차와 휴대전화가 없는 세상은 이제 상상하기 어려울 만큼 이 둘은 우리의 일상생활에 깊숙이 들어와 있다.

자동차는 두 다리로 물리적 공간을 이동해야 했던 인간에게 안락하고 빠른 속도로 공간을 이동할 수 있는 편의를 제공하였다. 그리고 휴대전화는 한곳에 얽매여 있어야 하는 공간적 제약을 해소해 주었다. 공간으로부터의 자유를 선사한 셈이다.

그렇다고 해서 우리가 공간으로부터 완벽하게 자유로워진 것은 아니다. 사람들은 늘 특정 공간을 기반으로 생활하므로 자신이 발 딛고 있는 지역에 대한 생생하고 알찬 정보를 원한다. 자동차가 아무리 편리해도 길을 모른다면 목적지에 닿을 수 없기 때문이다. 휴대전화도 마찬가지이다. 이제 휴대전화는 더 이상 음성 통화의 영역에 안주하지 않는다. 사람들은 세상의 네트워크에 좀 더 가까이 접근할 수 있도록 휴대전화가 더욱 스마트해지길 원하

스마트폰
내 손안의 작은 컴퓨터라 불리는
스마트폰이 급격하게 확산되고 있다.
스마트폰은 PC와 같은 운영체제를
탑재하여 다양한 어플리케이션(응용
프로그램)을 설치·실행시킬 수 있는
휴대전화를 통칭하는데, 휴대성을
바탕으로 구식 휴대전화를 밀어내고
모바일 인터넷의 대중화를 주도하고
있다.

고 있다. 그래서 마법 상자 같은 기계들이 등장하기 시작하였다. 자동차의 중앙에는 운전 보조 장치라 할 수 있는 내비게이션이 자리를 잡았고, 휴대전화는 스마트폰으로 진화하더니 그 속에 지도를 담기 시작한 것이다. 모바일 세상에서 자유롭게 이동하고 싶어 하는 사람들에게 다양한 지역에 대한 정보는 매우 절실하다. 그리하여 우리는 더욱 똑똑해진 지도를 담은 휴대전화를 손에 쥐게 된 것이다.

내비게이션은 첨단 지도학의 성과가 가장 대중적으로 확산된 사례이다. 보통 내비게이션을 켜면 위성 항법 장치 GPS 신호를 수신한다는 메시지가 먼저 나온다. 내비게이션은 지구 상공을 떠도는 24개의 GPS 위성 중 3개 이상의 위성으로부터 신호를 받아 정확한 시간과 거리를 측정하여 현 위치를 파악한다. 파악한 위치를 바탕으로 주변 지도를 표현하고, 현재 위치를 나타낸다. 그리고 현재의 위치를 바탕으로 지도 데이터 속의 경로를 분석하여 사용자를 목적지까지 안내한다.

GPS를 이용한 위치 측정 시스템은 원래 미국에서 군사적 목적으로 시작된 기술이었으나, 민간 부문의 사용을 제한하기 위해 의도적으로 오차를 발생시키던 정책이 2000년에 폐지되면서 민간 차원으로 확대되어 사용되고

스마트폰의 위치 인식 방법 GPS, 기지국 ID, 와이파이 등 정밀도가 향상된 위치 측정 기술들이 모두 스마트폰에 집약되고 있다. 스마트폰을 통한 지도 사용은 새로운 생활 혁명으로 떠오르며, 수많은 일반 휴대전화 사용자를 스마트폰 사용자로 옮겨 오게 만드는 매력적인 핵심 서비스로 주목받고 있다.

있다. 내비게이션 장치에는 여러 기술이 접목되지만 그중 가장 핵심 기술은
지리 정보의 분석과 표현이다. 나머지 기술은 지리 정보의 분석과 표현을
도와주기 위한 보조 수단이다.

한편, 스마트폰은 시간과 공간에 구애받지 않고 무선 인터넷을 사용할 수
있는 자유로운 환경 속에서 새로운 지도 사용 여건을 만들어 가고 있다. 스
마트폰에는 대부분 GPS 수신 칩이 장착되어 있고, 이를 통해 사용자의 위치
를 추적할 수 있다. 스마트폰의 지도는 사용자의 위치를 인식하고 이를 바
탕으로 사용자에게 주변 지역의 정보를 알려 준다. 지도를 못 읽어서 자신
이 어디에 있는지 모르는 사람도 스마트폰의 버튼만 누르면 자신의 위치가
지도에 표시된다. 스마트폰만 손에 들고 있다면 어떠한 장소에서도 내 위치
와 내가 지금 어디로 가고 있는지를 손쉽게 확인할 수 있으니 길을 잃을 염
려가 없다.

⊙ 정보가 내게로 오는 위치 기반 서비스(LBS)

스마트폰에서의 위치 기반 서비스 예시

위치 정보와 관련된 산업이 활성화되면서 스마트폰 등을 이용한 '위치 기반 서비스(LBS:
Local Based Service)'가 생활 속으로 들어오고 있다. 위치 기반 서비스란 휴대전화와 같은
이동 단말기에 기지국이나 GPS와 연결되는 칩을 부착해 위치 추적 서비스, 공공 안전 서비
스, 위치 정보 서비스 등을 제공하는 것을 말한다.

사용자의 특정 위치를 인식하여 주변의 음식점이나 주유소, 숙박 시설 등 정보를 제공하는
생활 정보 제공형 서비스가 있는가 하면, 부동산 거래 사이트나 맛집 정보가 담긴 홈페이지
를 지도 기반으로 서비스하는 웹사이트도 있다. 택배 서비스를 실시간으로 추적할 수도 있
고, 가족이나 친구의 위치를 등록해 두는 서비스도 있다.

최근 세계적인 인터넷 검색 업체에서는 스마트폰에서 접속하는 모바일 페이지의 첫 화면에
'near me now'라는 서비스를 배치하였다. 사용자의 위치 정보 제공에 동의하는 버튼을 누르
면 지금 내가 있는 주변 지역에 무엇이 있는지 살펴 주는 천리안의 역할을 한다.

인터넷 기업 모바일 페이지 전면에 등장한 위치 기반 서비스(LBS), 이는 무엇을 의미할까? 이동하면서 가장 필요한 정보는 지
역 정보라고 판단한 것이다. 이제 스마트폰에서 버튼을 눌러 보자. 정보를 검색해 찾아갔던 이전과 달리 내게 필요할 것 같은
정보가 찾아오는 신기한 경험을 할 수 있다. 스마트폰은 '나'의 위치를 알고 있기 때문이다. 단, 이러한 서비스를 이용하기 위
해서는 개인의 위치 정보를 제공해야 한다. 개인 위치 정보를 수집한 기업이 이를 광고 등에 악용할 위험도 크기 때문에 부당
한 정보 침해 사례가 발생하지 않도록 늘 관심을 기울여야 한다. 스마트폰이 나의 위치를 아는 것은 편리함과 감시라는 두 가
지 면을 모두 포함하고 있음을 간과해서는 안 된다.

사용자와 함께
진화하는 지도

지도는 끊임없이 변화하고 발전해 왔다. 정보 통신 기술이 급격히 발달하면서 지도는 거대한 변화를 맞고 있다. 자동차 내비게이션이 도로 지도책을 밀어낸 지 이미 오래이다. 이제 인터넷 포털 사이트에서 세계 어느 곳이든 그 지도와 위성사진을 자유롭게 볼 수 있으며, 실시간 교통정보뿐 아니라 제시간에 목적지에 도착할 수 있는 가장 빠른 길도 쉽게 찾을 수 있게 되었다.

| 인터넷이라는 날개를 단 지도 | 이제 원하는 곳에 직접 가지 않고도 그곳의 정보를 얻을 수 있다. 우리가 찾고자 하는 공간을 손쉽게 웹상에서 만날 수 있기 때문이다. 전 세계, 우리나라, 우리 동네, 심지어 우리 집의 자세한 위성사진과 거리의 모습도 찾아볼 수 있다. 게다가 이것들은 거의 공짜나 다름없이 제공된다.

과거에 사용되던 종이 지도는 디지털 지도로 바뀌었고, 인터넷이라는 날

지도의 변천
서로 다른 시기의 세 지도를 통해 지도가 어떻게 발전해 왔는지 한눈에 알 수 있다.

고지도에서의 필리핀 16세기에 그려진 지도이다. 대항해시대에 탐험과 발견을 통해 수륙분포와 육지의 윤곽이 알려지게 되면서, 다양한 해도들이 그려졌다. 하지만 정확한 위치와 크기까지 알 수는 없어 지금과는 사뭇 다른 모습이다.

현대 지도에서의 필리핀 과학기술이 발달하면서 항공사진 측량 기술과 원격탐사 기법 등이 지도 제작에 도입되었다. 덕분에 지도는 점점 정밀하게 세계의 모습을 담을 수 있게 되었다.

개를 달았다. 이제 자동차의 내비게이션과 컴퓨터뿐 아니라 스마트폰으로도 손쉽게 지도를 만날 수 있다. 그만큼 지도는 우리의 삶과 가까워지고 있다.

최근 인터넷이 진화하면서 '플랫폼'■이라는 단어가 주목받기 시작하였다. 플랫폼이란 서비스, 응용 프로그램, 콘텐츠 등의 기반이 되는 환경을 말하는데, 정보 통신 기술 업계에서도 경쟁력을 강화하기 위해 플랫폼을 구축하는 데 노력을 기울이고 있다. 인터넷 포털 사이트 구글Google은 2005년에 '구글 맵Google Map'과 '구글 어스Google Earth'를 서비스하기 시작하였는데, 이를 지리 정보 플랫폼으로 육성하고 있다. 인터넷 지도 서비스 업체들은 '지도 플랫폼'이라는 거대한 지리 정보 서비스의 틀을 구축한 뒤 이를 바탕으로 실제 공간과 연결된 정보를 제공하고 있으며, 이를 이용하여 광고 수익을 창출하고 있다.

많은 인터넷 업체가 지도 플랫폼을 구축하고 시장을 선점하려는 경쟁이 가속화되면서 이전에 없었던 새로운 지도 서비스를 선보이고 있다. 과거의 인터넷 지도가 단순한 위치 정보 검색에 머물렀다면 최근에는 지역 정보, 교통 정보 등의 다양한 서비스를 지도로 제공한다.

이제 지도는 신속한 서비스를 제공하는 것을 넘어 자료를 재가공하여 새

플랫폼
'플랫폼'이라는 단어는 일상생활에서 역이나 정거장에서 기차를 타고 내리는 곳을 말하며, 역도 경기장에서는 바벨을 드는 무대를 지칭하고, 다이빙 경기장에서는 입수 전에 준비를 위한 공간을 지칭한다. 이처럼 플랫폼은 무엇을 실행하기 위한 바탕이 되는 공간을 뜻한다. 예를 들면, 컴퓨터의 '윈도우' 같은 운영체제가 플랫폼에 해당한다.

위성 지도에서의 필리핀 보라카이 섬 위성사진을 보는 프로그램에서는 해당 지역과 관련된 콘텐츠를 쉽게 찾을 수 있다. 수많은 사용자가 직접 사진을 업로드하고 촬영지의 위치 정보를 공유할 수 있기 때문이다. 이는 지도가 콘텐츠를 담는 그릇, 즉 플랫폼으로 진화하고 있는 모습을 잘 보여 주는 사례이다.

거리 사진을 제공하는 웹지도 제작 차량 네 방향의 카메라를 탑재한 차량이 거리를 지나다니면서 일정 구간마다 사진을 찍고, 이를 연결하여 웹지도 서비스를 제공한다.

로운 형태의 지도로 전달하기도 한다. '스트리트뷰', '로드뷰', '거리뷰' 등이 그 예이다. 이러한 서비스를 활용하면 특정한 장소에 직접 가 있는 듯한 착각에 빠진다. 생생한 현장성이 있기 때문에 지도상에 미처 표시하지 못하는 정보까지도 사용자에게 제공할 수 있다. 이제 위성사진을 넘어 거리 사진, 건물 내부의 사진까지 보급되는 추세이다.

그뿐만 아니라 많은 사람이 직접 정보의 생산자가 되기도 한다. 일반 사용자들이 인터넷 지도의 정보 소비자로서만 머무르지 않고 직접 생산한 정보를 인터넷 지도에 링크하는 일들이 보편화되었다. 네트워크에 언제든 접속 가능한 스마트폰과 디지털카메라가 널리 보급됨에 따라 개인의 일상을 담은 트위터, 페이스북, 블로그 등이 폭발적으로 활성화되었다. 이제 개인이 찍은 사진이나 동영상은 하루에도 수만 건씩 업로드되고 있다. 이런 과정을 거쳐 콘텐츠를 담은 플랫폼의 경쟁력은 더욱 강화된다.

이제 정보는 대중에 의해 생산되고 대중에 의해 소비되는 형태로 인터넷 세상을 더욱 풍요롭게 만들고 있다. 과거 소수의 전문가 그룹에서 일방적으로 제공되던 정보는 이제 사용자 중심으로 생산·유통되기 시작하였다. 평범한 사람들도 정보의 소비자에 머무르지 않고 생산자 겸 소비자를 지칭하는 '프로슈머'가 되어 가고 있는 것이다.

웹지도상의 서울 시청(왼쪽)과 뉴욕(오른쪽)

| 참여로 만드는 열린 지도 | 과거에도 지도가 만들어졌듯이, 오늘날에도 미래에도 계속해서 새로운 지도는 만들어질 것이다. 미래의 지도에는 이전에 볼 수 없었던 혁신적인 진화가 나타날 것이다. 오늘날 지도 제작의 두드러진 특징은 지도 제작 기술의 첨단화만을 의미하지는 않는다. 무엇보다 주목해야 할 것은 '지도 제작의 주체'이다.

과거에 지도는 국가 통치 도구로서 중요한 의미가 있었기 때문에 소수만이 접할 수 있었다. 지도는 안보, 국방, 통치 등과 관련된 중요한 정보였으므로 국가 기밀로 다루어질 만큼 보안이 철저하였다. 그야말로 지도는 권력 그 자체였다.

오늘날 산업화를 거친 국가에서는 국가의 기본적인 지리 정보를 수집하고 지도화해 지리 정보 시스템을 구축하고 있다. 지금도 지도 제작을 주관하는 가장 힘 있는 주체는 정부이다. 정부 주도하에 기본적인 지도가 완성되면, 지도 사업자들은 이를 바탕으로 지도를 편집하여 새롭게 관광 안내 지도나 도로 지도, 부동산 거래 지도 등의 형태로 사용자들에게 제공한다.

그러나 최근 인터넷이나 스마트폰, 내비게이션 등에서 지도의 사용이 급격히 늘고, 지도가 일상생활에 폭넓게 쓰이면서 기업에서는 적극적으로 지리 정보를 수집하고 있다. 지표상의 변화를 정확하고 빠르게 파악하고 이를 신속하게 서비스하는 것이 매우 중요한 일이기 때문이다.

이에 따라 기업들의 시각도 바뀌고 있다. 기업의 역량만으로 지표상의 변화를 모두 파악하고 이를 다시 편집하여 제공하기에는 벅차다는 것을 깨달은 것이다. 그래서 기업들은 사용자의 참여를 유도하고 있다. 그 나라, 그 지역에 사는 사람들만큼 정확한 경험과 지식을 가진 사람은 없다. 따라서 사용자가 주변 지역의 정보를 수집할 수 있는 기반을 마련하고, 그들이 직접 정보를 업데이트하도록 하는 것이다.

인터넷 전 영역에서 확대되고 있는 '참여와 공유, 개방'의 정신에 따라 사용자는 동영상이나 사진을 찍어 지도의 해당 위치에 업로드하기 시작하였다. 지도 위 세상은 더욱 풍부한 정보로 채워지고 있으며, 국가나 기업의 손길이 닿지 않는 곳의 정보도 속속 공개되고 있다. 이에 따라 보수적인 공공

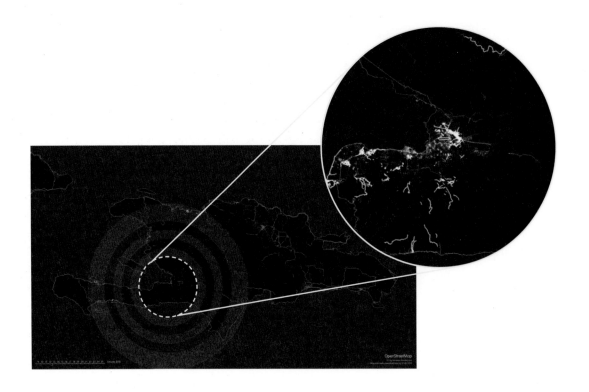

OpenStreetMap

아이티 지진 발생 전후 지도 지진 발생 전인 2009년 '오픈 스트리트 맵' 사이트에 공개된 아이티의 지리 정보는 풍부하지 못하였다(왼쪽). 저개발 국가일수록 지리 정보 축적이 미비하기 때문이다. 하지만 지진 발생 직후 전 세계 누리꾼들은 공개된 인공위성 자료를 바탕으로 불과 일주일 만에 아이티의 사람들을 도울 아이티 재난 지도를 만들었다(오른쪽).

기관에서도 자신들이 가지고 있는 정보를 공개하기에 이르렀다. 이른바 '오픈 데이터 운동'이 전 세계적으로 확산되고 있다. 발달된 네트워크 환경과 빠른 데이터 처리 기술은 실시간 지도 작성을 가능하게 한다. 이렇게 만들어진 지도는 낯선 길을 가는 사람들에게 길잡이 역할을 할 뿐 아니라, 재난 발생 지역에서는 사람의 생명을 구하는 데 큰 도움을 주기도 한다.

과거에 소수가 정보를 독점하였다면 오늘날에는 보통 사람들도 정보를 두루 공유할 수 있게 되었다. 그 결과 소수의 전문가가 아닌 다수의 뜻있는 일반 대중이 머리를 맞대어 함께 고민하고, 생각을 발전시키는 '집단 지성'을 만들어 내고 있다. 소박한 생각에서 시작한 협동 작업이 세상을 바꾸는 엔진으로 성장해 가고 있다.

지도는 이제 대중의 것이며, 지도 제작의 권리는 소수에서 다수에게로 넘어가고 있다. 우리 모두가 지도 제작에 참여할 수 있는 역량을 지니고 있으며, 지도를 만들 수 있는 주체가 될 수 있다. 여러분도 〈대동여지도〉를 만든 김정호가 될 수 있는 것이다. 이제 나 자신이 지도 제작의 주체가 되는 멋진 세상을 만날 수 있다.

⊙ 사람들의 실시간 수다를 지도로 볼 수 있을까?

트위터 실시간 검색 화면 2010년 3월 27일 저녁 8시 30분(UTC+9)에 '#earthhour'라는 주제어로 검색한 트위터 화면이다.

왼쪽의 트위터 화면은 2010년 3월 27일 전 세계적으로 시행되었던 '지구의 시간(EarthHour)' 행사 당일에 트위터 사용자의 대화를 검색한 것이다. '지구의 시간' 캠페인은 전 세계 사람들이 기후변화 위기를 겪고 있는 지구를 위해 한 시간 동안 자기가 머물고 있는 곳의 전등을 끄는 행사로, 세계 각국의 정부가 관공서나 거리의 대형 조명을 끄는 것에 많은 사람이 동참하도록 유도하고 있다. 전 세계 사람들이 지구온난화의 위기를 공감하면서 참여자들이 늘고 있으며, 적극적인 참가자들은 트위터 등을 통해 '지구의 시간' 캠페인에 참여해 줄 것을 호소하고 있다.

그렇다면 위치 정보를 가지고 있는 트위터의 대화 내용을 지도로 볼 수 있을까? 물론 가능하다. 트위터에 올라온 글 중 중복되는 주요 주제어를 컴퓨터가 선별하고 이를 해당 위치에 나타내면 현재 트위터 내용을 지도로 보여 주는 실시간 지도가 완성된다.

트위터의 실시간 지도 트렌즈맵에서 2010년 3월 27일 저녁 8시 30분(UTC+9)에 주제어 '#earthhour'를 사용해 만든 실시간 지도이다.

트위터의 실시간 지도 트렌즈맵에서 2010년 6월 12일 저녁 10시 30분(UTC+9)에 주제어 '#Korea'를 사용해 만든 실시간 지도이다.

왼쪽 지도에서 전 세계 사람들이 'earthhour'라는 주제로 이야기꽃을 피우는 장면을 볼 수 있다. 세계 곳곳에 사는 사람들이 같은 시간, 특정한 주제에 대하여 대화하고 있다는 것을 이 지도가 보여 주고 있다. 이처럼 지도는 우리가 사는 지구 곳곳에서 오가는 실시간 대화를 보여 주기에 이르렀다. 기술의 발달로 지도에 담을 수 있는 내용이 많아진 것이다. 오른쪽 지도는 2010년 6월 12일 당시 2010 남아프리카공화국 월드컵에서 우리나라가 그리스를 2:0으로 이긴 직후, 'Korea'로 검색한 지도 장면이다. 전 세계 다양한 사람들이 월드컵 경기를 지켜보고 우리나라의 첫 승에 대해 트위터를 통해 이야기하였다는 사실이 놀랍지 않은가? http://trendsmap.com에 접속하면 전 세계 트위터 사용자의 대화 주제를 실시간으로 검색할 수 있다.

페루의 잉카 유적 마추픽추

III 기후, 문명의 지도를 그리다

우리나라는 가을이 되면 온 산과 들이 단풍으로 물든다.
지구상에서 단풍을 볼 수 있는
지역은 얼마나 될까?

타이 어린이들의 첫째 소원은 눈을 보는
것이라고 한다. 우리에게 흔한 흰 눈이 타이
어린이에게는 소원이 된다. 어쩌면 우리나라 어린이는
어슬렁거리며 걷는 타이의 코끼리를 보고 싶을지도 모른다.

태양은 기후를 만들고, 기후는 풍경을 만든다.
기후가 다르면 풍경도 다르다.
어느 날 갑자기 지구의 자전축이 기울어져
우리나라가 열대에 놓인다면, 혹은 북극에 놓인다면,
우리나라의 풍경은 어떻게 달라질까?

그 해답을 찾으러 기후 여행을 떠나 볼까?

1

문명을 바꾼 기후

사막이 펼쳐진 지역에서 초기 인류의 화석이 출토되고 있다. 인더스 문명은 모래사막에 수 세기 동안 숨어 있다가 발굴되었다. 또 이집트 문명의 유적지들도 황량한 사막을 배경으로 그 위용을 뽐내고 있다. 어떻게 이런 건조 지대에서 인류가 탄생하고 문명을 일으킬 수 있었을까?

❶영장류 6,500만 년 전에 나타났으며 유인원은 사회생활을 하였고, 800만 년 전 유인원과 인류로 각각 진화하였다.

❷오스트랄로피테쿠스 (남쪽원숭이) 300만~400만 년 전 유인원들이 짧은 뒷다리로 몸을 지탱하여 일어섰고, 생김새는 고릴라와 비슷하였다.

❸호모하빌리스 (손쓴사람) 250만~300만 년 전에 나타난 최초의 인류이다. '손재주가 있는 사람'이란 뜻이다.

❹호모에렉투스 (곧선사람) 호모하빌리스의 후손으로, 꼿꼿하게 서서 다니고 불을 사용하였다. 200만 년 전에 나타나 먹이를 찾아 세계 각지로 진출하였으며, 50만 년 전 호모사피엔스와 네안데르탈인으로 진화하였다.

❺호모사피엔스 (슬기사람) 호모사피엔스는 뇌의 용량이 커지고 다양한 도구를 사용하였다. 그러나 네안데르탈인은 약 3만 년 전에 후손을 잇지 못하고 사라졌다.

❻호모사피엔스사피엔스 (슬기슬기사람) 호모사피엔스보다 현대인과 비슷한 외모와 지능을 가졌다. 유럽에서는 크로마뇽인이라 부른다.

│ 기후, 유인원에게 인류로의 진화를 명하다 │ 동아프리카의 에티오피아에서 남부 모잠비크에 이르는 곳에는 아프리카를 동서로 나누는 거대한 지구대가 발달해 있는데, 이곳은 세계에서 유일하게 유인원의 직립보행 흔적인

인류의 진화
기후변화로 더 이상 밀림에서 살 수 없게 된 원숭이는 나무에서 내려와 초원에 적응해야만 하였다. 두 발로 서게 된 초기 인류는 분화와 적응을 거듭하며 지구 전역으로 진출하였다.

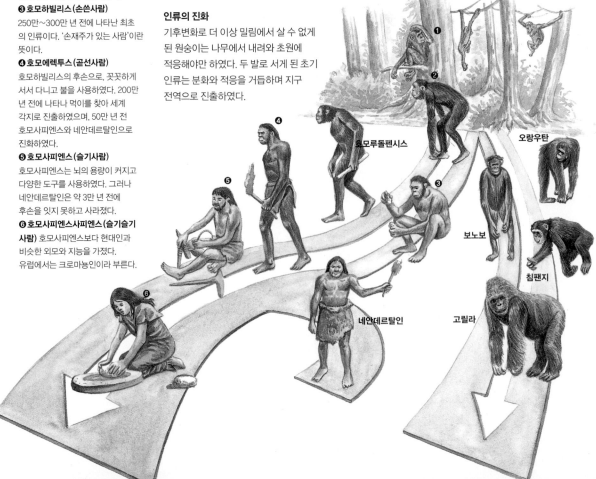

호모루돌펜시스

오랑우탄

보노보

침팬지

네안데르탈인

고릴라

발자국과 뼈 화석이 발견되어 인류의 기원지로 추정되고 있다. 많은 학자들은 이곳 화석의 연대를 측정한 결과, 약 500만 년 전 나무 위에 살던 원숭이가 땅으로 내려와 두 발로 걷기 시작하면서 인류로 진화하였다고 주장한다. 도대체 그곳에서는 무슨 일이 있었던 것일까?

아프리카는 지구상의 대륙 가운데 아주 오래된 땅덩어리로, 형성 이후 별다른 지각변동 없이 오랫동안 침식을 받은 안정된 평원이 발달하였다. 그러나 약 1,000만 년 전, 서남아시아의 요르단에서부터 아프리카를 남쪽으로 관통하여 모잠비크에 이르는 길이 약 6,400km의 지구대가 형성되는 지각변동이 일어났다. 대륙의 동쪽 부분이 높이 솟아올라 고원성 대지로 변하면서 나무들이 무성한 밀림 기후에 변화가 나타나기 시작하였다.

밀림에서 발생하는 습한 대기는 동쪽에 솟은 지구대의 경계에 부딪히면서 지형성 강우를 내린 후, 습기를 잃은 건조한 바람으로 바뀌어 지구대 쪽으로 불게 된다. 이런 과정이 오랜 시간 동안 지속되자 이 지역은 점차 건조해졌으며, 오늘날과 같은 사바나 초원이 발달하게 되었다.

이러한 자연환경의 변화 과정에서 서쪽의 밀림 지대를 찾아 떠나지 못하고 남은 일부 생명체들은 새롭게 변화된 환경에 적응해야만 하였다. 나무 위에 살던 원숭이는 나무가 사라지자 먹을 것을 찾기 위해 땅으로 내려왔고, 자신을 보호하기 위해 앞다리를 들어 적을 경계하였다.

결국, 원숭이는 두 발만을 이용하여 초원을 거닐게 되었다. 원숭이는 기후변화에 적응하기 위해 인류로의

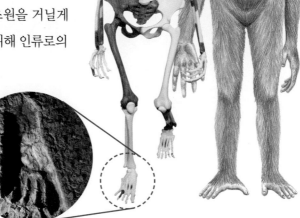

인류의 조상 '루시'의 복원 모습과 발자국 에티오피아에서 약 350만 년 전에 살았던 오스트랄로피테쿠스 골격의 40%가 출토되었다. 이른바 루시(Lucy)라고 불리는 인류의 조상에게서 침팬지보다 넓은 골반뼈와 발자국 등이 발견됨에 따라 루시는 직립보행한 유인원으로 밝혀졌다.

진화를 선택할 수밖에 없었던 것이다.

아프리카의 사바나 초원에 사는 마사이족과 북극해 연안에 사는 이누이트족을 비교해 보면, 기후가 인간의 신체와 형질에 얼마만큼 절대적인 영향을 미쳤는가를 알 수 있다.

마사이족은 아프리카 동부의 케냐와 탄자니아의 경계에 있는 초원 지대에 사는 나이로트계 흑인종으로, 평균 173cm의 큰 키에 고수머리, 큰 눈과 암갈색 피부가 특징이다. 반면, 이누이트족은 그린란드, 캐나다, 알래스카, 시베리아 등 북극해 연안에 사는 몽골로이드계 황인종으로, 키가 작고 단단한 체구에 눈이 작고 찢어진 것이 특징이다. 이처럼 두 종족의 신체적 특징이 다른 이유는 바로 기후 때문이다. 마사이족은 열 발산을 많이 하기 위해 피부에 땀샘이 많으며, 키가 크고 마른 편이다. 반면, 추운 기후 지역에서 사는 이누이트족은 체온이 떨어지는 것을 막기 위해 피부의 땀샘이 덜 발달되고 키가 작으며, 몸에 지방의 비율이 높은 편이다.

아프리카의 원주민
짧고 두꺼우며 곱슬거리는 머리카락은 뜨거운 태양열로부터 피부를 보호해 줄 뿐만 아니라 체온 상승을 억제해 준다. 또한 강한 자외선으로부터 피부를 보호하기 위해 피부와 눈동자에 멜라닌 색소가 많아 진한 검은색을 띠고 있으며, 더운 날씨를 견디기 위해 몸에 피하지방이 적고 근육이 발달한 마른 체형으로 진화하였다.

북극해 연안의 원주민 중위도지방에 거주하는 황인종과는 다소 다른 신체적 특징을 보인다. 이들은 시베리아에 거주하면서 혹독한 추위에 적응하도록 진화하였다. 극으로 갈수록 일사량이 적어짐에 따라 피부색과 눈동자 색이 옅어졌으며, 피하지방이 축적된 작달막한 체구, 검은색의 직모, 눈[雪]에 반사되는 빛으로부터 눈[目]을 보호하기 위해 쌍꺼풀이 없어지면서 작고 가는 눈으로 변화하였다.

| **기후, 문명에게 말을 걸다** | 세계 4대 문명인 이집트 문명, 메소포타미아 문명, 인더스 문명, 황허 문명의 발상지를 찾아보면 네 곳 모두 북반구의 중위도에 있는 큰 강 유역이라는 공통점이 있다. 이것은 무엇을 의미할까? 자연환경과 문명의 발생은 어떠한 상관관계가 있는 것일까?

엘스워드 헌팅턴E. Huntington■은 자신의 저서 《문명과 기후》에서 인간이 가장 활발하게 활동할 수 있는 최적의 기후 조건을 제시하였다. 그는 월평균 기온 3.3~18.3℃, 습도 70% 이하, 연간 20회 내외로 저기압이 통과하는 지역에서 인간은 신체 활동과 뇌 활동이 가장 활발하기 때문에 문명이 발생할 수 있었다고 주장한다.

세계 4대 문명 중 이집트 문명, 메소포타미아 문명, 인더스 문명 등은 온대기후에서 다소 벗어난 건조기후 지역에서 발생하였다. 따라서 헌팅턴의 기후적 활동력 지도와 꼭 맞아떨어지는 것은 아니지만 문명 탄생 당시에는 그 지역이 현재보다 습윤한 기후였다. 그의 연구는 최초로 기후와 문명의 상관관계를 탐구하였다는 점에서 의의가 있다.

문명의 척도인 청동기 및 철기의 제작과 문자의 발명, 그리고 도시의 탄생은 삶의 기본 조건인 먹을거리가 풍족하지 않으면 불가능하다. 즉 기후 조

엘스워드 헌팅턴(E. Huntington)
'기후가 바로 문명'이라는 주장의 근본적인 오류에도 불구하고, 인간과 자연의 관계에 초점을 두고 인류 문명이 발생함에 있어 최적의 온도가 있음을 최초로 주장한 데에 의의가 있다.

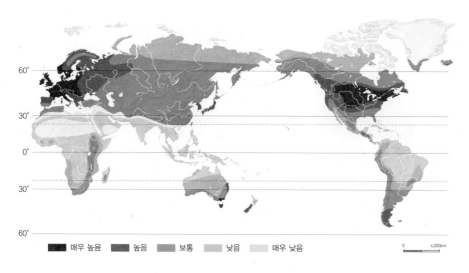

■ 매우 높음　■ 높음　■ 보통　□ 낮음　▨ 매우 낮음　　0 ⊢─────┤ 4,000km

인간의 기후적 활동력의 분포 헌팅턴은 인간의 뇌 활동에 자극을 미치는 기후가 바로 인류 문명의 원동력이라 보고, 인간의 활동력을 기후 지도에 표시하여 그 상관관계를 설명하였다. 지도를 통해 기후가 온화할수록 인간의 활동력이 왕성해짐을 알 수 있었다.

건이 식물의 생장에 알맞고 생활하기에 쾌적해야만 인간이 문명을 창조하기 위해 시간과 에너지를 할애할 여유가 생기는 것이다. 반면, 기후가 매우 덥거나 추운 곳에서는 농업생산성이 떨어질 뿐 아니라, 열악한 환경에 적응하여 살아가는 데 많은 시간과 에너지를 할애해야 하기 때문에 그만큼 문명의 형성이 더디게 된다. 실제로 태양이 가장 높은 고도에서 이글거리는 적도 부근의 열대기후 지역이나 눈과 얼음으로 뒤덮인 극지방에서 고대 문명이 발생하지 않았다는 것이 이러한 주장을 뒷받침한다.

인간 생활에 가장 적합한 기온은 18~21℃라고 한다. 고대 문명의 발상지와 오늘날 세계 주요 도시들이 연평균 등온선 21℃ 선 부근에 있음을 통해 인류에게 공통된 최적온도가 존재한다는 것이 드러났다. 이처럼 기후는 인간의 정신과 육체 및 생산 활동에 영향을 미쳤고, 이를 통해 문명의 성립과 발전에도 지대한 영향을 주었다.

한편, 기후는 문명의 시작뿐 아니라 쇠퇴와도 관련이 있다. 기후변화로

세계 4대 문명의 발상지
인류는 열대 밀림에서 세계 전 지역으로 흩어져 진화하였지만, 문명은 중위도지방의 온대기후에서 발생하였다. 이것은 인간의 농경 활동과 관련이 있다. 세계 4대 문명은 모두 온대에 가까운 열대에 위치하고 있어 작물이 잘 자랄 뿐 아니라, 인간이 신체 활동을 활발하게 할 수 있어 문명 발생의 큰 원동력이 되었다.

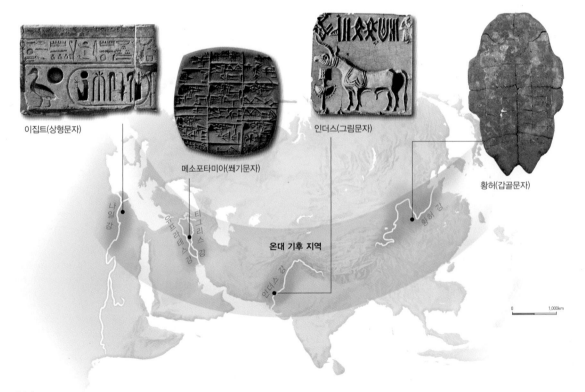

이집트(상형문자)

메소포타미아(쐐기문자)

인더스(그림문자)

황허(갑골문자)

나일 강

티그리스 강

유프라테스 강

황허 강

인더스 강

온대 기후 지역

0   1,000km

인한 혹한, 가뭄, 홍수 등은 문명사회를 송두리째 앗아갈 만큼 파괴적이었다. 멕시코와 과테말라를 중심으로 번성하였던 마야 문명은 극심한 가뭄으로 멸망에 이르렀으며, 1815년 인도네시아의 탐보라 화산의 폭발은 이상기후 현상으로 이어져 재앙을 초래하였다. 화산 폭발과 함께 분출된 엄청난 양의 화산재와 먼지는 태양을 가려 지구의 기온을 낮추었고, 이듬해 유럽은 '여름이 사라진 해'를 맞이하게 되었다. 여름철 이상저온현상이 길어지면서 흉작과 대기근이 뒤따랐으며, 약탈, 폭동 등의 범죄가 전 유럽을 휩쓸었다.

이처럼 인류 문명과 역사의 흥망성쇠는 기후라는 자연조건과 매우 밀접하게 관련되어 있다. 따라서 오늘날 인위적으로 자연을 훼손함으로써 세계 곳곳에 나타나고 있는 이상기후 현상은 결국 인류의 미래와 무관하지 않을 것이다.

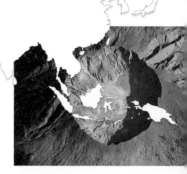

탐보라 화산 폭발 당시 탐보라 화산의 폭발음이 2,700km 떨어진 곳에까지 들렸으며, 5일간 폭발이 계속되면서 4,000톤의 화산재가 비처럼 쏟아지고, 분출 후 산봉우리의 2/3 정도가 사라졌다고 한다. 이처럼 인류 역사상 가장 파괴적인 폭발로 꼽히는 탐보라 화산 폭발은 최근 세계 기후변화의 원인으로 주목받고 있다.

여름이 사라진 1816년의 유럽 인도네시아의 탐보라 화산 폭발 이후, 화산재는 기류를 타고 미국과 유럽으로 확산되어 기온 저하와 폭우 등 이상기후 현상을 초래하였다. 아일랜드에서는 여름철에 약 140일간 차가운 비가 내렸고, 뉴잉글랜드와 캐나다에서는 서리가 내려 농작물이 피해를 입었으며, 프랑스와 스위스에서는 식량 폭동이 일어났다. 이러한 이상기후가 지속되면서 20여만 명이 굶주림과 전염병으로 죽었다.

| 기후, 지구를 모자이크하다 | 날씨는 특정 지역에서 나타나는 매일매일의 대기 상태로, 시간의 흐름에 따라 변화한다. 하지만 날씨의 변화를 오랫동안 관찰하면 그것이 일정한 주기를 가지고 규칙적으로 반복됨을 알 수 있다. 이같이 오랜 시간 동안의 날씨를 평균하여 일반화한 것이 기후이다.

기후와 기상의 차이 그날그날의 날씨 상태를 기상이라고 하며, 일정 지역에서 해마다 반복되어 나타나는 대기의 평균 상태를 기후라고 한다.

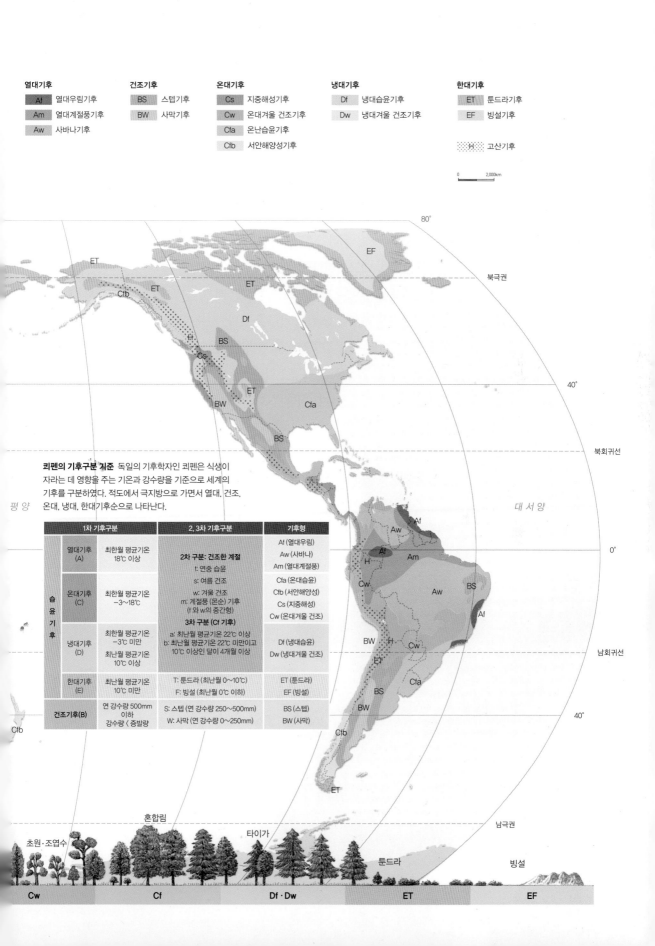

열대기후
- **Af** 열대우림기후
- **Am** 열대계절풍기후
- **Aw** 사바나기후

건조기후
- **BS** 스텝기후
- **BW** 사막기후

온대기후
- **Cs** 지중해성기후
- **Cw** 온대겨울 건조기후
- **Cfa** 온난습윤기후
- **Cfb** 서안해양성기후

냉대기후
- **Df** 냉대습윤기후
- **Dw** 냉대겨울 건조기후

한대기후
- **ET** 툰드라기후
- **EF** 빙설기후

- **H** 고산기후

0   2,000km

쾨펜의 기후구분 기준 독일의 기후학자인 쾨펜은 식생이 자라는 데 영향을 주는 기온과 강수량을 기준으로 세계의 기후를 구분하였다. 적도에서 극지방으로 가면서 열대, 건조, 온대, 냉대, 한대기후순으로 나타난다.

	1차 기후구분		2, 3차 기후구분	기후형
습윤기후	열대기후 (A)	최한월 평균기온 18℃ 이상	**2차 구분: 건조한 계절** f: 연중 습윤 s: 여름 건조 w: 겨울 건조 m: 계절풍 (몬순) 기후 (f 와 w의 중간형)	Af (열대우림) Aw (사바나) Am (열대계절풍)
	온대기후 (C)	최한월 평균기온 −3~18℃		Cfa (온대습윤) Cfb (서안해양성) Cs (지중해성) Cw (온대겨울 건조)
	냉대기후 (D)	최한월 평균기온 −3℃ 미만 최난월 평균기온 10℃ 이상	**3차 구분 (Cf 기후)** a: 최난월 평균기온 22℃ 이상 b: 최난월 평균기온 22℃ 미만이고 10℃ 이상인 달이 4개월 이상	Df (냉대습윤) Dw (냉대겨울 건조)
	한대기후 (E)	최난월 평균기온 10℃ 미만	T: 툰드라 (최난월 0~10℃) F: 빙설 (최난월 0℃ 이하)	ET (툰드라) EF (빙설)
건조기후(B)		연 강수량 500mm 이하 강수량 〈 증발량	S: 스텝 (연 강수량 250~500mm) W: 사막 (연 강수량 0~250mm)	BS (스텝) BW (사막)

80°
북극권
40°
북회귀선
평양
대서양
0°
남회귀선
40°
남극권

초원·조엽수   혼합림   타이가   툰드라   빙설

Cw   **Cf**   **Df·Dw**   **ET**   **EF**

쾨펜W. Köppen에 의한 기후구분 지도를 보면 하나의 법칙성이 발견되는데, 바로 적도를 중심으로 남북으로 가면서 열대, 건조, 온대, 냉대, 한대기후가 대칭적으로 분포한다는 것이다.

대칭의 중심이 되는 적도 부근 지역은 일 년 내내 햇빛이 풍부하여 지구상에서 가장 풍요로운 곳으로, 열대기후가 나타난다. 상공에서 내려다보면 열대기후의 중심부에는 땅이 보이지 않을 만큼 푸른 나무들이 빽빽한 열대 밀림이 발달하는데, 우리가 흔히 지구의 허파라고 부르는 브라질 아마존 강 유역의 밀림이 대표적이다.

열대 밀림을 벗어나 남북으로 이동하면 키가 큰 풀들과 우산 모양의 나무들이 드문드문 자라는 초원을 만나게 된다. 사바나라고 불리는 이 열대초원은 연중 몇 개월 동안 집중적으로 비가 많이 내리는 우기와 비가 많이 내리지 않는 건기로 뚜렷하게 구분된다. 광활하고 탁 트인 대초원에는 얼룩말, 기린, 영양, 코끼리, 사자, 치타 등 다양한 야생동물이 살고 있어 '동물의 왕국'이라 불리기도 한다.

열대기후를 지나 회귀선에 가까워지면 메마른 건조기후가 나타난다. 건조기후에서는 강수량보다 증발량이 많아 식생이 자라기에 불리하므로 주

세계 주요 기후대의 생활 모습
적도에서 극지방으로 가면서 기온과 강수량의 변화에 따라 각 기후대별로 고유한 기후가 나타난다. 기후는 인간 생활에 영향을 미쳐 지역별로 다양한 인문환경이 나타나는 원인이 된다.

열대기후

건조기후

로 사막이나 키가 작은 풀들이 자라는 초원이 발달한다. 그뿐만 아니라 낮
에는 태양이 작열하고, 밤에는 기온이 0℃ 가까이 뚝 떨어져 일교차가 무려
30~40℃에 이른다.

중위도지방은 대체로 온대기후가 나타나는데, 이곳은 뚜렷한 사계절의
변화, 적절한 강수량과 온화한 기온 등 사람이 살기에 아주 좋은 기후 조건
을 갖추고 있다. 이 때문에 일찍부터 사람들이 모여 살았으며, 오늘날 세계
인구의 절반 이상이 이 기후대에 살고 있다. 세계의 주요 도시들이 있는 곳
도 바로 온대기후 지역이다.

온대기후를 벗어나 극지방에 가까워질수록 겨울이 길고 추운 냉대기후가
나타나는데, 추운 기후에도 불구하고 대규모의 타이가 삼림지대가 대지를
덮고 있다. 위도 65° 이상인 지역에서는 눈과 얼음으로 덮인 한대기후가 나타
나는데, 이곳은 생명이 살기에는 너무도 혹독한 기후여서 이끼와 미생물 정
도만이 자란다.

이처럼 세계의 다양한 기후는 각각의 기후 특색에 따른 고유한 자연환경
을 만들어 냈을 뿐 아니라, 그곳에 사는 주민들의 의식주를 비롯한 생활양
식과 사고방식, 기질 등 모든 인간 활동에 큰 영향을 미쳤다. 즉 오늘날 세계
의 다양하고도 복잡한 자연·인문환경의 모자이크는 기후와의 밀접하고 긴
밀한 상관관계 속에서 발전해 온 결과인 것이다.

온대기후

냉대기후

한대기후

| 기후, 과학의 눈으로 바라보다 | 오늘날 과학기술이 발달함에 따라 기상관측 위성을 쏘아 올려 기온, 기압, 습도, 풍속, 풍향 등 기후 요소에 대한 정보를 수집하고 그것을 활용하는 것이 매우 활발하게 이루어지고 있다. 이러한 기상관측 기술의 발달로 태풍과 황사의 진로, 장마전선의 움직임 등을 예측할 수 있게 되어 재해에 대한 대비는 물론, 일상생활과 경제활동에도 큰 도움이 되고 있다.

그뿐만 아니라 오랜 기간에 걸쳐 수집한 기후 정보를 분석하고 통계화함으로써 미래의 기후 유형을 예측할 수 있고, 오래된 암석과 빙하 등을 조사하여 과거 지구의 기후 역사까지도 알 수 있다.

이제 인류는 기후에 대한 정보 수집과 예측에서 멈추지 않고 기후의 일부를 적절히 통제하거나 조절할 수 있는 수준에까지 이르게 되었다. 사막의 도시 두바이에서도 스키를 탈 수 있고, 가뭄이 극심한 곳에서는 인공 구름 씨앗을 뿌려 비나 눈을 내리게 하며, 반대로 비나 눈이 내리지 않도록 약품을 뿌려 비구름이 사라지게도 한다. 그러나 이러한 인위적인 기후조절은 그 비용이 너무 비싸 경제적 효율성이 크게 떨어지기 때문에 흔히 사용되기는 어렵다. 예를 들어, 태평양 부근에서 발생한 열대저기압의 위력은 수소폭탄 100개의 위력보다 커서 이를 사라지게 하려는 인위적 기상조절에는 한계가

라디오존데(radiosonde: radio wind sonde) 기구에 관측 기기를 달아 하늘로 올려 보내 직접 기온, 습도, 기압, 풍향, 풍속 등 상층의 기상을 관측한다.

기상레이더 레이더에서 구름에 전파를 발사하여 반사된 세기를 통해 비, 태풍 등의 기상 현상을 관측한다.

백엽상과 풍향계 지표 부근의 대기를 조사하는 장치로, 지표에서 일정 높이를 두어 차운 하얀 상자 속에 온도계와 습도계가 들어 있다.

윈드 파일러 상공에 다섯 방향의 전파를 발사하여 되돌아오는 전파의 강도나 주파수를 관측하여 바람의 방향과 속도 등을 연속적으로 관측한다. 특히, 집중호우나 폭설 등을 예측하는 데 유리하다.

기상위성 기상관측을 위해 발사된 위성이다. 위성에서 찍은 사진을 통해 저기압, 전선 등의 정확한 위치와 크기를 파악하거나, 실시간으로 기상정보를 수집하기도 한다.

있을 뿐 아니라, 비용 또한 상상을 초월한다. 결국, 오늘날 아무리 과학이 발달했다 해도 기후라는 자연을 완벽하게 통제하는 것은 불가능한 일이다.

⊙ 날씨 정보가 돈이 되는 세상

겨울에 눈이 오지 않는다면 스키장은 엄청난 양의 인공 눈을 만들어야 하기 때문에 비용이 매우 많이 들 것이다. 비가 적은 해에 우산 제조 회사의 매출액은 현저하게 떨어질 것이다. 아이스크림과 맥주 제조 회사는 무더운 날보다 습한 날 오히려 더 매출이 높다고 한다. 내복과 난방기 제조 회사는 겨울이 추워야 매출이 늘어날 것이다. 이처럼 기후 관련 정보는 기업 활동에 커다란 영향력을 미친다. 따라서 기업이 하루, 한 달, 한 해 동안의 날씨 및 기후 정보를 미리 알고 이에 대비하면 상품의 생산, 운송, 판매, 광고의 모든 과정에서 발생하는 비용을 크게 줄일 수 있다. 특히, 선진국의 유통업체나 제조업체에서는 날씨와 매출의 상관관계를 마케팅 전략 수립에 적극 활용하고 있다. 최근에는 날씨 정보를 기업에 제공하는 회사를 비롯하여, 갑작스런 기상 악화 등으로 피해나 손실을 입었을 경우 이를 보상해 주는 날씨 보험 상품까지 등장하였다. 이제 날씨 정보는 단순한 정보에 그치지 않고 기업의 이윤과 매우 밀접한 소중한 자본이 된 것이다.

숨 쉬는 지구

콜럼버스의 신대륙 발견에 숨은 조력자는 바람이었다. 콜럼버스는 무동력선인 범선을 타고 유럽에서 아메리카 대륙으로 갈 때 적도를 향해 북동쪽에서 남서쪽으로 부는 무역풍을 이용하였다. 그렇다면 콜럼버스가 아메리카 대륙에서 유럽으로 돌아올 때는 어떤 바람을 이용하였을까?

| **기후를 구성하는 요소와 변화를 일으키는 요인** | "열대기후는 일 년 내내 덥고 비가 많이 내린다.", "온대기후는 기온과 강수량이 적당하고, 지역에 따라서는 계절풍이나 편서풍의 영향을 받는다."

이처럼 우리는 각 기후의 특색을 이야기할 때, 주로 기후의 3요소라고 불리는 기온이나 강수량, 바람 등을 중심으로 설명한다. 기온, 강수량, 바람 외에도 습도, 일사량, 안개, 서리 등과 같이 대기의 상태를 설명하는 것들을 일컬어 기후를 구성하는 '기후 요소'라고 한다. 각 기후 요소는 지역에 따라 다르게 나타나는데, 지역에 따라 위도, 지형, 해발고도, 수륙분포, 해류, 기단과 전선 등의 '기후 요인기후 인자'이 다르기 때문이다. 그렇다면 기후 요소와 기후 요인은 어떠한 관계가 있으며, 지역의 기후를 이해하는 데 어떤 의미를 지닐까?

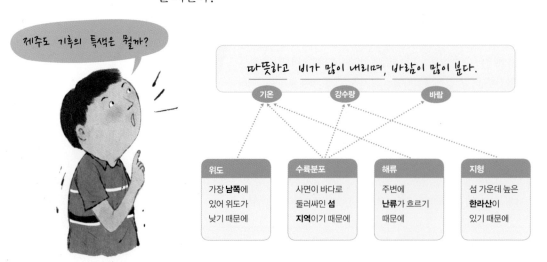

적도가 지나는 아프리카 기니 만 연안에 있는 카메룬은 연평균 기온이 25~30℃에 이르고, 연평균 강수량은 1,500mm일 정도로 연중 덥고 비가 많이 내리는 열대우림기후가 나타난다. 이는 카메룬의 위도가 낮은 것과 관련이 깊다. 저위도일수록 태양이 좁은 범위에 수직으로 내리쬐어 기온이 높은 반면, 고위도로 갈수록 태양이 넓은 범위에 비스듬하게 내리쬐면서 태양의 복사에너지 양이 줄어들어 기온이 낮다. 하지만 적도 부근이라고 해서 모두 기온이 높은 것은 아니다. 적도 가까이에 있는 케냐의 킬리만자로 산 정상은 연중 흰 눈이 덮여 있는데, 이것은 해발고도가 높기 때문이다. 해발고도가 100m 상승할 때마다 기온은 약 0.65℃씩 낮아지는데, 킬리만자로 산 높이가 5,895m임을 감안하면, 산 정상의 기온은 산 아래보다 약 38.35℃$^{0.65 \times 59}$ 정도 낮다. 즉 산 아래가 30℃라면, 산 정상은 -8.35℃ 정도로 낮아 쌓인 눈이 녹지 않는 것이다.

이처럼 기후를 구성하는 주요 기후 요소인 기온은 위도와 해발고도 등의 기후 요인에 따라 달라진다. 따라서 어떤 지역의 기후를 이해하기 위해서는 기후를 구성하는 기후 요소의 특색을 잘 알고, 그에 영향을 미치는 기후 요인과의 관계를 살펴보는 종합적인 이해가 필요하다.

해발고도에 따른 기온 분포 기온은 기후 요인의 하나인 해발고도의 영향을 받기도 한다. 열대기후에 속하는 고산 지역의 경우, 연평균 10℃ 안팎의 온화한 기후가 나타난다. 인도네시아의 반둥, 에티오피아의 아디스아바바, 에콰도르의 키토, 볼리비아의 라파스, 콜롬비아의 보고타 등에서 이런 기후를 만날 수 있다. 특히, 안데스 산지의 고산 지역에서는 오래전 잉카 문명을 비롯한 원주민들이 만든 찬란한 문명이 발달하였으며, 오늘날에는 인구가 밀집한 도시들이 발달하고 있다.

가장 높은 에베레스트 산 정상은 해발고도 8,848m이다.

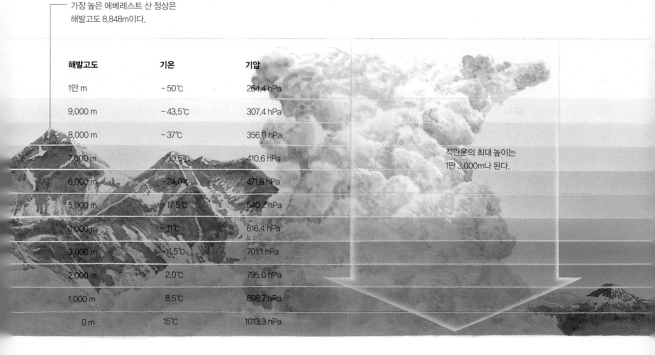

해발고도	기온	기압
1만 m	-50℃	264.4 hPa
9,000 m	-43.5℃	307.4 hPa
8,000 m	-37℃	356.0 hPa
7,000 m	-30.5℃	410.6 hPa
6,000 m	-24.0℃	471.8 hPa
5,000 m	-17.5℃	540.2 hPa
4,000 m	-11℃	616.4 hPa
3,000 m	-4.5℃	701.1 hPa
2,000 m	2.0℃	795.0 hPa
1,000 m	8.5℃	898.7 hPa
0 m	15℃	1013.3 hPa

적란운의 최대 높이는 1만 3,000m나 된다.

| 오르락내리락하는 열, 기온 | 지구의 기온은 일반적으로 적도에서 양극 지방으로 갈수록 낮아진다. 이러한 기온 차이는 바로 위도 때문에 나타난다. 지구는 둥글기 때문에 위도에 따라 태양이 내리쬐는 고도와 넓이가 달라지는데, 일반적으로 저위도에서 고위도로 갈수록 기온이 낮아진다.

또, 세계지도의 중심이 되는 적도 부근에는 열적도가 분포하는데, 열적도는 경도별로 연평균 기온이 가장 높은 곳들을 연결하여 나타낸 선이다. 열적도는 고정된 것이 아니라 계절에 따라 위도 0~10° 사이를 왔다 갔다 한다. 열적도는 대체로 북반구에 치우쳐 있는데, 이것은 북반구와 남반구의 기후 요인에 차이가 있기 때문이다. 육지는 대체로 북반구에 치우쳐 분포하며, 북극의 빙하 면적이 남극보다 좁아 대기권으로 반사되는 태양에너지의 양이 적기 때문에 남반구보다 북반구의 기온이 높다. 그 결과 열적도도 북반구에 치우쳐 나타나는 것이다.

세계의 연평균 등온선은 대체로 위도와 평행하지만, 지역에 따라 변형된 형태가 나타난다. 특히, 비슷한 위도에 있는 대륙의 서안과 동안의 연평균 기온을 비교해 보면, 서안이 더 따뜻함을 알 수 있다. 이것은 수륙분포, 해류 등 다양한 기후 요인과 바람의 영향 때문이다. 비슷한 위도에 있는 프랑

세계 연평균 기온의 분포 세계의 연평균 등온선을 표시해 보면 대체로 위도와 평행하게 나타난다. 이것은 적도 부근은 수직에 가까운 고도로 좁은 범위를 집중적으로 내리쬐는 반면, 극으로 갈수록 태양의 고도가 낮아져 넓은 범위를 내리쬐에 따라 지표가 받는 태양에너지의 양이 달라지기 때문이다.

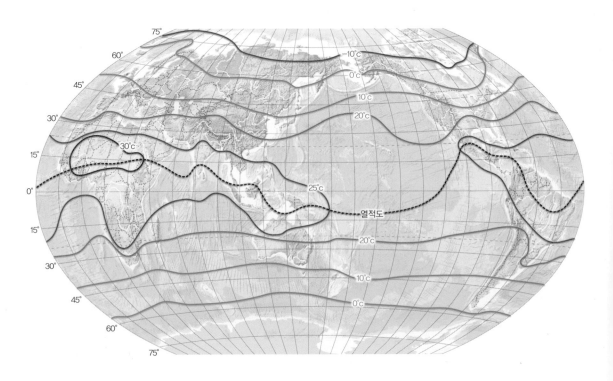

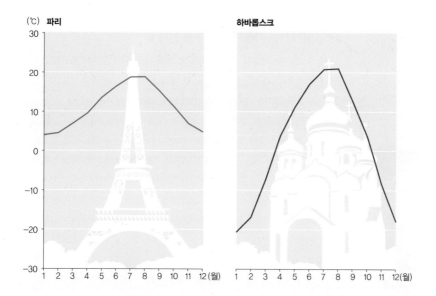

자료: 《이과 연표》, 2008

구분	파리(북위 48°58′)	하바롭스크(북위 48°31′)
연평균 기온	10.9℃	1.8℃
1월 평균기온	4.0℃	−20.9℃
8월 평균기온	18.6℃	21.1℃
연교차	14.6℃	42℃

파리와 하바롭스크의 기온 비교 유라시아 대륙의 서안에 위치한 파리는 바다의 영향을 받아 연중 온화한 서안해양성기후가 나타난다. 반면에 유라시아 대륙의 동안에 있는 하바롭스크는 대륙의 영향을 받아 여름과 겨울의 기온차가 큰 대륙성기후가 나타난다.

스의 파리(북위 48°58′)와 러시아의 하바롭스크(북위 48°31′)의 기온을 비교해 보자.

　파리와 하바롭스크는 비슷한 위도에 있지만, 연평균 기온은 파리가 더 높다. 유라시아 대륙의 서안에 위치한 파리는 일 년 내내 편서풍이 북대서양 해류의 따뜻한 기운을 실어다 주어 여름은 시원하고 겨울은 따뜻하다. 반면, 유라시아 대륙의 동안에 위치한 하바롭스크는 계절에 따라 바람의 방향이 바뀌는 계절풍■의 영향을 받아 여름은 덥고, 겨울은 몹시 춥다. 따라서 기온의 연교차는 하바롭스크가 파리보다 크다.

계절풍
비열이란 단위질량의 물을 1℃ 올리는 데 필요한 열량에 대해 어떤 물질의 온도를 1℃ 올리는 데 필요한 열량의 비를 표시한 것으로, 육지는 바다에 비해 비열이 낮아 쉽게 데워지고 빨리 식는다. 이러한 비열 차이로 인해 여름에는 바다에서 육지로, 겨울에는 육지에서 바다로 바람의 방향이 바뀌는 계절풍이 분다.

⊙ 유럽에서는 겨울에도 축구를 한다?

우리나라에서는 겨울에 눈이 많이 내리고 추워서 축구 경기가 열리지 않지만, 유럽의 축구 경기는 한겨울에도 TV에서 볼 수 있다. 영국을 비롯한 유럽의 프로 축구 경기는 대개 8월 중순부터 이듬해 5월 말까지 열린다. 런던(북위 51°5′)이 서울(북위 37°34′)보다 위도가 더 높기 때문에 기온이 더 낮을 것이라 생각하면 겨울에 축구 경기를 한다는 사실이 쉽게 이해되지 않을 것이다. 하지만 런던의 겨울 기온을 결정짓는 데 위도뿐 아니라 다른 여러 기후 요인이 복잡하게 얽혀 있음을 이해한다면 고개를 끄덕이게 된다.

런던은 대륙의 서안에 있어 일 년 내내 따뜻한 북대서양 해류의 기운을 육지로 실어 오는 편서풍이 불기 때문에 연중 강수량이 고르고 겨울이 온화한 편이다. 반면, 서울은 대륙의 동안에 있어 계절풍의 영향을 받아 여름에 덥고 비가 많이 내리며, 겨울에 춥고 건조한 편이다. 그 결과 런던은 서울에 비해 여름은 더 시원하고 겨울은 더 따뜻한 특색을 띠는 서안해양성기후가 나타나 우리나라에서는 할 수 없는 축구 경기를 겨울철에 할 수 있는 것이다.

아시아의 계절풍

유럽의 편서풍

| **대지를 적시는 비, 강수** | 비는 지구 생명체의 생존에 필수적인 물을 공급한다는 점에서 자연계에 매우 중요한 역할을 한다. 그렇다면 비는 어떻게 내리는 것일까? 지표 부근의 공기는 가열되면 가벼워져 상승하게 되고, 그러면 기압이 낮아져 부피가 팽창하게 된다. 팽창하면서 열을 사용하므로 기온이 낮아지고, 공기 속 수증기들이 점차 응결되어 구름 입자가 된다. 이때 구름 입자는 공기 속의 수증기만으로 만들어지는 것은 아니다. 공기 속에 있던 아주 작은 먼지가 응결핵이 되고 그 핵에 수증기가 붙어 구름 입자가 되는 것이다. 여러 구름 입자가 응결되어 물방울이 된 후 점점 더 큰 물방울로 발전하다가 0.2mm 이상이 되면 중력에 의해 지표로 떨어지는 커다란 빗방울이 된다.

이처럼 비가 내리기 위해서기 위한 구름이 형성되는 과정이 필요하다. 구름이 잘 형성되기 위한 가장 중요한 기후 조건은 바로 상승기류의 발생이다. 상승기류란 공기덩어리가 상승하는 흐름을 말하는데 기온, 지형, 해류나 대기대순환 등 다양한 원인으로 발생하기 때문에 강수 유형도 다양하게 나타난다.

구름의 형성 과정

수증기를 포함한 지표 부근의 공기는 가열되면서 상승기류에 의해 상승하기 시작한다. 공기가 상승함에 따라 기압이 낮아져 공기가 팽창하고, 그 결과 기온이 낮아진다. 일정한 기온 이하가 되면 공기 속의 수증기는 물방울이 되어 구름의 알맹이가 되는데, 이때부터 구름으로 보인다. 구름이 된 후 계속해서 상승하면 온도는 더욱 더 내려가고 물방울은 얼음 알갱이로 변한다.

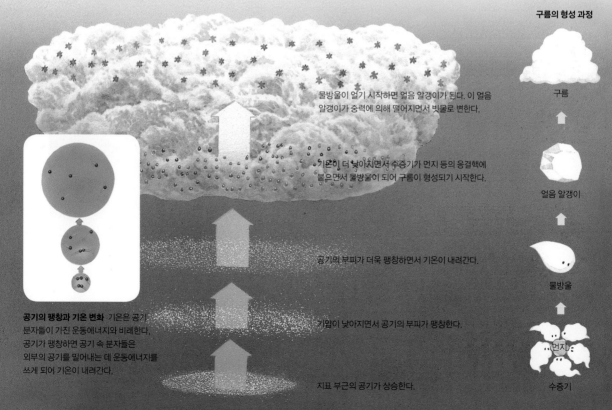

구름의 형성 과정

물방울이 얼기 시작하면 얼음 알갱이가 된다. 이 얼음 알갱이가 중력에 의해 떨어지면서 빗물로 변한다.

기온이 더 낮아지면서 수증기가 먼지 등의 응결핵에 붙으면서 물방울이 되어 구름이 형성되기 시작한다.

공기의 부피가 더욱 팽창하면서 기온이 내려간다.

기압이 낮아지면서 공기의 부피가 팽창한다.

지표 부근의 공기가 상승한다.

공기의 팽창과 기온 변화 기온은 공기 분자들이 가진 운동에너지와 비례한다. 공기가 팽창하면 공기 속 분자들은 외부의 공기를 밀어내는 데 운동에너지를 쓰게 되어 기온이 내려간다.

구름

얼음 알갱이

물방울

먼지

수증기

■대류성 강수 한낮에 집중적으로 내리쬐는 태양에너지에 의해 뜨거워진 땅 위의 고온 다습한 공기가 상승하면서 응결하여 소나기가 되어 내린다. 이러한 원리로 내리는 비를 대류성 강수라고 하는데, 우리나라의 여름철 소나기와 적도 부근의 열대 밀림에서 매일 내리는 스콜 등이 이에 해당한다. 특히, 아마존 강 유역과 기니 만 일대에서는 하루에도 몇 번씩 스콜이 내리는데, 이는 하천의 유량을 풍부하게 유지시켜 주는 반면, 토양의 영양분을 쉽게 씻어 내려 땅을 척박하게 만들기도 한다.

■지형성 강수 해안에서 육지로 불어오는 다습한 바람은 높고 험준한 산맥을 만나기도 한다. 이때 산의 경사면을 타고 올라가면서 구름이 형성되어 비를 내리게 되며, 산 정상을 넘어가면 고온 건조한 바람으로 변한다. 이 과정에서 내리는 비를 지형성 강수라고 하며, 바람이 부딪히는 바람받이 지역은 강수량이 많고 반대쪽의 바람을 등진 바람그늘 지역은 강수량이 적다.

⊙ 태풍의 장단점

태풍은 필리핀 근처의 북태평양 서부에서 발생하여 우리나라, 중국, 일본, 동남아시아 등지에 피해를 주는 열대저기압으로, 우리나라에는 주로 7~9월에 2~3개 정도가 영향을 미친다. 많은 비와 강한 바람을 동반하는 태풍은 화산 폭발의 10배, 핵폭탄의 1만 배와 맞먹을 만큼 그 위력이 대단하여 많은 인명 피해와 재산 피해를 초래한다. 반면, 저위도지방에 축적된 열을 고위도로 운반하여 지구 전체 온도의 균형을 맞춰 주거나 가뭄을 해소해 주기도 하며, 바닷물을 뒤섞어 순환시켜 줌으로써 적조 현상을 완화하거나 해양생태계를 활성화하는 등의 긍정적인 역할도 한다.

2009년 태풍으로 인한 필리핀의 피해 모습

■ **전선성 강수** 중위도 지역은 고위도에서 내려오는 차가운 공기덩어리와 저위도에서 올라온 따뜻한 공기덩어리가 만나게 된다. 이때 두 공기덩어리의 경계에는 전선이 발달하면서 비가 많이 내리게 되는데, 이를 전선성 강수라고 한다. 우리나라의 장맛비도 전선성 강우에 속하는데, 두 공기덩어리의 힘의 크기 변화에 따라 전선이 남북으로 움직이며 비가 내린다.

찬 공기   더운 공기   더운 공기   찬 공기

한랭전선에 의한   온난전선에 의한
전선성 강수   전선성 강수

■ **저기압성 강수** 남북위 5~20° 사이의 열대기후에 속하는 따뜻한 바다 위에서는 고온 다습한 공기가 상승하는 열대저기압이 자주 발생한다. 열대저기압은 따뜻한 바다 위를 빠른 속도로 이동하는 과정에서 점점 커지면서 강한 바람과 많은 비를 동반하는데, 이때 내리는 비를 저기압성 강수라고 한다. 열대저기압은 육지를 지나거나 차가운 바다 위를 지나면서 약화되어 사라진다. 저기압성 강수는 온대 이동성저기압에 의해서도 자주 발생한다.

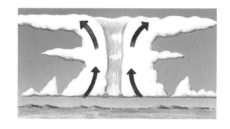

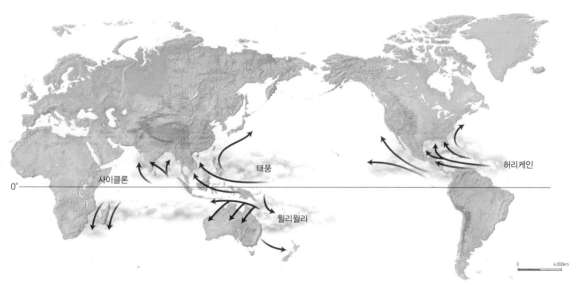

0°   사이클론   태풍   윌리윌리   허리케인

다양한 열대저기압의 이름 열대저기압은 발생지 및 피해를 주는 지역에 따라 다르게 불리는데, 태평양 북서부에서 발생하여 동부 및 동남아시아에 피해를 주는 것을 태풍, 태평양 남부에서 발생하여 오세아니아에 영향을 주는 것을 윌리윌리, 인도양에서 발생하여 남부아시아 일대에 피해를 주는 것을 사이클론, 멕시코 만에서 발생하여 북아메리카에 피해를 주는 것을 허리케인이라고 한다.

0   4,000km

| **하강기류의 형성** | 비가 많이 오는 곳이 상승기류와 관련 있다면, 비가 적게 내리는 지역은 하강기류와 관련이 있다. 하강기류가 형성되면 주로 대기의 하층부에는 차가운 공기가, 상층부에는 따뜻한 공기가 들어찬 안정된 대기 상태, 즉 기류의 순환이 잘 일어나지 않는 상태가 되므로 구름이 형성되지 않아 비가 내리지 않는다.

세계 연강수량 분포를 살펴보면 대체로 위도 30° 부근 지역은 강수량이 적어 물 부족 현상이 나타나는데, 이는 이 지역의 상공에서 적도와 고위도에서 상승한 기류가 부딪쳐 하강기류로 바뀌면서 고기압대가 형성되기 때문이다. 이처럼 하강기류가 발달하는 고기압대에서는 비가 잘 내리지 않는 맑은 날씨가 주로 나타난다. 아프리카 북부에 있는 사하라 사막은 중위도 고기압대에 발달한 대표적인 사막이다. 또 한류가 흐르는 해안 지역의 경우에도 차가운 해류의 영향으로 상승기류가 발달하기 어렵다. 아프리카 남서부

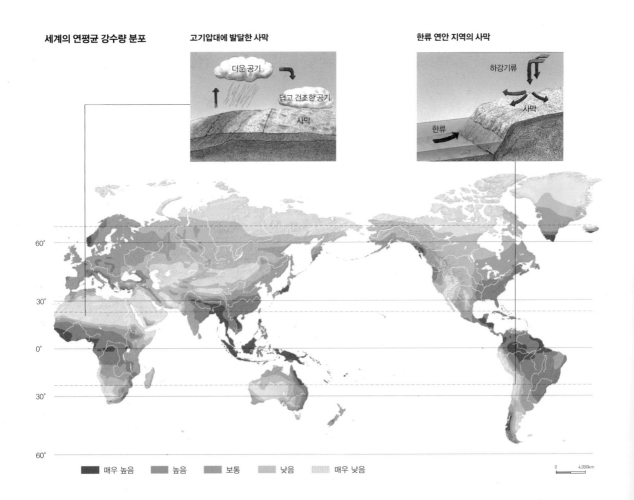

세계의 연평균 강수량 분포

고기압대에 발달한 사막

한류 연안 지역의 사막

■ 매우 높음　■ 높음　■ 보통　낮음　매우 낮음

0　4,000km

에 있는 나미브 사막과 남아메리카 중서부의 아타카마 사막은 주변 바다에 흐르는 한류성 해류_{벵겔라 해류·페루 해류}의 영향으로 발달한 한류 사막의 대표적인 예이다.

| 지역 차가 큰 강수량 | 강수량은 지역에 따라 차이가 크다. 세계 강수량 분포를 보면 전체적으로는 적도를 중심으로 위도 및 기압대의 특성에 따라 다르고, 국지적으로는 지역 간 차이가 크게 나타난다. 이는 앞서 살펴보았듯이 강수 유형이 다양한 것과도 관련이 있다.

강수량은 대체로 위도에 따라 다르게 나타난다. 즉 적도에서 비가 가장 많이 내리며, 위도 30° 부근에서는 비가 적게 내린다. 위도 50° 부근에서 다시 강수량이 많아지다가 극지방에 이르면 강수량이 줄어든다.

또 강수량은 국지적으로 지형과 바람의 방향에 따라 지역 차가 크게 나타난다. 바다에서 불어오는 습한 바람은 산맥의 바람받이 사면에 부딪히면서 많은 비를 내려 홍수를 발생시키기도 한다. 반면, 산맥을 넘은 바람은 덥고 건조해져 가뭄 피해를 주기도 한다. 산맥을 넘지 않더라도 해안에서 먼 내륙의 중심으로 갈수록 강수량은 줄어든다. 또 같은 해안 지역에서도 한류가 흐르는 해안은 건조하고, 난류가 흐르는 해안은 비가 자주 내린다. 그뿐만 아니라 강수량은 같은 지역에서도 계절에 따라 차이가 크다.

강수량의 차이는 식생과 농업 발달에 큰 영향을 미친다. 건조한 지역 중 풀이 자라는 곳에서는 목축이 발달한다. 반면, 비가 많이 내리는 습윤한 곳은 숲이 우거지거나 농경이 발달한 곳이 많다.

강수량에 따른 가옥의 형태 비가 적은 지역에서는 흙집이 많으며 벽이 두껍고 창문이 거의 없거나 작은 것이 특징이다. 지붕이 평평한 것은 강수량이 적기 때문이다. 비가 많은 지역에서는 자연에서 쉽게 구할 수 있는 나무로 집을 지으며, 통풍이 잘되게 창문을 크게 만든다. 또 빗물이 잘 흘러내릴 수 있도록 지붕의 경사가 급하고, 땅에서 올라오는 습기를 피하기 위해 마룻바닥을 땅에서 띄워 짓는다.

공기의 머나먼 여행, 바람 | 지표면은 열을 받으면 공기의 온도가 높아지고 가벼워져 상승하게 되는데, 상승기류를 타고 올라간 공기의 빈자리를 메우기 위해 주변에서 공기가 이동하게 된다. 이러한 공기의 수평 이동이 바로 바람이다. 바람은 크게 연중 일정한 방향으로 부는 탁월풍[*]과 계절에 따라 바람의 방향과 성질이 바뀌는 계절풍, 특정 지역에만 부는 국지풍으로 구분된다.

탁월풍
대기대순환 체계에 의해 부는 바람으로, 일정한 위도대의 영역이나 지역에서 가장 두드러지게 나타난다. 탁월풍은 거의 일정한 방향으로 불어 항상풍, 일반풍 등으로도 불리며 저위도의 무역풍, 중위도의 편서풍, 고위도의 극동풍 등으로 구분된다.

[■]**무역풍** 무역풍은 위도 30° 부근에서 적도를 향해 부는 바람이다. 전향력이 작용하기 때문에 북반구에서는 북동무역풍이 불고 남반구에서는 남동무역풍이 분다. 북동무역풍은 유럽에서 아메리카 대륙으로 이동할 때 많이 이용하기도 하였다. 무역풍은 밤낮은 물론 여름과 겨울철에도 풍향이 일정한 것이 특징이다. 북동무역풍과 남동무역풍이 만나는 곳을 열대수렴대라고 한다.

대기대순환 각 바람의 방향이 휘어져 나타나는 것은 지구의 자전으로 인한 전향력(코리올리 힘)의 영향을 받기 때문이다. 지구는 서쪽에서 동쪽으로 자전하기 때문에 북반구에서는 오른쪽으로, 남반구에서는 왼쪽으로 바람이 휘어져 불게 된다.

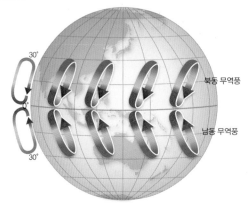

무역풍(trade wind) 중위도고압대로부터 적도저압대로 부는 바람을 말한다. 바람의 방향이 북반구에서는 북동쪽에서 불어오기 때문에 '북동무역풍'이라 하고, 남반구에서는 남동쪽에서 불어오기 때문에 '남동무역풍'이라고 한다.

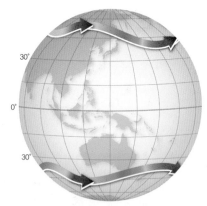

편서풍 위도 30° 이상에서는 전향력이 거의 정동쪽을 향하게 되므로 바람이 서쪽에서 동쪽으로 불게 되는데, 이것이 바로 편서풍이다. 특히, 편서풍은 지상의 고기압과 저기압을 따라서 남북으로 구불구불 파도치듯 불기 때문에 극지방과 중위도지방의 공기를 순환시켜 준다. 이런 이유로 편서풍은 태풍과 함께 대기의 열적 평형을 유지하는 역할을 한다.

(그림 내 라벨: 극동풍, 고위도저압대, 한대전선, 편서풍, 중위도고압대, 고, 북동무역풍, 적도저압대, 남동무역풍, 중위도고압대, 고, 편서풍, 한대전선, 고위도저압대, 60°, 30°, 0°, 30°, 60°)

(그림 내 라벨: 30°, 0°, 30°, 북동 무역풍, 남동 무역풍)

(그림 내 라벨: 30°, 0°, 30°)

■편서풍 편서풍은 위도 30° 부근에서 서쪽에서 불어오는 바람으로, 중위도에 발달한 아열대고압대와 한대전선 사이의 기온 및 기압 차이 때문에 발생한다. 유럽에서 우리나라로 향하는 항공기의 경우, 편서풍을 이용하게 되므로 반대 방향으로 같은 거리를 가는 것에 비해 비행시간이 1시간 정도 단축된다. 북반구의 편서풍 지대에는 대기대순환에 영향을 주는 대륙이 분포해 있어 바람이 많이 약화되지만, 바다의 비율이 높은 남반구의 편서풍대*에서는 바람이 강하게 분다.

■계절풍 '계절'을 의미하는 아라비아어 'mausim마우심'에서 유래한 계절풍 monsoon, 몬순은 대륙과 해양의 비열 차에 의해 계절마다 풍향이 바뀌며 부는 바람으로, 우리나라가 속한 동아시아, 인도 반도, 동남아시아에서 주로 나타난다. 여름철에 비열이 작은 대륙은 빨리 뜨거워져 저기압이, 상대적으로 차가운 해양은 고기압이 형성되어 두 기압 차에 의해 해양에서 대륙으로 바람이 분다. 반면, 겨울철에는 비열이 작은 대륙은 빨리 식어 고기압이, 해양에는 저기압이 형성되어 대륙에서 해양으로 바람이 분다. 따라서 여름 계절풍은 습하며, 겨울 계절풍은 건조하다.

남반구의 편서풍대
남반구의 40~60°의 해양에서는 편서풍이 매우 강하게 분다. 이 때문에 과거 항해 시대에는 각 위도에 따른 편서풍의 바람 소리에서 유래한 수식어들이 사용되기도 하였다. '으르렁대는 40°'(roaring forties), '윙윙 부는 50°'(furious fifties), '쇳소리 지르는 60°'(screaming sixties) 등이 그 예이다.

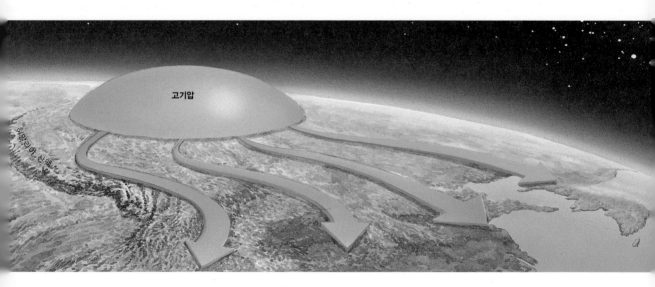

아시아의 겨울 계절풍 계절풍은 아시아에서 가장 두드러지게 나타난다. 육지와 바다의 비열 차이로 겨울이 되면 유라시아 대륙은 주변 바다에 비해 빨리 식는다. 대륙 내부의 공기는 온도가 낮아지고 무거워져 고기압이 형성되고 상대적으로 따뜻한 바다는 저기압이 형성된다. 그 결과 대륙 내부의 차갑고 건조한 공기는 바다 쪽으로 이동하게 되는데, 이 중 일부는 히말라야 산맥에 부딪혀 방향을 틀어 태평양 쪽으로 불게 된다.

⊙ 제2차 세계대전 중에 발견된 제트기류

제트기류는 높은 고도(대류권의 상층부 또는 성층권 하층부)에서 수평으로 흐르는 좁고 강한 편서풍 띠로, 평균 초속 30~50m 정도이며, 130m가 넘는 경우도 있다. 제트기류는 서쪽에서 동쪽으로 큰 흐름을 보이지만, 수직 또는 수평 방향으로 위치를 계속 바꾸어 가며 파도 모양으로 북반구와 남반구 둘레를 흐른다.

제트기류의 존재는 제2차 세계대전 중 우연히 알려지게 되었다. 1944년 11월, 일본의 도쿄를 공격하기 위해 날아가던 폭격기들은 해발고도 8,000~10,000m 높이에서 후지 산 상공을 돌아 동쪽으로 우회하게 되었다. 이때 이론상 최고 속도보다 훨씬 더 빠른 속도로 목표 지점을 통과하였을 뿐만 아니라, 당시 투하된 1,000발 이상의 폭탄 중 48발만이 목표 지점 부근에 떨어지는 이상 현상을 경험하였다. 전쟁이 끝나고 이 지역 대기에 대한 관측 조사 결과 지상으로부터 9~14km의 상공에서 두께 3km, 폭 300~500km, 길이 2,000~3,000km 규모에 달하는 서쪽에서 동쪽으로 지구를 감싸며 구불구불 흐르는 기류의 존재를 알게 되면서, '제트기류'라고 부르기 시작하였다.

제트기류 위도 30~50° 부근의 한대 제트기류는 한대전선의 상단에, 위도 30° 부근의 아열대고압대의 상공에는 아열대 제트기류가 흐르고 있다. 제트기류는 온대저기압의 생성과 발달, 한파, 폭설, 태풍의 진로, 장마전선의 확장과 쇠퇴 등에 많은 영향을 미치는데, 특히 한대 제트기류와 아열대 제트기류가 합류하게 되면 지상에는 심한 폭풍우가 발생하기도 한다.

| **지구의 가스 방패, 대기권** | 지구는 질소 78%, 산소 21%, 비활성기체 1%, 탄화수소, 질소화합물 등으로 이루어진 대기권에 둘러싸여 있다. 대기권은 두께가 1,000km 정도인 얇은 바깥층에 불과하지만, 화학적 조성과 높이에 따른 기온 변화를 기준으로 대류권, 성층권, 중간권, 열권으로 구분된다. 이른바 지구의 가스 방패라고 불리는 대기권은 지구에 생명체가 생존할 수 있게 해 주는 중요한 역할을 한다. 태양으로부터 유해한 자외선을 걸러 주며, 우주에서 날아오는 유성을 막아 주기도 한다. 무엇보다 대기권의 중요한 역할은 지구의 온도를 일정하게 유지시켜 주는 것이다.

지구는 태양 복사에너지를 흡수하는 반면, 자체적으로 지구 복사에너지를 방출하면서 에너지의 균형을 이루고 있다. 그런데 태양 표면의 절대온도가 약 6,000K, 지구 표면의 절대온도가 약 300K임을 감안하여 이론상 태양 복사에너지와 지구 복사에너지가 평형을 이루는 온도를 계산해 보면 약 -18℃가 된다. 하지만 실제로 지구는 평균 약 15℃를 유지하고 있다. 이것

은 지구의 대기가 바로 건축물의 유리와 같은 역할을 하기 때문이다. 투명
한 유리처럼 태양 복사에너지를 통과시키고, 반면 지구 복사에너지는 흡수
하여 일부를 다시 지구 내부로 돌려보내 지구상에 생명체가 존재할 수 있는
적절한 온도가 유지되게끔 균형을 맞춰 준다.

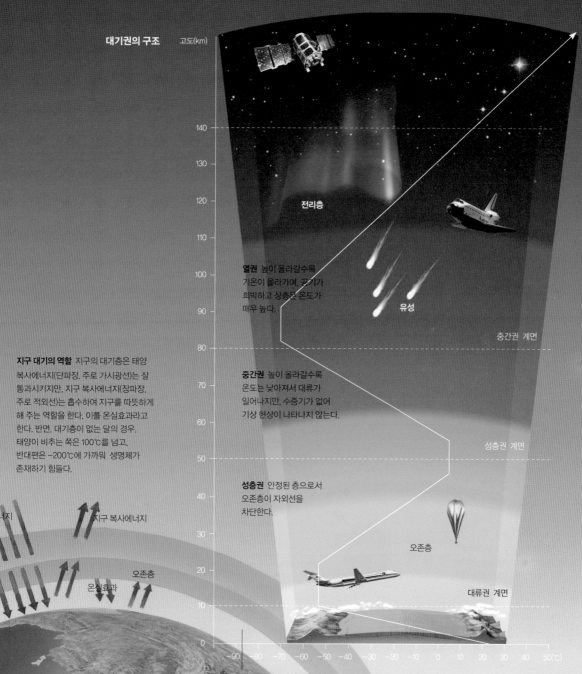

대기권의 구조

고도(km)

전리층

열권 높이 올라갈수록
기온이 올라가며, 공기가
희박하고 상층은 온도가
매우 높다.

유성

중간권 계면

중간권 높이 올라갈수록
온도는 낮아져서 대류가
일어나지만, 수증기가 없어
기상 현상이 나타나지 않는다.

성층권 계면

성층권 안정된 층으로서
오존층이 자외선을
차단한다.

오존층

대류권 계면

지구 대기의 역할 지구의 대기층은 태양
복사에너지(단파장, 주로 가시광선)는 잘
통과시키지만, 지구 복사에너지(장파장,
주로 적외선)는 흡수하여 지구를 따뜻하게
해 주는 역할을 한다. 이를 온실효과라고
한다. 반면, 대기층이 없는 달의 경우,
태양이 비추는 쪽은 100℃를 넘고,
반대편은 −200℃에 가까워 생명체가
존재하기 힘들다.

복사에너지   지구 복사에너지

오존층

온실효과

대류권 대부분의 공기가
밀집해 있으며, 활발한
대류에 의해 다양한 기상
현상이 생긴다.

3

열이 넘쳐 나는
적도 지방

우거진 수풀에 몸을 웅크리고 먹잇감을 노리는 맹수의 날 선 눈빛, 바나나와 코코넛 등의 열매가 주
렁주렁 열린 나무들, 산등성이를 따라 사람이 손수 쌓아 올린 필리핀의 계단식 논, 건기의 이글거리
는 뙤약볕 아래서 갈라진 땅을 한숨으로 바라보며 우기를 기다리는 사람들…… 이처럼 다양함을 뜨
겁게 품고 있는 열대지방의 자연환경을 들여다보자.

| **붉은 태양이 노니는 지역** | 눈을 감고 잠시 '적도 지역'의 풍경을 떠올려 보
자. 우리는 흔히 강하게 내리쬐는 태양, 넓은 에메랄드 빛 바다와 뜨거운 열
기로 이글거리는 모래사장, 파란 하늘을 향해 곧게 뻗은 야자수와 해먹 위
에 누워 여유롭게 일광욕을 즐기는 사람들을 떠올릴 것이다. 이것은 모두
적도 지역의 높은 기온과 관련 있으며, 열대기후 지역에서 볼 수 있는 전형
적인 모습이기도 하다.

열대기후는 왜 적도 지역에서 나타나는 것일까? 그것은 바로 적도 지방이
태양과 친하기 때문이다. 둥근 지구는 자전축이 23.5° 기울어진 채 태양 주
위를 돈다. 한 바퀴를 도는 데 일 년이 걸리며 북반구 중위도에 있는 우리나
라를 기준으로 춘분봄, 하지여름, 추분가을, 동지겨울로 구분된다. 춘분과 추분

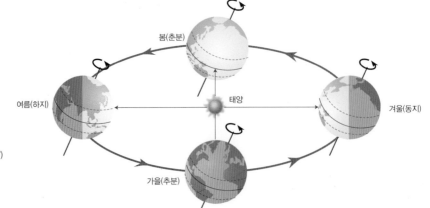

지구의 공전과 기후 우리나라를
기준으로 춘분과 추분 때는 지구의
적도 지방에서 태양의 고도가 가장
높지만, 하지 때는 북회귀선(북위
23.5°), 동지 때는 남회귀선(남위 23.5°)
지역에서 태양의 고도가 가장 높다.

에는 태양의 고도가 적도에서 최대가 된다. 한편, 하지 때는 북위 23.5° 지역에서, 동지 때는 남위 23.5° 지역에서 태양의 고도가 가장 높다. 이처럼 태양의 위치가 달라지는 이유는 지구의 자전

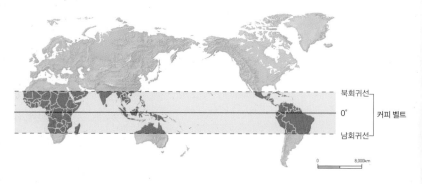

커피 벨트 북회귀선과 남회귀선 사이의 지역은 커피 재배가 가능한 곳으로, 커피 벨트나 커피 존이라고 불린다. 어느 지역을 여행할 때 커피나무가 있다면, 그곳은 열대 지역이라고 보면 된다.

축이 기울어져 있기 때문이다. 하지만 태양은 대체로 적도 부근에 머무르는 시간이 많고, 적도를 넘어 북반구와 남반구로 오르락내리락을 반복한다.

지구를 중심으로 이러한 움직임을 살펴보면, 태양은 적도를 중심으로 남·북회귀선 사이를 시계추처럼 오가는 것처럼 보인다. 따라서 남·북회귀선 사이의 지역에서는 지구에서 연평균 기온이 가장 높은 열대기후가 나타나는 것이다.

열대기후는 다시 세 개의 작은 기후대로 구분할 수 있다. 이들 기후대 간의 차이는 강수 특성에서 비롯된다. 연중 많은 비가 내리는 지역은 열대우림기후이고, 긴 건기가 나타나는 지역은 사바나기후이며, 건기가 짧게 나타나고 우기가 긴 곳은 열대계절풍기후에 해당한다.

열대 기후의 구분 열대계절풍기후(Am)와 사바나기후(Aw)는 모두 우기와 건기가 나타난다. 하지만 사바나기후는 열대우림기후(Af)와 열대계절풍기후보다 강수량이 적은 편이며, 건기가 열대계절풍기후보다 길다.

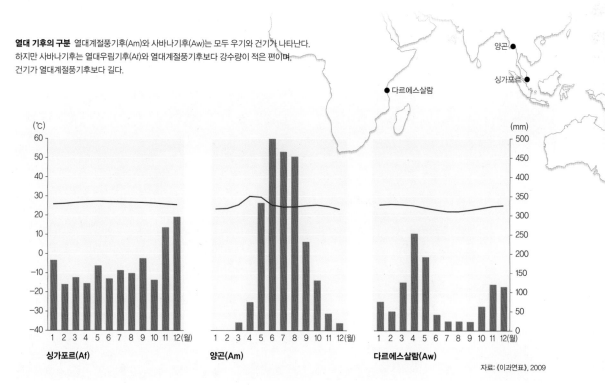

자료: 《이과연표》, 2009

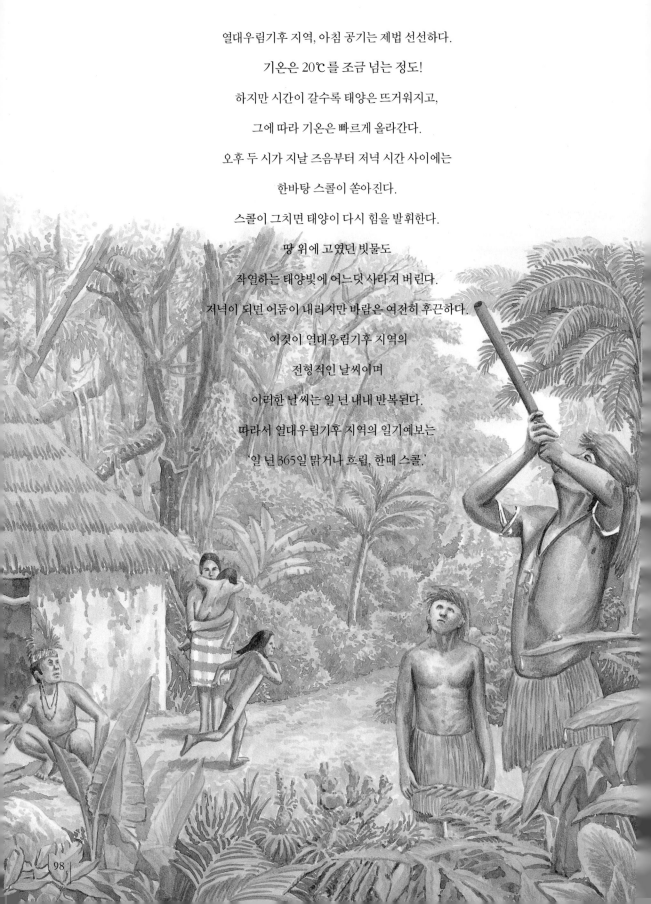

열대우림기후 지역, 아침 공기는 제법 선선하다.

기온은 20℃를 조금 넘는 정도!

하지만 시간이 갈수록 태양은 뜨거워지고,

그에 따라 기온은 빠르게 올라간다.

오후 두 시가 지날 즈음부터 저녁 시간 사이에는

한바탕 스콜이 쏟아진다.

스콜이 그치면 태양이 다시 힘을 발휘한다.

땅 위에 고였던 빗물도

작열하는 태양빛에 어느덧 사라져 버린다.

저녁이 되면 어둠이 내리지만 바람은 여전히 후끈하다.

이것이 열대우림기후 지역의

전형적인 날씨이며

이러한 날씨는 일 년 내내 반복된다.

따라서 열대우림기후 지역의 일기예보는

'일 년 365일 맑거나 흐림, 한때 스콜.'

| 열대우림, 세상에서 가장 울창한 숲 | 열대우림기후 지역의 연평균 기온은 약 26℃ 정도로 높고, 기온의 연교차는 2℃ 정도로 극히 작다. 태양의 고도는 지구상의 어느 지역보다 높지만 대지가 늘 축축한 상태이기 때문에 저위도의 사막 지역만큼 기온이 높게 올라가지는 않는다. 반면, 이 지역의 연 강수량은 2,500mm 내외로 매우 많으며, 월 강수량은 대체로 고른 편이다.

인간의 손길이 닿지 않은 열대 원시림은 키가 다른 여러 나무가 모여 밀림을 이룬다. 키가 큰 나무들은 높이가 무려 40~60m에 이르고 그 아래는 키가 작은 나무와 거대한 넝쿨식물이 무성하여, 빽빽한 밀림 속은 다양한 생물종이 사는 보물 창고와 같다. 열대 밀림에는 극락조나 앵무새와 같은 아름다운 깃털을 지닌 새들과 덩치 큰 오랑우탄, 침팬지 같은 영장류가 서식한다. 또한 밀림 사이를 흐르는 강이나 늪지에는 악어와 크고 작은 물고기들이 있어 밀림 생태계의 생동감과 다채로움을 느낄 수 있다.

열대 밀림에 거주하는 사람들은 일찍부터 화전 농업을 해 왔다. 비가 비교적 덜 내리는 시기에 나무의 밑둥에 상처를 내어 나무를 말라 죽게 한 후 불을 놓아 밭을 만든다. 타다 남은 등걸들 사이에 막대기를 이용해 작은 구멍을 내고 씨앗을 심는 방식으로 농업이 이루어진다.

한편, 열대 지역의 토양은 많은 비로 유기물이 씻겨 버려서 매우 척박하다. 따라서 사람들은 한곳에서 경작을 하다 2~3년이 지나면 다른 장소로 이동한다. 전통적으로 동남아시아에서는 얌과 마니옥을, 아프리카에서는 카사바 등을 재배해 왔으며 현재 아프리카에서는 옥수수를 많이 재배한다.

이동식 화전 농업 열대우림기후 지역은 스콜 때문에 흙 속의 영양분이 쉽게 씻겨 내려가 땅이 척박한 편이다. 이 때문에 원주민들은 나무를 베어 내고 불을 질러 그 재를 영양분으로 농사를 짓는다. 2~3년 경작한 후 땅이 다시 척박해지면 새로운 곳으로 이동한다.

| 열대 계절풍, 비는 축복이자 재앙 | 계절풍의 영향을 받는 인도나 타이를 여행하기에 가장 좋은 시기는 언제일까?

12~1월 사이이다. 이 시기에 건기 혹은 겨울이 펼쳐지기 때문이다. 인도 북부나 타이 북부 지역에서는 우리나라 초가을의 느낌이 나며, 인도 남부나 타이 남부도 기온이 높을 뿐, 비가 많이 내리거나 습도가 높지 않아 쾌적하게 여행할 수 있다.

열대계절풍기후는 열대 지역 중 계절풍이 부는 지역에서 나타나는 기후를 말한다. 열대계절풍기후는 열대우림기후와 마찬가지로 연중 기온이 높은 것이 특징이다.

인도나 타이에서 우기와 건기가 교대로 나타나는 이유는 태양의 회귀 때문이다. 태양이 가까이 다가와 고도가 높아지면 땅이 데워져 비가 많이 내리는 반면, 태양이 다른 반구 쪽으로 이동하여 고도가 낮아지면 땅과 대기가 식으면서 건기가 펼쳐진다. 이러한 특성을 지닌 열대계절풍기후는 남부 아시아에서 동남아시아에 이르는 지역, 남아메리카의 북동부 지역, 아프리카 기니 만의 서쪽 지역 등지에 분포한다.

인도의 기후에 대해 좀 더 자세히 살펴보자. 인도의 우기는 언제 시작될까? 태양이 남회귀선에 위치할 때가 건기이며, 남회귀선에 있던 태양이 적도를 넘어 인도로 다가올 때 여름 계절풍이 시작되면서 비가 많이 내리는 우기가 펼쳐진다. 태양의 고도가 높아지면서 인도의 북서부와 중부 내륙지역에서는 기온이 상승하고, 대기는 데워져 대륙 쪽에 저기압이 형성된다. 대륙의 기압이 낮아지면서 인도양과 벵골 만 쪽에서 수증기를 잔뜩 머금은 바람이 인도 대륙으로 몰려드는데, 이것이 여름철의 남서 계절풍에 해당한다. 여름 계절풍이 인도 반도에 처음 닿는 시기는 6월 초이다. 시간이 흐를수록 그 영향 범위는 확대되며, 8월에는 인도 대륙 대부분이 남서쪽에서 불어오는 여름 계절풍의 영향권에 든다.

남서 계절풍은 인도에 많은 비를 몰고 오는데, 일 년 동안 내리는 비의 80% 정도가 이 시기에 집중된다. 인도 사람들에게 남서 계절풍은 축복이다. 남서 계절풍이 잘 불어야 인도 전체 인구의 70%를 부양하는 한 해의 농

세계 최고의 다우 지역
인도 북동부에 자리한 체라푼지와 아삼 지방은 세계에서 가장 비가 많이 내리는 곳이다.
강수량이 우리나라 연 강수량의 10배나 되는 이곳은 지형성 강수가 많이 내린다.

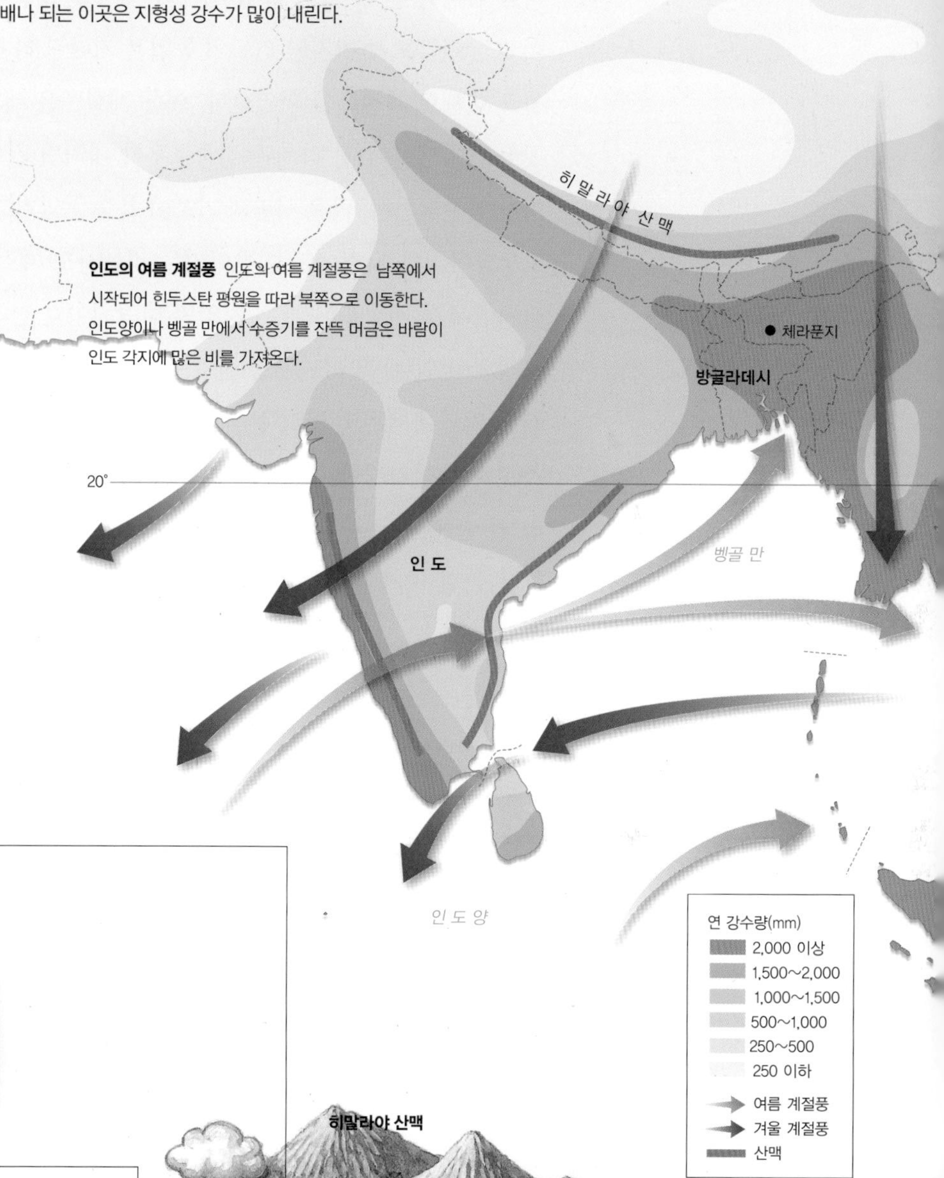

히말라야 산맥

인도의 여름 계절풍 인도의 여름 계절풍은 남쪽에서
시작되어 힌두스탄 평원을 따라 북쪽으로 이동한다.
인도양이나 벵골 만에서 수증기를 잔뜩 머금은 바람이
인도 각지에 많은 비를 가져온다.

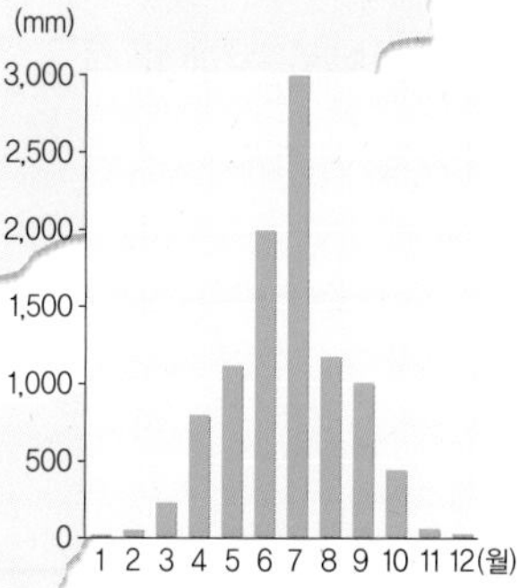

● 체라푼지

방글라데시

20°

인 도

벵골 만

(mm)

3,000
2,500
2,000
1,500
1,000
500
0

1 2 3 4 5 6 7 8 9 10 11 12(월)

체라푼지의 강수량 체라푼지의 월
강수량은 겨울에는 60mm 이하이지만,
여름철인 7월에는 3,000mm에 이른다.

인 도 양

방글라데시의 홍수 피해 방글라데시는
갠지스 강에서 쏟아져 내려오는 엄청난
양의 빗물로 해마다 홍수 피해가
심각하다.

연 강수량(mm)

2,000 이상
1,500~2,000
1,000~1,500
500~1,000
250~500
250 이하

→ 여름 계절풍
→ 겨울 계절풍
▬ 산맥

히말라야 산맥

티베트 고원

벵골 만

강수의 원리 여름철 인도양에서 습기를 많이
머금은 바람이 대륙으로 불어오다가 히말라야
산맥을 오르면서 구름이 형성되어 비가 많이
내린다. 산맥을 넘으면서 건조해진 바람은
티베트 고원으로 불어 간다.

사가 원활하게 이루어지기 때문이다. 비는 인도에서 주로 이루어지는 벼농사뿐 아니라 면화, 황마 등을 재배하는 데도 필수적이다. 이 때문에 계절풍이 조금이라도 늦어지면 인도의 농업은 커다란 타격을 입는다. 도시 거주자들도 대체로 계절풍을 환영한다. 여름 계절풍은 대지가 극도로 데워졌을 때 찾아오기 때문이다. 하지만 집중호우가 내리면 길이 질퍼덕하고 집과 농경지가 침수되면서, 많은 사람과 가축이 목숨을 잃기도 한다.

동남아시아 지역에서 이루어지는 벼농사도 계절풍과 관련이 깊다. 동남아시아에서 계절풍이 부는 지역의 범람원이나 삼각주에는 크고 작은 논이 조성되어 있다. 필리핀처럼 신기 습곡산지가 펼쳐져 있어 농경지를 구하기 힘든 지역에서는 계단식 논을 만들어 농사를 짓고 있다. 논농사는 우기 때 주로 이루어지지만, 최근에는 관개시설의 발달로 연중 벼농사가 이루어지고 일 년에 서너 차례 벼를 수확할 수 있게 되었다. 동남아시아를 여행할 때에는 어린 벼가 자라는 연초록빛의 논부터 수확기의 황금빛 논까지 다양한 색깔의 논을 만날 수 있다.

필리핀의 계단식 논 필리핀은 신기 습곡산지에 속해 산지가 많지만, 오래전부터 계단 모양의 산지를 개간하여 논농사를 짓고 있다. 필리핀 바나웨의 계단식 논은 세계 문화유산으로 지정되어 있으며, 논들을 한 줄로 나열한 길이는 지구 반 바퀴(약 2만 2,400km)에 달한다고 한다.

| **사바나, 동물의 천국 혹은 생존을 위한 몸부림** | 사바나기후는 열대우림기후와 같이 연중 기온이 높지만, 연중 비가 많이 내리는 열대우림기후와 달리 태양의 고도 변화에 따라 우기와 건기가 나타난다.

우기는 기온이 높고 비가 많이 내리는 시기로, 지역에 따라 한 해에 한 번 또는 두 번 나타난다. 우기에는 태양이 머리 위에서 이글거리고, 비가 많이 내려 여기저기 물웅덩이가 생기며 풀이 잘 자라기 때문에 이를 찾아 동물들이 이동해 온다.

반면, 건기는 태양의 고도가 조금 낮아지긴 하지만, 햇빛이 여전히 강렬하고 비가 내리지 않는 건조한 시기이다. 풀은 노랗게 타들어 가고, 자연 발화에 의해 큰 들불이 나기도 한다. 건기가 오기 전에 많은 동물은 무리지어 떠나고, 떠나지 못하고 남은 동물들은 생존이 위태로워진다.

사바나 지역은 열대우림 지역보다 개간이 쉬워 커피, 목화, 사탕수수 등과 같은 열대작물을 대규모로 재배하는 플랜테이션▪이 활발하다. 플랜테이션 작물은 대부분 우기에 생장하고 건기에 추수한다.

플랜테이션
대항해시대 이후 유럽인에 의해 시작된 플랜테이션은 주로 열대기후가 나타나는 지역에서 발달하였으며, 유럽인의 자본과 기술, 원주민의 노동력이 결합하여 커피, 목화, 사탕수수, 고무 등 단일 작물을 대규모로 재배하였다. 그러나 원주민들에게는 값싼 임금만이 주어졌으며, 심각한 환경 파괴와 주식 작물의 재배 감소 등 여러 가지 문제점이 나타났다.

세렝게티 국립공원 탄자니아 사바나 지대의 중심에 위치한 평원으로 사자, 코끼리, 영양, 들소, 얼룩말 등 약 300만 마리의 대형 포유류가 사는 그야말로 동물의 왕국이다. 1981년 세계 자연 유산으로 지정되었으며, 무개차를 타고 야생동물을 구경하는 사파리 관광이 발달하였다.

4 거칠고 메마른 건조 세계

원주민은 사하라를 건너간다기보다 항해하여 지나간다. …… 낮에는 해의 위치와 계절에 따라 부는 바람을 기준으로 방향을 찾고, 밤에는 항해사처럼 별을 보고 앞으로 나아간다. …… 북에서 출발하여 사하라를 건너면 드디어 사헬에 도착한다. 사헬은 드넓은 초원 지대로, 아라비아어로 '바닷가'라는 뜻이다. −《야만과 문명, 누가 살아남을 것인가?》, 잭 웨더포드

| 사막은 어떤 곳일까? | 사막은 모래나 바위, 돌로 덮여 있어 풀포기조차 구경하기 쉽지 않은 곳이다. 사막이 이렇게 황량한 이유는 비가 잘 내리지 않기 때문이다. 쾨펜은 건조기후 지역 중에서도 연 강수량이 250mm가 되지 않는 곳을 사막기후로 분류하였는데, 대표적인 곳이 북부 아프리카의 사

사막 지역의 옷차림 강한 햇볕과 모래바람을 피하기 위해 몸을 감싸는 헐렁한 형태의 옷을 입는데, 이는 땀을 조절해 일정한 체온을 유지하도록 도와준다. 또, 일교차가 크기 때문에 얇은 옷을 여러 벌 겹쳐 입는 편이다.

달의 계곡 칠레 북부에 위치한 아타카마 사막은 100년에 2~3회 잠깐 비가 내릴 정도로 건조한 황무지이다. 그 모습이 마치 달의 표면과 비슷하여 '달의 계곡'이라고 불리며, 이곳에는 구리, 은 등이 풍부하게 매장되어 있다.

하라 사막으로, 이곳은 연 강수량이 어린아이의 손 한 뼘 정도에 해당하는 120mm 이하이다. 칠레의 아타카마 사막은 연 강수량이 5mm 정도밖에 되지 않으며 아타카마 사막의 황무지는 마치 달의 표면을 보는 것 같다 하여 '달의 계곡'이라고 불린다.

한편, 사막은 지구상에서 가장 더운 곳이다. 사막은 풀이나 나무로 덮여 있지 않으며 습지나 호수도 매우 적어 쉽게 가열된다. 더욱이 구름이 없는 맑은 날이 대부분이어서 다른 지역에 비해 일사량은 훨씬 많다. 사막에서는 40℃ 이상의 기온이 쉽게 관측되며, 이라크의 바스라는 58.8℃라는 최고 기온을 기록한 바 있다. 하지만 밤이 되면 기온이 뚝 떨어지는데, 이는 지표의 복사열이 쉽게 방출되기 때문이다. 저위도의 사막 지역도 기온이 영하 가까이까지 떨어질 때가 있다.

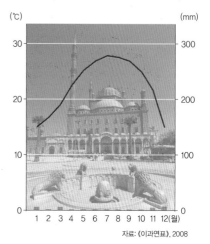

자료: 《이과연표》, 2008

카이로의 기후 이집트의 수도 카이로는 연평균 기온이 21.8℃, 연평균 강수량은 27mm로, 연간 한두 차례 적은 양의 비가 내리는 사막기후에 속한다.

◉ 위도별 연 강수량 분포 특색

지역에 따라 위도, 지형, 수륙분포, 바람 등 기후 요인이 각기 다르기 때문에 강수량 분포도 다르다. 지구 전체의 강수량 분포를 살펴보면 적도를 중심으로 양극으로 가면서 대칭적이고 규칙적으로 나타나는데, 이것은 대기대순환의 영향을 받기 때문이다. 적도 주변 지역과 위도 60° 일대는 대체로 강수량이 많다. 적도 주변은 높은 기온 때문에 공기가 상승하여 비구름이 형성되며, 위도 60° 일대는 극지방의 차가운 바람과 중위도지방의 따뜻한 바람이 부딪치면서 공기가 상승하여 비구름이 형성된다. 반면, 위도 20~30° 일대와 극지방은 강수량이 적다. 이것은 두 지역 모두 공기가 하강하는 지역으로 구름이 잘 만들어지지 못하기 때문이다. 특히, 위도 20~30° 지역 중 대륙 서안에서는 비가 적게 내려 건조한 사막이나 초원이 발달해 있다.

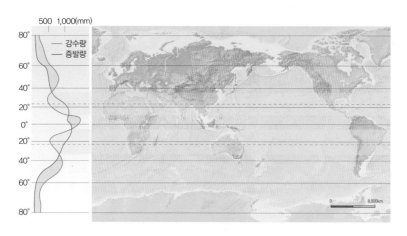

위도별 연 강수량 분포
강수량은 적도 부근에서 가장 많다가 남·북 회귀선 부근으로 갈수록 적어지며, 위도 40~60° 부근에서는 강수량이 다소 증가하다가 극지방으로 갈수록 적어진다.

사막이 형성되는 이유는 다양하다. 회귀선 일대는 세계의 대기대순환과 관련하여 늘 하강기류가 형성되어 넓은 사막이 발달하는데, 세계에서 가장 넓은 북부 아프리카의 사하라 사막을 비롯하여 아라비아 반도의 룹알할리 사막, 오스트레일리아의 그레이트샌디 사막 등이 이에 해당한다.

바다로부터 멀리 떨어진 대륙 내부 지역에도 사막이 형성된다. 대륙 내부 지역은 바다로부터 수증기를 공급받기가 어려워 비가 적은데, 몽골과 중국에 걸친 고비 사막과 타클라마칸 사막, 중앙아시아의 투르케스탄 사막이 대표적이다. 대륙 내부에 자리한 사막에서는 겨울에 기온이 −40℃ 이하로 내려가 혹한이 발생하기도 한다.

반면, 바다에 인접한 지역에서 사막이 형성되기도 한다. 아타카마 사막과 나미브 사막이 대표적인데, 이들은 인근 해역에 한류가 흐른다는 공통점이 있다. 이들 해역은 바다 깊숙한 곳에서 형성된 차가운 바닷물이 용승하는 곳으로, 차가운 바닷물이 대기가 상승하는 것을 막아 비가 내리는 것을 방해하기 때문에 사막이 만들어진다.

세계의 사막 분포
회귀선이 지나가는 대륙의 서쪽 지역과 바다로부터 멀리 떨어진 대륙 내부 지역,
그리고 인근 해역에 한류가 흐르는 지역에 사막이 분포한다.

| 사막에도 생명체가 산다 | 사막은 황량하기 그지없어 어떤 생명체도 살아가기 힘든 곳처럼 보이지만, 실제로 사막의 생태계는 다양하다. 사막 여우를 비롯하여 뱀, 전갈 등의 동물도 적지 않다. 사막에 밤이 찾아오면 사막의 동물들이 하나둘씩 나타난다.

미국 서남부에 있는 소노라 사막의 아름다움을 묘사한 《선인장 호텔》이라는 그림책이 있다. 이 책은 소노라 사막에 자생하는 사와로 saguaro 선인장 이야기를 담고 있다. 사와로 선인장은 미국 서부나 멕시코의 사막 지역을 상징하는 삼지창처럼 생긴 식물이다. 사와로 선인장의 씨앗 한 톨이 떨어져 어른의 손바닥 크기가 되면 10살, 성인의 키가

전갈

소노라(소노란, 힐라) 사막 소노라 사막은 미국과 멕시코의 국경에 있으며, 주변에 흐르는 힐라 강의 이름을 따서 '힐라 사막'이라고도 불린다. 북아메리카에 있는 사막 중 가장 뜨거운 소노라 사막에는 많은 동식물이 살고 있어 다른 사막과 달리 푸른 모습이 인상적이다. 이는 몇 차례 안 되는 겨울 서리와 6개월에 한 번씩 찾아오는 우기 덕분이다. 따라서 일부 학자들은 이곳을 사막기후라기보다 멕시코 남부에서 볼 수 있는 열대건조기후보다 좀 더 건조한 형태의 지역으로 보기도 한다.

사막 여우

되면 50살, 성인의 키 10배가 되면 150살이 된다. 사와로 선인장은 노랗고 예쁜 꽃을 피우는데, 박쥐들은 이 꽃에서 꿀을 얻으며, 인디언들은 달콤한 열매를 향유한다.

매나 딱따구리 같은 새는 선인장의 몸통에 집을 짓기도 한다. 200살이 되면 커다란 기둥 모양의 선인장이 쓰러지는데, 이때는 땅 위에 사는 동물들의 은신처 역할을 톡톡히 한다.

사막에서 비는 매우 불규칙적으로 내린다. 몇 달에 한 번 혹은 몇 년에 한 번 비가 내리면 빗물은 계곡을 따라 흘러내린다. 대지 속에 잠자고 있던 씨앗들은 빗물이 닿으면 싹을 틔우고, 땅의 물기가 사라지기 전에 서둘러 며칠 사이에 화려한 꽃을 피운 후 열매까지 맺는다. 계절로 비유하자면 겨울은 한없이 길고, 봄과 여름 및 가을은 매우 짧지만 화려한 것이다.

한편, 한류 사막에서는 짙은 안개가 자주 낀다. 바다 위의 차고 무거운 공기가 육지를 향해 이동하면서 지표 위의 따뜻한 공기와 만나 아침이면 자욱한 안개로 나타나기 때문이다. 금방이라도 비가 내릴 듯하지만 안개가 비로 바뀌지는 않는다. 안개가 끼면 사막의 풀과 동물은 안개나, 안개가 뭉쳐서 만들어진 물방울에서 수분을 섭취한다. 이곳에 사는 주민들도 그물을 쳐서 안개를 모아 물로 만들어 식수로 사용한다고 한다.

비 온 뒤의 사막 비가 온 뒤 봄꽃이 화려하게 핀 미국 애리조나 사막의 모습이다.

아타카마 사막에서 물 얻기
- 그물망: 가늘고 촘촘한 그물망을 골짜기 위에 줄지어 설치한다. 그물망의 표면에 안개가 응축되어 물방울이 된 후 상부의 저수탱크로 흘러 들어간다. 이후 골짜기에 설치된 파이프라인을 따라 하부의 물탱크에 모이게 된다(아래).
- 파이프라인: 골짜기에서 물탱크로, 다시 마을의 각 가정마다 연결되어 있어 수돗물처럼 이용할 수 있게 해 준다.
- 물탱크: 하루 평균 1만 ℓ에 이르는 물이 저장된다.

| **사막을 건너는 배, 낙타** | 사막에 사는 사람들은 정착민과 유목민, 그리고 대상[■]으로 나뉜다. 정착민들은 오아시스에서 농사를 짓고, 유목민들은 풀과 샘을 찾아 돌아다니며, 대상은 무리를 지어 장사를 하러 떠난다. 이때 유목민과 대상에게 없어서는 안 되는 가축이 바로 낙타이다.

낙타는 사막기후를 견딜 수 있는 특이한 신체 구조를 지니고 있다. 낙타는 위장이 여러 개이며, 각 위장의 벽은 수백만 개의 미세한 저장 세포로 이루어져 있어 몇 주일 동안 물을 마시지 않아도 생존이 가능하다. 또 낙타의 혹에는 지방이 저장되어 있어 몇 달을 아무것도 먹지 않고도 견딜 수 있다. 낙타는 후각이 발달해 몇 km 떨어진 곳에서 나는 냄새도 맡을 수 있으며, 맹물보다 소금기가 있는 물을 잘 마신다. 낙타의 기다란 속눈썹은 태양의 직사광선을 가릴 수 있으며, 자신이 원하는 대로 여닫을 수 있는 코는 콧속으로 모래가 들어오는 것을 막아 준다.

사막에서 살아가는 사람들에게 낙타는 교통수단이자 고기와 털을 제공하는 유용한 가축이다. 뜨거운 사막 위를 물 한 방울 마시지 않은 채 320km를 갈 수 있는 낙타는, 그 어떤 가축보다 귀한 존재임이 틀림없다.

대상(隊商)
장사나 성지순례 등을 주목적으로 여행하는 상인의 무리를 말한다. 중앙아시아나 아프리카의 건조하고 황량한 사막이나 고원을 여행할 때는 갖가지 위험에 맞닥뜨릴 수 있어서 여러 사람이 무리를 이루어 이동하게 된 것이다.

낙타
단봉낙타는 아라비아 반도와 북부 아프리카에서, 쌍봉낙타는 중앙아시아 지역과 인도에서 볼 수 있다. 쌍봉낙타는 단봉낙타에 비해 털이 굵고 길어 -40℃ 정도의 혹독한 추위를 견딜 수 있다. 낙타가 원래 살던 곳은 아메리카 대륙이었으나, 빙하기에 베링 해를 건너 구대륙으로 건너간 것으로 알려져 있다.

속눈썹 길고 두꺼운 속눈썹은 강한 모래바람의 먼지를 걸러 시야를 확보해 주며, 뜨거운 태양으로부터 눈을 보호해 준다.

귀 안쪽까지 털로 덮여 있어 모래나 먼지가 들어가지 않는다.

혹 지방을 저장하는 공간이며, 저장된 지방은 신진대사 에너지로 사용된다.

입 입술이 두터워 가시가 많은 사막식물을 먹을 때 상처가 나는 것을 막아 준다.

발 스펀지처럼 푹신한 발은 넓고 커서 모래 속에 발이 빠지지 않고 쉽게 걸을 수 있다.

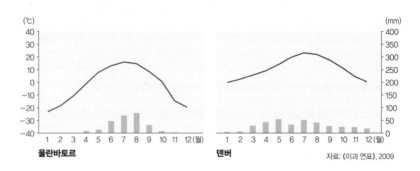

울란바토르와 덴버의 기후 두 지역은 모두 스텝기후에 속하지만, 기온 차이는 큰 편이다.

프레리(Prairie)
북아메리카 대륙 중앙부에서 서쪽으로 치우쳐 발달한 온대 초원을 말한다. '프레리'는 이 지역을 덮고 있는 비옥한 토양의 이름이지만, 이곳에 발달한 초원 지역을 지칭하기도 한다.

스텝(steppe)
비가 일시적으로 오기 때문에 나무는 자라지 못하고, 키가 작은 풀이 자란다. 원래 스텝은 시베리아와 중앙아시아에 있는 초원을 일컬었는데 오늘날에는 아르헨티나의 팜파스, 오스트레일리아의 대찬정 분지, 러시아의 흑토지대, 북아메리카의 프레리 등도 포함된다.

| **사막을 둘러싼 띠, 초원** | 아프리카와 아시아 대륙 내부에는 사막을 둘러싼 띠 형태의 초원이 분포하고, 북아메리카 서부의 프레리▪와 대평원, 남아메리카 남동부에는 팜파스 원주민어로 '초원'을 의미라는 긴 띠 형태의 초원이 분포한다. 쾨펜은 초원이 발달하는 기후를 스텝▪기후로 구분하였다.

스텝기후 지역은 사막기후 지역에 비해 연 강수량이 많아 250mm가 넘으며, 긴 풀 사이로 나무가 드문드문 자라는 프레리의 경우 500mm를 넘기도 한다. 스텝기후 지역의 강수는 주로 여름철에 집중되며, 해에 따라 편차가 큰 것이 특징이다.

스텝기후 지역의 기온은 위도에 따라 크게 차이가 난다. 저위도의 사막 주변에 있는 스텝 지역은 기온이 높은 반면, 고위도의 내륙에 자리 잡은 스텝기후 지역은 기온이 크게 내려가 -40℃에 달하기도 한다.

스텝기후 지역은 지표에 풀이 자라기 때문에 사막만큼은 아니지만 일교차가 큰 편이며 거센 돌풍도 자주 분다. 한편, 풀이 바짝 마른 시기에 번개와 천둥이 치면 큰 화재가 발생하기도 한다.

| **초원 지대 유목민의 삶** | 아메리카나 오스트레일리아의 초원에서는 기업적 목축과 대규모 작물 재배가 이루어지며, 그 외의 초원 지역에서는 대개 풀을 먹이로 하는 소규모의 유목이나 방목이 이루어진다. 그중 유라시아 대륙의 초원 지대는 일찍부터 유목이 이루어진 곳으로, 이 지역 유목민들은 드넓은 초원에서 자연과 어우러진 삶을 추구해 왔다.

유목민은 이동하는 것만을 살아 있는 것으로 받아들이고, 살아 있기 때문에 이동하는 것이라 생각한다. 태양, 달, 물, 바람, 새, 동물도 모두 이동하기 때문에 살아 있는 것이 된다. 당연히 자신들도 살아 있기 때문에 이동한다. 하지만 유목민들이 이동하는 이유는 토양이 비옥하지 못하고 비가 치우쳐 내리기 때문이다. 그들은 이동을 통해 가축을 살찌우는 것이 삶의 가장 큰 목적이다.

유목민들은 자연의 순환 주기에 매우 민감하다. 풀을 찾아서 이동을 시작하는 봄은 그들에게 희망의 계절이다. 풀이 풍성해지는 여름에는 친지를 만나고 잔치를 벌이며, 달콤한 휴식을 취하기도 한다. 가을이 되면 긴 겨울을 나기 위한 준비를 하고, 추운 겨울이 되면 새봄을 애타게 기다린다.

유목민들은 유르트 또는 게르라고 부르는 이동식 가옥에서 생활한다. 또한 이들은 여러 가축을 거느리는데, 그중에서도 말을 가장 소중한 가축으로 여긴다. 조상 때부터 불러온 노래 속에는 말을 칭송하는 내용이 많은데, 그 이유는 말이 초원을 오가는 주요 이동 수단인 동시에 훌륭한 전쟁의 도구가 되어 주었기에 유목민들과 떼려야 뗄 수 없는 존재이기 때문이다.

유목민 튀르크계 유목민은 푹신한 신발을 신고, 맑은 차를 마시며, 양을 잡을 때 피를 모두 뺀다. 반면에, 몽골계 유목민은 딱딱한 신발을 신고, 우유와 버터 등을 넣은 차를 마시며, 양을 잡을 때 피를 빼지 않는다.

유르트 튀르크 사람들의 이동식 가옥인 유르트는 지붕이 둥근 반면, 몽골의 게르는 원추형이다. 유르트와 게르는 황막한 초원 속에 아련히 빛나는 빛과 같은 공간이다. 바람이 거센 저녁, 오랜 여행에 지친 사람에게 그곳은 장식들로 화려한 공간일 뿐 아니라 몸을 편히 누일 수 있는 아늑하고 넉넉한 공간이기도 하다.

말 과거 몽골인과 튀르크인은 말을 타고 이동하면서 주변의 문화권을 위협하였다. 칭기즈칸은 세계를 제패하기도 하였다.

'공룡의 고향'이라 불리는 얼렌하오터의 공룡알 화석지

세계 최대 공룡알 화석지, 얼렌하오터

고비 사막　　얼렌하오터

중국

선생님께

선생님, 잘 지내셨어요? 저는 지금 기차를 타고 중국에서 몽골로 가는 중이에요. 중국과 몽골을 거쳐 러시아까지 가는 몽골 횡단 열차는 광활한 평원을 달려 '얼렌하오터'라는 곳에 잠시 멈췄어요. 얼렌하오터는 중국과 몽골의 국경에 있는데, 두 나라 철도의 철도 폭이 달라서 몽골의 철도 너비에 맞는 바퀴로 갈아 끼우기 위해서라네요.

얼렌하오터가 자리 잡은 네이멍구 자치구는 지정학적인 이유로 러시아와 몽골, 중국 세 나라 간에 충돌이 많았던 지역입니다. 이 자치구는 중국에 속해 있지만 몽골과 아주 가까워서 지리적 특징이 비슷해요. 서쪽이 높고 동쪽이 낮은 고원이 있는 이 지역에는 몽골 남부에서부터 펼쳐진 고비 사막이 있어요. 고비 사막은 불모지처럼 보이지만 이곳에 드문드문 나 있는 풀은 양, 염소, 낙타에게 충분히 공급될 정도의 양이래요. 전형적으로 대륙성기후가 나타나 여름은 덥고 겨울에는 혹한이 계속되며, 강수량은 연간 350mm에 지나지 않는 건조기후예요. 이런 기후 조건 때문에 형성된 것으로 고비 사막 외에 화석을 들 수 있어요. 이곳은 아시아 최초의 공룡 화석

몽골 고원에 펼쳐진 고비 사막

과 세계 최대 공룡알 화석 발견지로 유명하거든요.

　7,000만 년 전 얼렌하오터에는 매우 습윤하여 수풀과 삼림이 우거지고 호수가 발달하여 공룡이 많이 살았다고 해요. 그런데 몇백만 년 후에 공룡은 멸종하고 습윤하였던 이곳의 기후도 차츰 건조하게 바뀐 거지요. 얼렌하오터는 이러한 과거로 인해 '공룡의 고향'이라는 별칭이 붙여질 정도로 공룡 화석이 많기 때문에 세계 여러 나라의 고생물학자와 지질학자들에게 주목을 받고 있답니다. 건조기후 덕에 이것이 잘 보존되었다고 하니 참 다행이에요. 게다가 천연가스와 석탄, 석유 자원이 풍부해 철도 요충지로 발전할 수 있었다고 합니다.

　저는 얼렌하오터의 공룡 공원에 전시된 화석을 보며 과거 드넓은 습지대와 삼림지대를 유유히 노니는 공룡들의 모습을 상상해 보았습니다. 아쉽게도 상상의 나래를 한껏 펼치지 못한 채 다시 열차에 몸을 실어야 했지만요. 열차는 드넓은 사막과 초원의 나라, 몽골을 향해 다시 힘차게 내달리고 있습니다.

제자 우영 드림

사람이 많이 사는 온대 지역과 냉대 지역

비단에 수를 놓은 것처럼 아름다운 산천, 금수강산. 우리 조상들은 한반도를 이렇게 불렀다. 하루가 다르게 형형색색 꽃이 피는 봄, 초록으로 물든 나무 그늘 아래서 무더위를 피하는 여름, 높고 파란 하늘 아래 울긋불긋 단풍 든 가을, 눈 덮인 땅 속 장독에서 꺼낸 김장 김치로 나는 겨울. 이처럼 뚜렷한 계절의 변화에 사람들은 어떻게 적응하며 살았을까?

│ 사계절이 뚜렷한 기후, 온대 │ 세계에서 가장 많은 사람이 살고 있는 곳은 온대기후 지역이다. 온대기후 지역은 편서풍대에 위치하며, 계절의 변화가 뚜렷하고 온난하다. 계절의 변화는 계절풍의 발생이나 건·우기의 교차와 마찬가지로 태양의 회귀에 의해 나타난다. 즉 온대기후 지역은 태양의 위치에 따라 봄, 여름, 가을, 겨울이 전개된다.

온대기후 지역은 열대기단과 한대기단이 만나는 지역에 해당하기 때문에 크고 작은 전선과 저기압이 발생하여 일기예보가 어려울 정도로 날씨 변화

온대기후와 계절 변화
세계의 온대기후 분포를 살펴보면 대체로 위도 20~60° 사이에 넓게 분포하고 있으며, 이곳에는 봄, 여름, 가을, 겨울이 뚜렷하게 나타난다.

가 심하다. 한편, 곳에 따라서는 열대저기압인 태풍과 같은 바람의 영향을 받아 큰 피해가 발생하기도 한다.

온대기후 지역은 서부 유럽과 동아시아를 비롯하여 북반구와 남반구의 여러 지역에서 나타나 총 지구 면적의 1/4 정도를 차지한다. 온대기후 지역은 다시 지중해성기후, 서안해양성기후, 온대겨울 건조기후 등으로 구분된다. 세 기후 지역은 인간이 살기에 기온이 적합하고, 지속 시기에는 차이가 있지만 모두 사계절이 나타난다는 공통점이 있다. 이들 세 기후 지역은 강수 특색에 따라 구분된다.

지중해성기후는 겨울철에 비가 많은 반면, 온대겨울 건조기후는 여름철에 비가 집중되고, 서안해양성기후는 연중 비가 고르게 내린다. 지중해를 둘러싼 연안 지역에는 지중해성기후, 대서양을 접하고 있는 영국을 비롯한 유라시아 대륙의 서안 일대에는 서안해양성기후, 우리나라와 중국 등을 비롯한 유라시아 대륙의 동안에는 온대겨울 건조기후가 나타난다. 서안해양성기후에 비해 지중해성기후는 위도가 낮은 지역에 분포하여 여름철이 매우 덥고 건조하다. 한편, 온대겨울 건조기후는 계절풍의 영향으로 여름에 덥고 비가 많이 오며, 겨울은 건조하여 여름과 겨울의 강수량 차이가 크다.

세계의 온대기후 온대기후 지역은 지중해성기후(Cs), 서안해양성기후(Cfb), 온대겨울 건조기후(Cw) 등으로 구분된다. 온대기후는 주로 중위도지방에 나타나는데, 저위도의 열대 기단, 고위도의 한대 기단의 영향을 받아 기온의 변화가 심한 편이다.

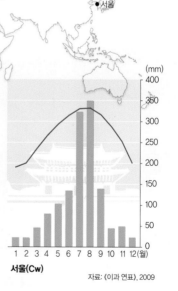

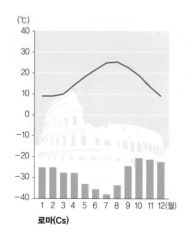

로마(Cs)

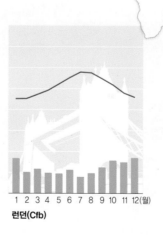

런던(Cfb)

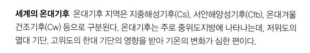

서울(Cw)

자료: 《이과 연표》, 2009

| 포도와 올리브의 천국, 지중해성기후 | 지중해성기후는 지중해 연안 지역을 비롯하여 남북위 30~40°의 대륙 서안 지역에서 나타나는 기후로, 여름은 고온 건조하고 겨울은 온난 습윤하다. 여름에는 아열대고압대의 영향으로 사막과 비슷한 날씨가 나타나는 반면, 겨울에는 편서풍대의 영향으로 흐리고 비가 내리는 날이 많다.

지중해성기후의 여름은 작열하는 태양과 눈부신 바다로 대표된다. 늘 태양을 그리워하는 서부 및 북부 유럽 사람들은 여름 휴가를 맞아 지중해 연안의 여러 휴양지로 모여들며, 도시 곳곳에서는 열기를 식히기 위해 분수들이 물을 뿜는다. 한적한 시골은 태양의 열기로 쥐 죽은 듯 조용하며, 사람들은 '시에스타'라고 불리는 낮잠을 즐긴다.

지중해성기후 지역의 여름날은 밤이 되어야 와자지껄해진다. 사람들은 해가 지고 시원한 바람이 불기 시작하면 광장이나 공원을 찾아 산책을 하기도 한다.

작열하는 태양 아래서 풀은 시들어 가지만, 포도, 올리브, 레몬나무의 열매는 영글어 간다. 고온 건조한 여름 동안 과수 농사를 짓는 것을 흔히 수목

에스파냐의 플라멩코 에스파냐의 남부에서 유래한 춤과 노래로, 정열적이며 힘찬 기백과 민족적 감성이 그대로 표현된 전통 예술이다. 사람들은 축제나 모임 등의 즐거운 자리에서 빠지지 않고 플라멩코를 즐긴다.

수목농업 지중해성기후 지역에서는 여름이 고온 건조하기 때문에 뿌리가 얕은 식물은 잘 자라지 못한다. 그래서 올리브, 오렌지, 포도, 코르크 등과 같이 뿌리가 깊고 껍질이 두꺼운 나무를 주로 재배하는데, 이를 수목농업이라고 한다.

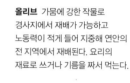
올리브 가뭄에 강한 작물로 경사지에서 재배가 가능하고 노동력이 적게 들어 지중해 연안의 전 지역에서 재배된다. 요리의 재료로 쓰거나 기름을 짜서 먹는다.

농업이라고 한다. 여름이 지나고 가을이 되면 포도와 올리브를 수확하여 포도주와 올리브유를 만든다. 과일 수확이 끝나면 겨울로 접어드는데, 지중해성기후의 겨울은 편서풍의 영향을 받는다. 이 시기에는 비가 많이 내리고 기후가 온화하므로 밀과 같은 곡물 농사를 짓는다.

지중해 일대의 가옥은 고온 건조한 여름철 기후를 반영한 모습을 지닌다. 벽이 매우 두껍고 창문이 작아 외부의 열기가 집 안으로 들어오는 것을 막는다. 집 안에 작은 마당이나 정원 등을 두는 경우가 많은데, 이것도 더운 여름을 시원하게 나는 데 도움이 된다. 한편, 지중해 연안 지역에는 하얀색 페인트로 칠한 집이 유난히 많다. 이것은 하얀색이 태양빛을 반사하여 기온을 다소 낮춰 주는 효과가 있기 때문이다.

그리스 해안의 가옥들 뜨겁고 눈부신 태양빛을 반사하기 위해 가옥에 하얀색 페인트를 칠한다.

| 바다에서 불어오는 온화한 바람, 서안해양성기후 | 온대기후는 편서풍대에 위치한다. 편서풍의 영향이 가장 두드러지게 나타나는 곳은 서안해양성기후 지역으로 영국, 프랑스를 비롯한 서부 및 북부 유럽 지역과 오스트레일리아 남동부, 아프리카 남동부, 칠레 남부, 뉴질랜드 등이 이에 속한다. 바다 위를 지나온 습하고 따뜻한 바람과 동쪽으로 이동하는 저기압은 서안해양성기후의 특성을 결정짓는 주요인이다.

　서안해양성기후 지역은 여름에 서늘하고 겨울에는 따뜻하다. 늘 바다의 영향을 받기 때문에 한여름에도 기온이 크게 올라가지 않으며, 연중 비가 고르게 내린다. 이곳 사람들은 습하고 서늘한 날씨 때문에 외출할 때는 항상 비옷이나 우산을 준비하며, 햇빛이 부족하기 때문에 늘 태양을 그리워한다. 간혹 오후에 해가 쨍하게 내리쬐는 날에는 많은 사람이 공원의 잔디밭이나 호숫가 등에서 일광욕을 즐기는 광경을 볼 수 있다.

　서안해양성기후는 연 강수량이 1,000mm 정도로 많지 않으며 월 강수량도 고른 편이다. 연중 부는 편서풍으로 바람받이 사면은 비가 많은 반면,

전통적인 영국 신사의 모습 비옷을 입고 한 손에 우산을 든 영국 신사의 모습은 흐린 날이 많고 비가 자주 내리는 영국의 기후를 잘 보여 준다. 오늘날에는 비옷보다는 우산을 들고 비가 오면서 날씨가 싸늘해지는 것에 대비해 가벼운 겉옷을 겹쳐 입기도 한다.

바람그늘 사면은 비가 적은 것이 특징이다. 특히, 뉴질랜드 남섬의 남서부 지역의 높은 산지는 바다에서 불어온 습윤한 편서풍을 수렴하여 많은 비를 내린다.

서안해양성기후 지역은 목초가 자라기에 유리한 기후 환경 때문에 소, 양 등을 기르는 목축업이 발달하거나, 서늘한 기후에도 잘 자라는 밀을 주로 재배한다. 서안해양성기후에 속하는 서부 및 북부 유럽의 경우, 오래전부터 목축과 식량 작물인 밀 재배를 함께 해왔는데, 이러한 농업을 혼합농업이라고 부른다.

서부 유럽 지역은 과거 빙하의 영향을 받아 토양이 척박하고 기후가 서늘하여 곡물보다는 사료 작물이나 목초 재배에 유리하다. 또 가축의 분뇨나 퇴비를 사용하면 땅의 지력을 높일 수 있기 때문에 전통적으로 혼합농업이 발달한 것이다. 오늘날에는 영국, 프랑스, 독일, 베네룩스 3국 등 소비 시장에 대한 접근성이 높은 지역을 중심으로 낙농업이 발달하였다.

우리나라의 기후 쾨펜 기후 구분에 따르면 1월 평균기온 −3℃를 경계로 그 남쪽은 온대기후, 북쪽은 냉대기후에 속한다.

서부 및 북부 유럽의 혼합농업 서부 및 북부 유럽에서는 척박한 토양, 높은 습도와 서늘한 여름 기후로 곡물 농업은 불리한 반면, 목초나 사료 작물 재배는 유리하여 목축업과 곡물 농업을 함께하는 혼합농업이 발달하였다.

| 여름에는 열대, 겨울에는 한대? 온대겨울 건조 기후 | 온대겨울 건조기후는 우리에게 가장 익숙한 기후로, 우리나라 남부 지방 일대가 이 기후에 속한다. 서안해양성기후와 달리 대륙의 동안에 발달하는 온대겨울 건조기후는 여름에 고온

낙농업의 발달 산업혁명 이후 혼합 농업은 기존의 자급적인 목적에서 팔기 위한 상업적 혼합농업과 낙농업으로 분화되었다. 특히, 대도시들이 집중해 있는 북해 연안 지역에는 낙농업이 발달하였다.

다습하고, 겨울에는 한랭 건조하여 기온의 연교차와 강수의 계절 차가 매우 큰 것이 특징이다.

온대겨울 건조기후가 펼쳐지는 곳은 남북위 20~30°의 대륙 동안인 중국 남부, 인도와 인도차이나 반도 북부, 미국 중남부와 멕시코 만 일대, 남아메리카의 아르헨티나 등지이다. 그중 일부 지역에서는 겨울철에도 다소 온화한 기후가 나타나기도 한다. 중국에서는 양쯔 강 유역이 이에 해당하는데, 이곳에서는 벼농사와 차 재배가 활발하다. 중국 남쪽의 주장 강 일대와 베트남 북부 지역은 양쯔 강 일대보다 온화하여 벼의 2기작과 사탕수수 재배가 이루어진다. 미국의 미시시피 강 하류와 멕시코 만 연안 일대는 겨울에도 따뜻한 기후 때문에 선벨트라고 부른다.

온대겨울 건조기후 지역의 식생은 상록활엽수림이 주를 이룬다. 상록활엽수림은 추운 겨울을 견디기 위해 잎이 작고 두꺼우며 광택이 나는 것이 특징이며, 동백나무가 대표적이다. 한편, 이 지역에서는 대나무도 잘 자라 우리나라, 일본, 중국 등지에서는 대나무를 이용한 공예품이 발달하였다.

온대겨울 건조기후의 대나무 숲
우리나라에서 대나무 숲은 온화한 기후의 상징이다. 대나무 숲을 볼 수 있는 곳은 남부 지방 일대이다.

러시아인의 옷차림 국토의 대부분이 냉대기후에 속하는 러시아에서는 '샤프카'라는 털로 만든 모자를 즐겨 쓰며, 동물의 가죽이나 털을 소재로 만든 옷을 주로 입는다.

| **침엽수림의 바다, 냉대기후** | 냉대기후는 북반구에서 주로 나타나며, 온대기후나 스텝기후의 북쪽 지역에 위치한다. 온대기후에 비해 겨울이 길기 때문에 초가을부터 얼음이 얼기 시작하여 늦봄까지 얼음이 녹지 않는다. 냉대기후 지역은 강수 특성에 따라 연중 비가 고르게 내리는 냉대습윤기후와 여름철에 비가 집중되는 냉대겨울 건조기후 지역으로 나뉜다. 두 기후 지역은 분포 위치가 다른데, 냉대습윤기후는 대륙의 서쪽에, 냉대겨울 건조기후 지역은 대륙의 동쪽에 치우쳐서 분포한다. 특히, 냉대겨울 건조기후 지역은 남극을 제외하면 가장 견디기 힘든 혹한이 나타나는 곳으로 유명한데, 러시아의 야쿠츠크 일대는 겨울철 기온이 −50℃에 이르기도 한다.

시베리아의 타이가(침엽수림) 지대 개발 러시아의 시베리아는 울창한 침엽수림으로 덮여 있다. 매우 춥고 불리한 자연환경으로 인간의 거주가 불가능하였지만, 최근에는 철도가 건설되어 세계 여러 나라의 기업들이 자원 개발을 하기 위해 이곳에 활발히 진출하고 있다.

냉대기후 지역은 춥고 긴 겨울 때문에 남쪽 한계선 가까운 지역에서는 밀, 호밀, 보리, 귀리 등의 생산이 가능하지만, 대부분의 지역에서는 농업 활동이 어렵다. 그 대신 거대한 침엽수림이 분포한다. 북부 유럽에서 러시아의 태평양 연안에 이르는 드넓은 지역이 침엽수림으로 덮여 있으며, 캐나다 중남부 지역에도 나무들이 빽빽한 침엽수림 지대가 나타난다.

러시아의 블라디보스토크에서 모스크바까지 달리는 시베리아 횡단 열차를 타고 가다가 중간 정차역에 내리면, 원추형의 침엽수들이 빽빽이 들어선 타이가 지대를 볼 수 있다. 이 지역은 임업 자원의 보고 그 자체이다.

모스크바(Df)와 블라디보스토크(DW)의 기후 모스크바는 편서풍의 영향으로 대륙 내부나 대륙 동안의 냉대기후 지역에 비해 겨울철 기온이 높고 강수가 많다. 모스크바와 비슷한 위도에 위치한 블라디보스토크는 대륙 동안에 있기 때문에 모스크바에 비해 연교차가 크고 강수도 여름에 집중된다.

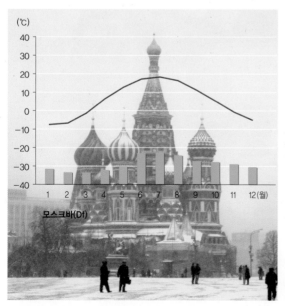

모스크바(Df)

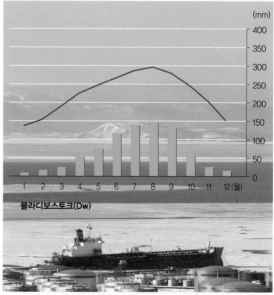

블라디보스토크(Dw)

세계로
떠나는
여행

프로방스의 겨울바람, 미스트랄

프랑스

프로방스

'근대 회화의 아버지'라고 불리는 폴 세잔은 자연을 단순화하여 기본적인 형체로 표현한 화가로 유명하다. 그의 작품은 인상적인 색과 빛의 배합, 깊은 공간감으로 보는 이에게 강렬한 인상을 남긴다. 특히, 세잔의 대표작인 〈사과와 오렌지〉, 〈목욕하는 사람들〉, 〈생트 빅투아르 산〉은 세잔 그림의 특징을 모두 갖춘 수작들이다. 이들 작품의 공통점은 프로방스의 지리적 특색을 표현하고 있다는 점이다. 그의 그림을 보면 순수하고 선명한 색채와 거칠고도 강렬한 질감을 생생하게 느낄 수 있다. 〈사과와 오렌지〉는 지중해성기후 지역의 특산물인 오렌지와 온대기후 지역의 특산물인 사과를 주제로 하여 오묘한 향취를 풍긴다. 〈목욕하는 사람들〉은 여름의 뜨거운 태양 아래 생동하는 육체를 강렬한 색과 구도로 표현하였다. 〈생트 빅투아르 산〉 역시 프로방스의 산지를 연상케 하는 단순한 구도와 색으로 위압감과 상징성을 드러내 보인다.

프로방스의 풍경 프랑스 남부에 자리한 프로방스의 겨울은 온화한 봄, 여름, 가을과는 상이한 기후를 보인다. 중부 산악 지대에서 발생한 최고 풍속이 초당 40m 이상에 달하는 한랭 건조한 바람, 미스트랄이 불어오기 때문이다.

프로방스는 프랑스 남부에 있는 지역으로 산이 많다. 동부와 지중해 연안에는 큰 산맥들이, 내륙에는 파브르가 식물과 곤충을 관찰하기 위해 자주 오르내렸다는 방투 산, 세잔이 즐겨 그린 생트 빅투아르 산과 같은 석회암산이 있다. 지중해성기후와 서안해양성기후의 특징이 고루 나타나는 프로방스에는 봄부터 가을까지 많은 관광객이 찾아온다. 그러나 겨울 프로방스에는 괴력의 바람이 분다.

　　'미스트랄'은 지방풍의 일종이다. 미스트랄은 산지와 관련된 대표적인 바람으로, 산지에 축적된 차가운 공기가 산지의 경사를 따라 저지대로 불어온다. 고원지대에 눈이 쌓이면 눈 탓에 햇빛의 반사율이 높아지고, 그 결과 온도가 낮아져 고기압이 형성된다. 기압의 차가 커지게 되면 협곡 아래로 공기가 이동한다. 미스트랄의 파괴적인 영향력은 프로방스의 기후와 지형이 만들어 낸 결과물인 셈이다.

　　영국 작가 피터 메일은 저서 《프로방스에서의 1년》에서 미스트랄을 처음 겪었을 때를 생생하게 묘사하였다. 영국에서 프로방스로 이주한 그는 미스트랄의 위력에 대한 프랑스 사람들의 말에 '프랑스 사람 특유의 과장'이라며 콧방귀를 뀌었다. 그러나 그는 곧 24시간 만에 기온이 20℃나 떨어지고, 지붕 기와가 바람에 날려 수영장에 곤두박질치고, 살짝 열어 둔 창문이 통째로 뜯겨 나가는 것을 목격하게 되었다. 작가조차 상상하지 못한 미스트랄이었던 것이다.

고흐의 〈별이 빛나는 밤〉 프로방스의 밤하늘을 그린 작품으로, 하늘의 소용돌이가 미스트랄을 연상시킨다.

세잔의 〈생트 빅투아르 산〉

시간도 땅도 얼어붙은 혹한 세계

이누이트들은 대가족이다. 겨울에는 십여 명의 가족들이 몇 달씩 집 안에서만 생활한다. 너무 어둡고 추워서 집 밖으로 나갈 수 없고, 여름에 비축해 놓은 말린 물고기가 동나지 않게 가장만 한 달에 한두 번 사냥이나 얼음낚시를 나갈 뿐이다. 그린란드에는 나무가 없기 때문에 집 안에서 불을 피우는 일이 불가능하며, 작은 물개 기름 램프 하나만 켜 놓을 뿐이다.   ─《한낮의 우울》, 앤드류 솔로몬

반사되는 태양에너지 지구에 도달한 태양 복사에너지는 지표면의 성질에 따라 그 일부를 반사하게 되는데, 이때 반사되는 태양 복사에너지 비율을 알베도(albedo)라고 한다. 각 지표에 따른 알베도의 평균값을 살펴보면, 대체로 눈과 얼음이 높음을 알 수 있다.

풀	0.02~0.3
물	0.03~0.5
숲	0.05~0.5
바다	0.05~0.5
포장	0.05~0.27
토양	0.1~0.35
구름	0.2~0.8
모래	0.2~0.45
얼음	0.3~0.4
눈	0.45~0.95

단위: PW(페타와트), 1PW = 10^{15} W

| 극 지방, 지구의 가장자리 | 지구 육지의 약 10%를 차지하는 양극 지방에는 매우 차가운 공기덩어리가 자리 잡고 있어 그 영향으로 일 년 내내 추운 기후가 나타난다. 이러한 기후를 한대기후라고 하며, 주로 북극지방과 남극지방에서 나타난다. 하지만 그 분포 범위에는 차이가 있는데, 북극지방이 남극지방보다 좁다. 그 이유는 대부분의 대륙이 북반구에 치우쳐 있고, 북반구에서는 여름철에 대륙이 데워져 나무가 자랄 수 있는 냉대기후 지역이 넓게 펼쳐지기 때문이다. 반면, 고위도에 큰 대륙이 없는 남반구의 경우 냉대기후 지역이 잘 나타나지 않으며 남극대륙에서는 한대기후가 크게 발달한다.

양극 지방의 기후를 결정하는 차가운 공기덩어리는 왜 발생하는 것일까? 그것은 바로 극지방이 둥근 지구의 가장자리에 있어 연중 태양의 고도가 30° 이하로 낮고, 저위도에 비해 태양과의 거리가 멀어 내리쬐는 태양빛의 강도가 약하며, 지표면의 대부분이 빙하 덩어리나 눈으로 덮여 있어 태양빛을 다시 대기로 반사시켜 버리기 때문이다.

이러한 이유 때문에 극지방의 지표면에 내리쬐는 빛 에너지는 눈이나 얼음을 녹이는 역할을 할 뿐, 대지를 데우지는 못한다. 그래서 극지방은 일 년 중 대부분이 겨울이고, 그나마 태양이 가장 가까워지는 짧은 여름 동안에만 지표면이 살짝 녹는다.

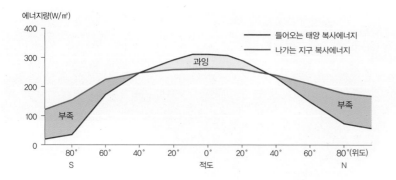

위도별 흡수 및 방출 에너지량 남북위 38~40°의 중위도 지역을 기준으로 저위도에서는 에너지 과잉이, 고위도에서는 에너지 부족이 나타난다. 특히, 고위도에서는 태양의 고도가 낮고 거리가 멀 뿐만 아니라, 지표면이 빙하와 눈으로 덮여 있어 반사되는 양이 많기 때문에 흡수되는 태양 복사에너지량보다 방출되는 지구 복사에너지량이 많다.

 한대기후는 가장 따뜻한 7~8월에도 평균기온이 10℃를 넘지 않으며 일부 지역은 여름에도 월평균 기온이 0℃에 미치지 못한다. 한대기후는 툰드라기후와 빙설기후로 구분되는데, 툰드라기후는 연중 한 달 이상은 평균기온이 0℃ 이상이며 주로 북극 지역에 분포하는 반면, 빙설기후는 일 년 내내 월평균 기온이 0℃ 이하로 북극권 일부와 남극대륙에서 나타난다.

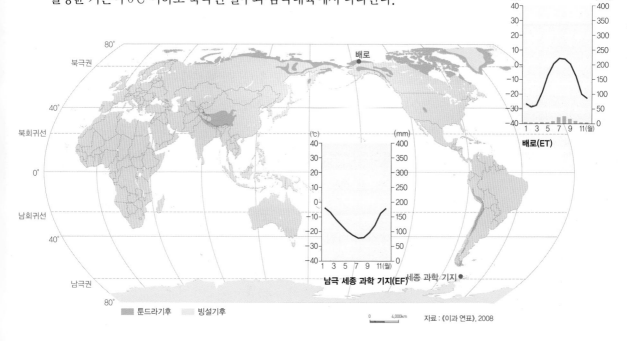

백야 여름철 밤 12시경 러시아 상트페테르부르크의 모습이다. 온종일 해가 지평선 위에서 움직이기 때문에 한밤중에도 해질 무렵의 밝기가 계속된다.

극야 겨울철 오후 2시경 노르웨이 북쪽 해안의 모습이다. 해가 뜨지 않고 지평선 가까이에 머물러 있어 낮 시간인데도 어둡다.

백야와 극야의 발생 ⒜시기는 태양이 남반구를 비추어 북극권에서는 극야, 남극권에서는 백야가 발생한다. ⒝시기에는 반대로 북극권에서 백야, 남극권에서 극야가 발생한다.

| **이끼의 바다, 툰드라 지대** | 툰드라는 '동토 지대' 또는 '얼어붙은 평원'이라는 의미처럼 일 년 중 여름 얼마 동안을 제외한 250여 일이 눈과 얼음으로 덮여 있다. 주로 북반구의 극 지역에 분포하는 이 춥고 넓은 평원에는 낮은 기온 탓에 나무가 자라지 못하며, 시도 때도 없이 강풍이 몰아치며 밤톨만 한 우박이 내리기도 한다.

툰드라는 고위도에 위치하기 때문에 하루 중 몇 시간만 태양을 볼 수 있다. 특히, 일 년의 절반 정도 지속되는 겨울철에는 대부분 해가 뜨지 않고 밤이 계속되는 극야[■]가 나타나기도 한다. 이 때문에 툰드라에서는 겨울이 깊어질수록 기온이 점점 더 낮아져 −30℃ 가까이 떨어지기도 한다.

반면 2~3개월에 해당하는 짧은 기간이지만, 툰드라에도 평균기온이 0℃ 이상으로 올라가는 여름이 존재한다. 여름 동안에는 한밤중에도 야구공을 주고받을 수 있을 정도로 밝은 백야[■]가 계속되며, 해가 떠 있는 시간이 길어짐에 따라 오후가 되면 대지가 어느 정도 데워지게 된다. 물론 밤부터 새벽 사이 대지가 식어 버리지만 대지의 평균온도가 높아지기 때문에 얼었던 땅이 여기저기 녹으면서 곳곳에 물웅덩이가 생긴다. 이는 춥고 척박한 얼음 평원에 생명체가 싹을 틔울 수 있는 필수 조건이 된다.

툰드라의 여름에 가장 활발하게 생명의 싹을 틔우는 것은 바로 이끼류이

극야
해가 지평선 근처에 있지만, 그 위로 떠오르지 않아 낮 시간에도 새벽녘처럼 어슴푸레한 현상으로, 북반구에서는 동지를 전후하여 남반구에서는 하지를 전후하여 나타난다. 극야 동안에는 지구 복사에너지에 의한 냉각이 진행되어 저온 현상이 계속된다.

백야
고위도 지방에서 한여름에 태양이 지평선 아래로 내려가지 않는 현상이다. 남극에서는 동지 무렵에 일어난다.

다. 이들은 키가 매우 작고 푸르스름한 갈색을 띠며 빽빽하게 군집을 이루는데, 이 지역에 서식하는 초식동물들의 주식이 되기도 한다.

북극해를 둘러싸고 분포하는 툰드라에는 사향소, 순록, 토끼와 같은 초식동물과 곰, 여우, 늑대와 같은 육식동물이 서식하고 있다. 이들은 다른 지역에 서식하는 같은 종의 동물과 달리 툰드라기후에 적응된 그들만의 특징이 있다. 예를 들어, 사향소, 순록 등은 여름철에는 이끼를 찾아 좀 더 북쪽으로, 겨울에는 먹이를 구하기 위해 다시 남쪽으로 이동한다. 한편, 곰, 여우, 토끼 등은 툰드라기후에 적응하여 겨울이 되면 눈과 같은 흰색으로 털갈이를 하기도 한다.

툰드라의 여름 여기저기 언 땅이 녹으면서 이끼가 활발하게 자라는데, 일부 종은 작고 아름다운 꽃을 피운다. 이처럼 북극의 여름은 짧지만 꽃 잔치를 이루기도 한다.

│ **툰드라에서 사는 사람들** │ 극한 추위, 눈과 얼음으로 뒤덮인 툰드라에서도 이누이트족▪, 사모예드족, 라프족, 사미족 등으로 불리는 원주민들이 혹독한 자연환경에 적응하며 그들만의 생활 방식으로 살아간다. 특히, 사냥은 그

이누이트족
북극해 연안에 사는 원주민으로 외부인들은 '생고기를 먹는 사람'이라는 의미로 에스키모라고 부르지만, 그들 스스로는 '진정한 사람'이라는 의미로 이누이트라고 부른다.

사향소 소과에 속하지만, 소보다 양·염소에 가까운 동물로, 부드러운 솜털과 솜털을 덮는 거친 보호 털이 있다. 특히, 수컷은 짝짓기 시기에 특이한 냄새를 풍긴다.

북극여우 비교적 작은 체구에 귀는 짧고 둥글며, 입은 뭉툭하다. 여름에는 짙은 회색이나 갈색을 띠지만, 겨울에는 흰색으로 털갈이를 하여 눈에 잘 띄지 않는다.

순록 이끼, 마른 풀 등을 찾아 봄가을에 무리를 지어 이동하며, 성질이 순하여 사슴과에 속하는 동물 중 유일하게 가축화되었다. 툰드라에 거주하는 사람들에게 고기, 털, 가죽 등을 제공하는 없어서는 안 될 매우 중요한 동물이다.

이누이트의 생활 추운 날씨 덕에 사냥한 고기가 썩지 않아 생고기를 즐겨 먹을 수 있다. 열을 가하지 않고 날로 고기를 먹는 것은 채소 섭취가 부족한 이누이트에게 비타민과 무기질을 섭취할 수 있게 하는 좋은 방법이다. 이누이트는 사냥감을 따라 이동하며 생활하는데, 주로 여름에는 가죽으로 만든 이동식 천막집에서, 겨울에는 얼음으로 만든 이글루나 고래뼈·흙·이끼 등을 이용해 지은 움집에서 생활한다.

들에게 의식주와 관련된 매우 중요한 활동일 뿐 아니라 삶의 일부이다. 바다 표범, 물개, 순록 등을 사냥하여 생고기를 주식으로 즐겨 먹고, 가죽과 털은 옷과 집을 짓는 재료로, 뼈는 사냥 도구나 생활 도구를 만드는 데 이용한다.

하지만 이 지역에 매장된 자원의 중요성이 부각되면서 외부인들의 유입 이 잦아지고 적극적인 개발이 진행되었다. 그 과정에서 원주민 고유의 전통 적인 삶이 급격히 변화되었다. 현재 이들은 대부분 현대식 가옥에서 생활하 며, 생고기보다는 가공된 음식을 주로 먹고, 순록 사냥보다 유목을 하면서 필요할 때는 언제든 상점에서 고기를 구입한다. 얼핏 주민들의 삶의 질과 편의성이 높아진 듯 보이지만, 사실상 그들의 삶은 점점 더 위협받고 있다.

《사슴 부족 People of the Deer》이라는 책은 캐나다에 사는 이할미우트라고 불리 는 사람들의 힘겨운 삶을 묘사하고 있다. 순록을 사냥하며 살아왔던 이 부족 은 백인들의 꼬드김에 빠져 여우 사냥에 나서게 되었다. 하지만 여우 가죽이

헐값이 되자 백인들은 모두 철수하였다. 순록을 사냥하는 방법을 잊어버린 그들은 굶주림으로 혹독한 겨울을 보낼 수밖에 없었다. 백인들의 유혹으로 시작된 여우 사냥은 부족 고유의 삶을 파괴하였고, 1886년에 약 7,000명에 달했던 부족민은 1946년에는 불과 40명으로 줄어들었다. 러시아 북서부에 사는 야말족의 경우에도 지구온난화로 순록의 먹이인 이끼가 줄어들고, 석유 개발을 위해 철도가 건설되면서 순록을 유목하는 일이 어려워지고 있다.

| **얼음과 눈의 나라, 빙설기후** | 그린란드 내륙과 남극 대륙은 연중 월평균 기온이 0℃가 넘지 않아 지구상에서 가장 추운 빙설기후에 속한다. 이곳은 아주 두꺼운 얼음으로 덮여 있으며 공기가 매우 차갑고 무거워 초속 50m를 넘는 강한 바람이 산의 사면을 타고 쉽게 흘러내린다. 너무 춥기 때문에 강수가 거의 발생하지 않으며, 간혹 눈이 내린다 해도 한번 내린 눈은 일부만 증발될 뿐 나머지는 모두 지표에 쌓여 얼음이 된다.

같은 극 지역인데도 북극보다 남극에서 훨씬 더 기온이 낮은 이유는 무엇일까? 그것은 북극은 바다인 반면, 남극은 평균 1,700m 두께의 거대한 빙하가 덮여 있는 대륙으로 북극보다 비열이 더 작기 때문이다. 게다가 남극은 대륙을 모두 덮은 빙하가 일사량의 대부분을 반사하기 때문에 북극에 비해 훨씬 더 춥다. 가장 추울 때는 기온이 -80℃ 정도까지 내려갈 만큼 지구상에서 가장 혹독한 기후가 나타나, 바다표범과 펭귄 등이 제한적으로 생명을 유지하고 있다. 한편, 자연 상태에서는 인간의 거주가 불가능하지만 연구 목적으로 세계 각국에서 설립한 과학 기지에는 연구원들이 생활하고 있다.

극 지방에 사는 곰과 펭귄 곰은 원래 아시아, 유럽, 아메리카의 침엽수림 지역이 주요 서식지로, 오래전 북극해 주변의 빙하를 타고 이동한 후 북극의 추운 기후에 적응하며 살았을 것으로 추정하고 있다. 펭귄은 남극 대륙이 아메리카 대륙과 분리되기 이전 남극 대륙에 서식하던 조류의 일부가 지금의 펭귄으로 진화한 것이다. 원래는 날아 다녔지만 대륙이 분리되면서 천적이 없어지자 점차 날기를 포기하고, 육상과 바다를 오가며 사는 생물로 진화한 것으로 추정하고 있다.

남극반도

남극

조인빌 섬

웨들 해

킹조지 섬

●세종 과학 기지

넬슨 섬

그리니치 섬

남극반도

드레이크 해협

리빙스턴 섬

브랜스필드 해협

스미스 섬

세종 과학 기지 남극 대륙은 1959년 남극 조약을 계기로 영유권 주장이 금지되고 오직 과학적 연구만을 목적으로 이용할 수 있다. 우리나라는 1988년 킹조지 섬에 세종 과학기지를 완공하면서 세계에서 18번째로 남극에 과학 기지를 건설한 국가가 되었다.

하늘에서
가장 가까운 곳

축구 강국 브라질이 가장 두려워하는 상대는 볼리비아이다. 브라질 팀이 리우데자네이루에서 경기를 할 때 볼리비아를 이길 확률은 80% 이상이지만, 라파스에서 그들을 이길 확률은 20%에 지나지 않는다. 그 이유는 라파스가 해발고도가 3,250~4,100m의 높은 곳에 위치해 산소가 부족하기 때문이다. 실은 브라질 팀은 볼리비아 팀보다 라파스라는 도시가 더 무서운 것이다.

| **칭짱 철도 여행과 기온 변화** | 2006년 7월 1일, 칭짱 철도의 거얼무~라싸 구간이 열렸다. 베이징에서 기차를 타고 티베트의 라싸에 갈 수 있게 된 것이다. 베이징의 한여름 더위는 30℃를 웃돈다. 베이징을 출발한 뒤 라싸에 이르면 다소 선선한 날씨를 만난다. 라싸의 최고 기온은 20℃ 정도에 지나지 않고 아침 기온은 10℃밖에 되지 않는다. 즉 한여름에 출발한 기차가 48시간이 지나 라싸에 도착하면 늦가을이 되고 마는 것이다. 이는 베이징에

칭짱 철도 개통 칭짱 철도의 개통으로 그동안 정치·경제적으로 고립되었던 티베트에 많은 변화가 예상되고 있다. 관광 산업의 활성화, 풍부한 자원의 효율적 개발, 주변국과의 경제 교류 기반 확보 등 경제적인 효과도 있지만, 티베트에 대한 중국의 정치·군사적 통제 강화 등도 우려되는 문제이다. 또 그동안 잘 지켜 온 티베트의 고유문화가 외부요인에 의해 훼손되는 것에 대한 우려도 제기되고 있다.

비해 라싸의 해발고도가 높기 때문에 나타나는 현상이다.

왜 해발고도가 높아지면 기온이 낮아지는 것일까? 그 비밀을 풀기 위해서는 우선 해발고도와 기압의 관계를 알아야 한다. 해발고도가 높아질수록 지구의 중력은 약해져 기압이 낮아지고 이에 따라 공기의 밀도가 희박해진다. 해수면의 기압이 1,013hPa인 데 반해, 해발고도가 5,000m 일 경우 기압은 그 절반 정도가 된다. 그만큼 대기의 밀도가 낮아진다는 것을 의미한다.

공기의 밀도와 기온 사이에는 어떤 관계가 있을까? 우리가 말하는 기온은 태양으로부터 나오는 빛 에너지를 반영하는 것이 아니라, 태양빛에 의해 데워진 땅의 열 복사에너지가 공기를 데운 정도를 반영한다. 땅이 데워졌더라도 공기가 적어 그 에너지를 흡수할 수 없다면 기온은 쉽게 올라가지 않는다. 따라서 해발고도가 높은 곳은 공기가 희박하고, 그에 따라 기온은 낮아질 수밖에 없는 것이다.

칭짱 철도
새로 개통된 칭짱 철도 구간은 평균 해발고도 4,500m로 가장 높은 지점은 5,072m에 이르며 총 길이는 1,142km에 달한다. 페루 철도(해발고도 4,817m)보다 높을 뿐만 아니라, 약 550km의 영구 동토 구간을 지나는 세계 최고 높이의 철도임을 자랑한다. 툰드라기후가 나타나는 일부 지역에는 여름철에 영구 동토층이 녹으면서 지반 약화로 철도가 붕괴되지 않도록 많은 다리와 터널이 건설되어 있다.

기차 내 해발고도 안내 표시와 산소 공급 장치 높은 고원 지대를 지나면서 산소 부족으로 여행객들이 고산 반응을 겪지 않도록 열차 안에는 산소 공급 장치와 자동 온도 조절 장치, 해발고노 안내 표시등이 마련되어 있다.

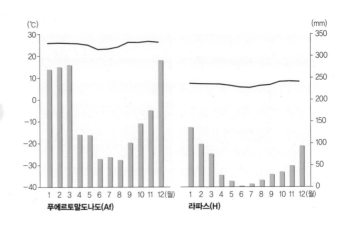

멕시코시티(2,306m)

보고타(2,548m)
키토(2,812m)

쿠스코(3,249m) ● 푸에르토말도나도

라파스(4,071m)

□ 고산 도시
■ 해발고도 2,000m 이상 지역

0   1,000km

안데스 산지의 고산기후
라파스와 푸에르토말도나도는 비슷한 위도에 위치하지만, 푸에르토말도나도는 연중 기온이
높고 비가 많이 내리는 열대우림기후(Af)가 나타나고, 라파스는 연중 10℃ 안팎의 고산기후(H)가
나타난다. 이처럼 두 지역의 기후가 다른 이유는 해발고도의 차이 때문이다.

알파카 알파카는 낙타과에
속하는 동물로, 건조하고 목초가
드문 황량한 고산지대에서도 잘
견디는 특성이 있어 오래전부터
안데스 산지의 원주민이 사육해
왔다. 또한 물건을 운반하는 운송
수단일 뿐만 아니라, 고기와 젖은
식량으로, 털은 옷을 만드는 재료로,
분뇨는 말려서 연료로 쓴다. 이들은
원주민에게 매우 소중한 동물이다.

│ **늘 봄 같은 날씨, 열대고산기후** │ 적도에 가까운 저위도 지역은 해발고도
에 관계없이 연중 기온 변화가 작다. 태양이 적도를 중심으로 남·북회귀선
안에서 이동하기 때문이다. 열대고산기후 지역도 열대 저지대보다는 기온
이 낮지만, 연중 기온이 일정한 것이 특징이다. 연중 우리나라의 봄과 같은
날씨가 펼쳐져 열대고산기후를 '상춘 기후'라고 부르기도 한다.

열대고산기후는 주민들에게 어떤 영향을 끼쳤을까? 그것은 주민들의 옷
차림을 통해 파악할 수 있다. 멕시코 고원이나 안데스 산지의 사람들은 챙이
넓고 둥근 '솜브레로'라는 모자를 즐겨 쓴다. 솜브레로는 '그늘'이라는 뜻의 에
스파냐어 '솜브레'에서 따왔다. 그들이 솜브레로를 쓰는 이유는 강한 태양빛
과 자외선을 피하기 위함이다. 또한 안데스 고산지대의 사람들은 짐승의 털
로 만든 옷을 겹겹이 입으며, 방한용으로 무릎까지 길게 내려오는 망토를 두
르는데, 이는 고산지대가 얼마나 서늘한지를 보여 주는 예이다.

남아메리카의 해발고도 4,000m 지역에서는 서늘한 기후를 이용하여 감
자와 옥수수 등을 재배하며, 그보다 높은 지역에서는 야마와 알파카 등을
기른다. 특히, 감자와 옥수수는 세계로 전해져 인류의 식생활에 큰 영향을
끼쳤다.

이처럼 저지대보다 유리한 환경조건 때문에 고산 지역을 중심으로 아스테카 문명, 잉카 문명 등 찬란한 원주민 문명이 발달할 수 있었다. 이것은 오늘날 남아메리카의 인구와 주요 도시들이 멕시코 고원과 안데스 산지에 주로 밀집하여 분포하는 것과도 깊은 관련이 있다.

잉카 문명의 유적지 마추픽추 잉카 문명은 고산지대에서 행해진 활발한 농경을 기반으로 발전하였다. 계단식 농업, 인공 수로를 이용한 용수 공급 등 농사법이 발달하였으며, 이때 만들어진 도로는 지금도 사용하고 있다. 또 키푸라는 독특한 문자를 사용하여 인구수·천연자원, 천문학 등 다양한 정보를 기록으로 남겼다.

문명 발달을 이끈 감자 안데스 산지의 감자는 6,000여 종이 넘으며 기원전 2000년경부터 널리 재배되었다. 재배가 쉽고 생산성이 높아 옥수수와 더불어 아메리카 원주민의 주식으로 이용되었으며, 문명 발달의 원동력이 되었다.

| **만년설로 덮인 산악 지역의 툰드라와 초지** | 칭짱 철도 이야기로 되돌아가 보자. 이 철도를 건설하는 데는 어려움이 많았다. 낮은 기압으로 인한 산소 결핍과 눈보라와 강풍 때문에 건설 공사에 참여한 노동자들이 고생을 하였다. 특히, 거얼무~라싸 간 550km에는 동토 지대가 펼쳐져 있는데, 동토 지대는 기온의 오르내림에 따라 땅이 얼고 녹기를 반복한다. 동토 지대에 철도를 건설할 때는 기초 말뚝을 박아 지표에 고가를 세운 후 철로를 설치하는 경우가 많으며, 암모니아를 냉매로 넣은 금속 방열 말뚝을 박은 후 그 위에 철로를 놓기도 한다.

이처럼 티베트의 고산기후는 독특한 철도 건설 방식뿐 아니라 주민들의 생활 방식에도 많은 영향을 주었다. 티베트의 고산 지역은 서늘하고 강수량이 적어 초원이 넓게 발달하기 때문에 농작물 재배보다는 가축 사육에 더 적합하다. 그 결과 티베트 사람들은 오래전부터 양과 야크 등의 가축을 이끌고 풀을 찾아 이동하는 유목 생활을 해 왔다. 특히, 야크의 경우 고산기후에 잘 맞는 특성이 있어 짐을 운반하는 주요 운송 수단으로 이용되며, 젖과 고기는 식량 자원으로 이용되고 있다.

스위스, 오스트리아 등지에 걸쳐 펼쳐진 알프스 산지의 고산 지역에서도 농사보다는 가축 사육이 활발하다. 이곳은 만년설이 나타나는 설선雪線■ 아래 지역까지 목초지를 조성하여 소를 방목하는

고산 지역의 가축 사육 야크는 티베트나 히말라야 주변 지역에서 주로 사육되는 긴 털을 지닌 소의 일종이다. 야크는 고산지대에서도 무거운 짐을 지고 30km 이상 이동할 수 있다.

◉ 고산기후의 특색

칼카스 산맥의 알파인 고산기후(그루지야)

산지 지역의 국지적인 기후 특색
열대와 온대의 고산 지역에서는 해발고도와 지형에 의해 형성되는 특수한 기후를 볼 수 있다. 태양 빛을 직접 받는 사면은 건조하여 풀이 잘 자라는 반면, 반대 사면은 상대적으로 습기가 많아 나무가 잘 자란다.

저위도에 위치한 열대 고산 지역에서 해발고도가 5,000m 이상 올라가거나 중위도의 고산 지역에서 3,000~4,000m를 올라가면, 너무 추워 나무가 잘 자라지 않고 툰드라 또는 만년설이 덮인 산악 지역이 나타나는데, 이를 알파인 고산기후라고 한다. 이 기후에서는 기온 변화가 작고, 상대적으로 습도가 높아 구름·안개 등이 잘 생기며, 태양을 받는 곳과 받지 않는 곳이 뚜렷이 구분된다. 또 대체로 바람이 강한 편인데, 낮에는 골짜기에서 산 정상으로, 밤에는 산에서 골짜기로 바람이 분다. 한편, 습기를 머금은 탁월풍이 불 때에는 바람받이 사면에 지형성 강수가 내리기도 한다.

데, 특히 알프스 산지에서는 더운 여름에는 서늘한 고지대의 초원으로, 추운 겨울에는 풀이 잘 자라는 산 아래의 목장으로 수직 이동을 하며 가축을 사육하는 이목이 발달하였다. 하지만 오늘날은 이러한 목장들을 숙박 시설로 개조하고 알프스의 만년설을 관광 자원으로 개발하여 세계적인 관광지로 변모하였다.

설선
높은 산에서 일 년 내내 눈이 녹지 않는 부분과 녹는 부분의 경계선

알프스를 오르내리는 산악 열차 알프스 산지들 중 산세가 험한 필라투스 산에는 세계에서 가장 가파른 급경사를 왕복하는 등산 열차가 운행된다.

스위스의 전통악기 알펜호른 과거 알프스 산지의 유목인들이 소나 양을 몰 때 불렀던 악기지만, 오늘날 스위스의 전통악기로 관광객들의 주목을 받고 있다.

중국

•쿤밍

봄의 도시, 쿤밍

선생님께

선생님, 저는 지금 중국 쿤밍 시에 와 있어요. 이곳은 카르스트 지형의 지세가 빼어나, 기묘하고 아름다운 풍광을 보러 온 관광객들로 북적거려요. 그렇지만 무엇보다도 매력적인 건 쿤밍의 기후랍니다. 항상 봄 기후가 나타나거든요. 저는 이런 곳은 피터 팬이 사는 '네버랜드'나, 제임스 힐턴의 소설 《잃어버린 지평선》에 나오는 '샹그릴라'에서나 있는 줄 알았어요.

　쿤밍은 중국 남서부 윈난 성에 자리하고 있으며, 북서부는 티베트 자치구, 서쪽으로는 미얀마, 남쪽으로는 라오스, 남동쪽으로는 베트남과 맞닿아 있어요. 25개의 소수민족이 함께 살고 있어 '소수민족의 요람'이라고 불릴 정도지요. 또한 산지가 많은 삼림지대에 속해 지형이 복잡하고 기후대 역시 다양해요. 윈난 성 중동부에 자리한 쿤밍은 '고원의 진주'라 불리는 뎬츠 호

'꽃의 도시'로 널리 알려진 쿤밍 윈난 성의 성도인 쿤밍은 해발고도 약 2,000m에 위치하여 일 년 내내 봄 같은 기후가 나타난다. 계절에 상관없이 늘 꽃을 볼 수 있어 도시 전체가 하나의 화원 같다.

이국적인 윈난 성의 돌숲 쿤밍은 지질이 석회암으로 이루어져 있어 다양한 카르스트 지형이 나타난다. 이 돌숲은 카렌 지형으로 마치 칼을 세워 놓은 듯한 돌기둥들이 숲을 이루고 있어 석림(石林)이라 불린다. 아름다운 절경으로 2007년에 유네스코 세계 자연 유산으로 지정되었다.

윈난 성 소수민족

북안의 비옥한 호수 분지를 남쪽에 끼고 산으로 둘러싸여 있어요. 이런 지형이 바로 쿤밍의 특이한 기후를 만들어 냈다지요. 그러니까 윈난 성의 북부와 서부가 그저 험한 산지로 이루어진 데 비해, 쿤밍은 중동부 윈구이 고원의 1,890m 고도에 있는 지형적 특성 때문에 늘 봄 날씨 같은 기후가 나타나는 거죠.

쿤밍은 겨울에 가끔 눈이 오긴 하지만 실제로 겨울이라 느낄 수 있는 기간은 아주 짧고, 여름은 습하지만 덥지 않다고 하네요. 겨울의 평균 최고기온은 15℃, 여름 평균 최고기온은 24℃ 래요. 또한 5월부터 10월까지 우기이고 나머지 기간은 건조하고 쾌적하답니다. 식물이 자라기에 이상적인 환경을 갖춘 쿤밍은 '영원한 봄의 도시', '꽃의 도시'로 널리 알려졌죠. 실제로 쿤밍에 와 보면 도시가 푸른 숲과 꽃으로 덮여 있는 걸 알 수 있어요. 선생님께 쿤밍의 온화한 기후의 결실인 꽃들을 보여 드리고 싶어서 사진을 함께 보냅니다. 쿤밍의 온화함을 머금은 꽃향기가 느껴지시나요?

제자 우영 드림

기후변화와 인간 생활

지구온난화의 증거는 셀 수 없을 정도로 많은데, 그중 화석연료의 과다 사용에 따른 대기 중 이산화탄소의 증가가 지구온난화의 주범으로 지목되고 있다. 하지만 일부 학자는 지구온난화가 과장되고 왜곡되었으며, 우리는 곧 빙하기를 맞을지도 모른다고 주장한다. 과연 우리 후손들은 어떤 지구에서 살아갈 것인가?

간빙기와 후빙기의 차이 빙기와 빙기 사이에 기온이 상승하는 간빙기는 신생대에 모두 네 번 있었으며, 상대적으로 따뜻한 시기였다. 반면, 후빙기는 신생대의 마지막 빙기가 종료된 1만 년 전부터 지금까지의 지질시대를 말한다. 대체로 온난한 시기이지만, 몇 차례의 추운 시기와 따뜻한 시기가 번갈아 가며 나타나며 오늘날에 이르렀다.

│ 새로운 빙하기인가, 지구온난화인가 │ 우리는 신생대 제4기 홀로세에 살고 있다. 지구의 역사는 시생대에서 시작하여 신생대에 이르는데, 신생대는 다시 제3기와 제4기로 구분된다. 신생대 제4기에는 빙기와 간빙기가 여러 차례 교차되었고, 지금은 마지막 빙기라고 생각되는 뷔름 빙기가 끝나고 후빙기가 전개되고 있는 시기이다.

과연 우리가 살아가고 있는 이 시간이 후빙기인가, 아니면 또 하나의 간빙기여서 우리도 모르는 사이 새롭게 빙하기가 닥쳐올 것인가? 지구온난화로 해수면이 상승하여 물의 심판이 오는 것인가, 아니면 지구의 기온이 다시 하강하면서 얼음의 심판이 오는 것인가? 이에 대한 의문은 계속되고 있다.

북극 빙하의 감소 지구온난화로 북극의 빙하가 녹아 해수면이 상승하면서 많은 변화가 나타나고 있다. 따뜻한 날씨 때문에 동굴 속이 덥고 축축해 곰들은 잠들지 못하고, 날씨는 갈피를 잡을 수 없게 되었으며, 철새는 서식지인 해안의 습지가 물에 잠겨 멸종 위기를 맞고 있다.

1979년

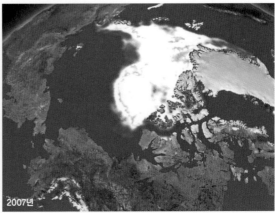
2007년

남극의 보스토크에서 채취한 빙핵ice core▪을 분석해 보면 지난 40만 년 동안 기온이 일정한 주기로 오르내렸음을 알 수 있다. 그 분석 결과에 따르면 지구는 기온이 높은 간빙기를 짧게 유지하다 시나브로 기온이 떨어지면서 빙하기를 맞게 될 가능성이 높다.

하지만 오늘날 지구의 지속적인 기온 상승은 지구온난화 관점에서 이산화탄소의 농도 변화와 관련지어 살펴볼 수 있다. 최근 100년 동안의 급격한 변화에 주목할 필요가 있는데, 석유와 석탄 등 화석연료의 사용이 늘면서 대기 중의 이산화탄소 농도가 급격히 높아졌다. 이산화탄소는 대표적인 온실가스로서 지구 표면에서 반사되는 열에너지를 흡수하여 다시 지구의 대기층으로 방출한다. 이 때문에 대기 중에 이산화탄소량이 많아지면 지구의 온도도 상승하는 것이다. 이처럼 지구의 온도가 올라감에 따라 생태계에 큰 변화가 나타나고 있으며, 극지방의 빙하가 녹아내려 해수면이 점차 높아지면서 인간에게 직접적인 피해를 주고 있다.

빙핵
빙하의 깊숙한 곳을 뚫어 기둥 모양으로 채취한 얼음 샘플을 말한다. 빙핵의 각 높이별 얼음의 성분을 조사하면 얼음이 얼었을 당시의 기후와 지금까지의 지구의 기후변화를 추측할 수 있다.

이산화탄소 농도 변화

지구의 기온과 대기 중 이산화탄소 농도 변화 비교 남극에서 시추한 빙핵을 분석한 결과 지구의 빙기와 간빙기의 반복 추세는 대기 중의 이산화탄소 농도의 변화와 거의 일치함을 알 수 있었다. 하지만 최근 100년간 대기 중의 이산화탄소 농도와 지구 온도 변화를 살펴보면, 유례없는 급격한 상승 추세가 나타나는 것을 알 수 있다.

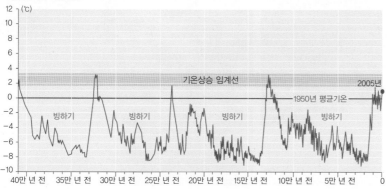

1950년 기준 기온 변화

자료: 《르몽드 세계사》, 2008

| **북반구의 그 겨울, 지구촌의 기상이변** | 2010년 1월 서울에는 25.8cm의 기록적인 폭설이 내려 교통이 마비되었다. 잔설도 2주 이상 지속되었으며 기온도 크게 낮았다. 기상청도 예보하지 못한 폭설은 관측 이래 내린 가장 큰 눈이었다. 서울뿐 아니라 세계 여러 지역에도 갖가지 기상이변이 나타났다.

당시 영국 런던에서는 25cm라는 기록적인 폭설이 내렸고, 스코틀랜드에서는 50년 만의 한파로 휴교령이 내려졌다. 벨기에와 이탈리아, 그리고 폴란드에서는 폭설과 추위로 동사자가 발생하였으며, 알프스 산지에서는 눈사태로 큰 인명 피해를 입었다. 미국에서는 대평원 지역과 중동부 지역에 한파와 강풍이 몰아치고 폭설이 내리기도 하였다. 겨울에도 늘 따뜻하였던 플로리다에서도 동사자가 생겨났다.

반면, 여름으로 치닫고 있던 남반구에서도 자연재해가 잇따랐다. 2009년 말 아르헨티나의 팜파스와 오스트레일리아의 초원 지역에서는 큰

세계 기상이변의 원인

과학자들은 2010년 1월을 전후한 세계 기상이변의 원인을 제트기류의 약화와 엘니뇨 현상에서 찾고 있다. 제트기류는 북극 한파를 가둬 두는 '둑'과 같은 역할을 한다. 이 둑의 곳곳이 터지면서 북극의 찬 공기가 유럽, 동아시아, 북아메리카 등지로 내려왔던 것이다. 해수면 기온이 높아지는 엘니뇨 현상 역시 당시 폭설의 주범으로 평가된다. 엘니뇨 현상으로 인도양 등지에서 공급된 수증기가 북쪽의 한파와 만나 눈덩이를 키우는 작용을 한 것이다. 남반구에서 홍수 피해를 유발하는 것도 엘니뇨 현상이다. 많은 기상 전문가들은 기상이변의 기저에는 '지구온난화'가 있다고 입을 모으고 있다.

북극

제트기류 약화로 차가운 공기가 예년보다 많이 남하

서유럽 폭설

제트기류

동아시아 폭설

엘니뇨

남반구 홍수

2010년 영국 런던의 폭설

2010년 브라질 바레이로스의 홍수

가뭄으로 들불이 나고 가축들이 죽었으며, 반대로 브라질에서는 큰 홍수가 발생하였다. 특히, 오스트레일리아에서는 가뭄 끝에 홍수가 발생해 사람들을 아연실색게 하였다.

많은 과학자들은 이 모든 과정을 지구온난화와 관련지어 설명한다. 그들은 지구온난화가 단순히 지구의 기온이 서서히 높아지는 것이 아니라, 우리가 2009~2010년 겨울에 경험하였듯이 기상이변의 속출과 함께 진행된다고 말한다. 하지만 이에 대해 일부 학자들은 지구에 소빙기가 찾아온 것이라는 주장을 펼치기도 한다.

| **역사 속에서 살펴본 지구의 기후변화** | 쇤비제Christian D. Schönwiese는 "인류의 과거를 이해하는 일은 기후학 없이는 완전하지 못하다."라고 말하였다. 과학의 발달로 고古기후라는 도구를 역사 해석에 도입하면서 그동안 미궁에 빠졌던 역사적 사실들이 생기를 더하고 있다.

홀로세 이후의 기후변화를 나타낸 그래프를 보면, 후빙기가 전개되면서 기온이 일정하게 유지된 것이 아니라 홀로세 기후 최적기, 로만 기후 최적기, 중세 온난기 등의 온난기와 여러 소빙기가 주기적으로 파동치며 반복되었음을 알 수 있다. 이러한 기후변동과 관련하여 학자들은 유럽 지역을 중심으로 기후변화와 인간 생활의 관계를 밝혀냈다. 사람들은 따뜻한 온난기에 비교적 수월하게 생활할 수 있었던 반면, 추운 소빙기에는 생활하는 데 여러 어려움을 겪었다는 것이다.

최초 1,000간의 유럽 지역의 기후변화 그래프를 살펴보면, 약 900~1300년에는 '중세 온난기medieval warm period'라 불리는 따뜻한 기후가 나타났다. 이 시기에는 기근 발생 기록이 적으며 따뜻한 날씨 덕에 오늘날과 달리 영국에서도 포도 재배가 가능하였다. 특히, 중세 온난기에 접어든 10세기 무렵은 이

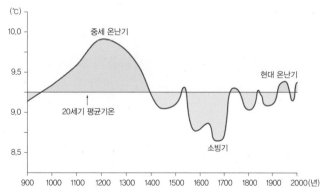

최근 1,000년간의 기후변화 마지막 빙하기 이후 지구는 점차 기온이 상승하는 후빙기를 맞이하였다. 후빙기는 대체로 따뜻하지만, 그 속에서도 추운 시기와 따뜻한 시기가 반복하여 나타난다. 특히, 이러한 기후변동은 인류의 역사 발달 과정에 많은 영향을 미쳤다.

른바 '바이킹 시대'라 불릴 만큼 이들의 정복 활동이 활발하였다. 바이킹은 그린란드에 정착하여 목축을 하며 농사를 짓기도 하였다.

반면, 같은 시기에 아메리카 대륙에서는 때때로 나타난 혹독한 가뭄으로 많은 사람들이 굶주렸으며, 북아메리카의 원주민인 푸에블로족은 가뭄과 싸우며 생활의 근거지를 옮겨야만 하였다. 남아메리카에서는 멕시코의 마야 문명과 안데스 산지의 티티카카 호 일대에 발달하였던 티와나쿠 문명도 이때 쇠퇴하였다.

따뜻한 기후 덕에 비교적 넉넉한 생활을 해 왔던 유럽에 1315년 여름 커다란 홍수가 발생하여, 흉년이 들었다. 이듬해 봄에도 비가 많이 내려 농작물의 파종이 어렵게 되었다. 이렇게 시작된 기후변동과 관련하여 1321년에는 유럽 전체에서 150만 명가량이 굶거나 전염병으로 사망하였다. 이른바 유럽에 '소빙기little ice age'의 서막을 알리는 징후가 나타나기 시작한 것이다.

소빙기 동안 유럽의 겨울은 훨씬 춥고 길어졌으며, 여름은 습하고 짧아짐에 따라 곳곳에서 변화가 나타났다. 영국에서는 포도가 사라졌고 런던의 얼어붙은 템스 강에서 시장이 서기도 하였다. 한편, 그린란드에 진출하였던 바이킹은 농사가 어려워지자 다시 유럽으로 돌아갔다. 알프스에서는 빙하가 발달하여 골짜기에 자리 잡은 마을을 덮치기도 하였다.

다시 앞에서 제시한 그래프로 돌아가 보자. 우리는 150년 전에 시작된 '현대 온난기'에 살고 있다. 새롭게 시작된 이 온난기에 세계 각지에서 문명이 더욱 발달하였고, 농업생산력이 증가하였다. 높아진 기온 때문에 많은 사람들은 지구온난화를 걱정하고 있고, 또 다른 사람들은 빙하기의 도래를 걱정하고 있다.

브뤼겔(Pieter Bruegel, 1525~1569)의 풍속화 벨기에 풍속화가 브뤼겔의 그림에는 유난히 춥고 을씨년스러운 겨울 풍경이 많이 등장한다. 이를 통해 당시 유럽 지역에 나타난 소빙기의 모습을 이해할 수 있다.

| 기후변화의 악순환 | 기후변화의 원인은 다양한 주제 아래 연구되고 있는데, 대체로 몇 가지 이론이 주목을 받고 있다. 대규모 화산 폭발로 발생한 화산재가 지구를 뒤덮으면서 기온이 내려간다는 것, 태양의 흑점이 많이 나타날수록 지구의 기온이 온화해진다는 것, 지구의 자전축이나 공전궤도의 변화와 지구의 기온 변화가 밀접한 관련이 있다는 것 등이 바로 그것이다.

최근에는 '해양 컨베이어 벨트*시스템의 변화'에 대한 연구가 활발히 이루어지고 있다. 유럽 여러 국가의 학자들은 그린란드에서 시추한 빙핵과 주변 바다에서 채취한 해양 퇴적물을 연구 분석한 결과, 지구의 기후변화에 해양 컨베이어 벨트 시스템의 변화가 큰 영향을 미쳤다는 결론에 이르렀다.

인공위성의 관측 자료를 보면, 북대서양의 그린란드 앞바다에서는 간혹 바닷물이 회오리치며 해저로 빨려 들어가는 거대한 소용돌이_{최대 지름 약 16km}가 발견된다. 이 소용돌이는 미국 동남부 멕시코 만에서 출발한 멕시코 만류가 그린란드 앞바다에서 북극권에 있는 찬 기운의 영향으로 수온이 낮아지고 염분의 농도가 높아짐에 따라 바다 깊은 곳으로 가라앉기 때문에 발생하며, 이는 거대한 해양 컨베이어 벨트를 움직이는 원동력이 된다.

하지만 최근 지구온난화 때문에 북극의 빙하가 녹아내리고, 북극해와 그 주변의 수온이 상승하여 문제가 되고 있다. 만약 이러한 기후변화가 멕시코 만류에서 이동해 온 바닷물에 영향을 주어 그것이 가라앉을 만큼 충분하게 밀도가 높아지지 않는다면, 거대한 해류의 흐름은 끊어질 수밖에 없다. 해류 순환의 고장은 엄청난 기후변화를 불러올 것이며, 결국에는 인류의 생존마저 위협하게 될지도 모른다.

해양 컨베이어 벨트
해류는 바닷물의 일정한 흐름으로, 과학자들은 지구의 바닷속에는 마치 공장의 컨베이어 벨트와 비슷한 거대한 해류의 순환이 있음을 발견하였으며, '해양 컨베이어 벨트'라고 이름 붙였다. 해류가 발생하는 데는 수온, 염분 농도, 바람, 해저지형, 위도 등 여러 요인이 영향을 미치는데, 해양 컨베이어 벨트가 순환하게 되는 가장 주된 원인은 바닷물의 염분 농도와 수온 차이로 인한 밀도의 변화 때문이다.

기후변화로 인한
방글라데시의 고통

방글라데시

우영에게

우영아, 책을 읽다가 네가 지난달에 갔던 우르에 대해 흥미로운 사실을 알게 되었단다. 너도 잘 알다시피 우르는 유프라테스 강 서쪽에 자리 잡은 메소포타미아 문명이 잉태된 곳이지. 연 강수량이 200mm 이하의 건조하고 황량한 이곳에서 어떻게 고대 문명이 발달했는지 궁금하다고 했잖니. 그런데 인류학자 브라이언 페이건이 그 의문에 대한 답을 내놓았지. 모든 원인은 바로 '기후변화'였어.

기원전 6000년경 우르 부근에 촌락이 처음 출현할 때만 해도 그곳에는 강수량이 많았단다. 홍수는 잦았지만 관개시설을 잘 갖추고 있어서 상관없었지. 농업 생산물이 늘어나면서 도시도 번성했어. 하지만 기원전 3800년부터 인도양에서 불어오는 계절풍의 경로가 남쪽으로 이동하면서 강수의 형태뿐 아니라 지역 환경도 달라진 거야. 이후 메소포타미아 사람들의 삶은 전과 같지 않았지. 이를 통해 기후가 인류의 삶에 얼마나 많은 영향을 끼치는지 알 수 있단다.

우영아, 이런 일이 오늘날에도 일어나고 있어. 바로 방글라데시에서 말이야. 수업 시간에 배웠듯이 방글라데시는 계절풍의 영향을 받는 전형적인 열대계절풍기후의 나라야. 계절풍과 저기압 때문에 생기는 큰비는 홍수를 일으켜 국토 대부분이 침수되지만 이런 기후는 비옥한 충적 지형을 선사하기도 했어. 그러나 지난 20년간 일어난 기후변화는 방글라데시를 송두리째 뒤

다카의 도시 빈민가

방글라데시의 수도 다카의 홍수

기후변화로 물 부족 사태를 겪고 있는 방글라데시 주민들

흔들고 있단다. 자연재해가 더욱 잦아져 그 피해가 심각해지고 기후의 리듬이 깨지기 시작한 거야. 원래 비가 많이 오지 않는 5월에 비가 쏟아지고, 비가 내리던 4월에는 비가 오지 않는다고 하는구나. 그러니 당연히 벼농사에 피해를 주겠지. 또 기후변화로 해수면이 상승하면서 벵골 만 연안의 섬들이 잠기기 시작하였고, 섬을 떠난 주민이 도시 빈민으로 전락하고 있다는 거야. 참으로 가슴 아픈 일이 아닐 수 없다. 잘못한 게 없는데 그들이 그런 고통을 겪어야 하니 말이다.

　그렇지 않아도 방글라데시의 저지대는 매년 닥쳐오는 사이클론으로 큰 피해를 입던 곳인데, 그들의 미래가 더욱 걱정되는 요즘이란다. 이제 기후변화는 과학적 논쟁의 대상이 아니라 하루빨리 적응해야 하는 엄연한 현실이 된 거지. 기후변화가 사람들에게 이렇게 많은 영향을 끼친다는 사실이 놀랍고도 두렵지 않니?

선생님이

IV 지형, 경이로운 세계를 조각하다

미국의 그랜드캐니언

지구가 탁구공이라면
지각은 탁구공 껍질보다 얇다.

그 얇은 껍질에서 가장 높은 곳은 8,848m의 에베레스트 산,
가장 깊은 곳은 11,034m의 비타아즈 해연.

에베레스트 산과 비타아즈 해연 사이에
대륙을 가로지르는 거대한 산맥과 하천이 있고,
끝이 보이지 않는 광활한 평원과 사막이 펼쳐진다.
극권과 고산지대는 빙하로 덮여 있고,
활화산의 불구멍 속에는 뜨거운 마그마가 끓고 있다.
석회암은 석회동굴을 품고,
현무암 지대는 용암동굴을 품는다.

산맥과 하천, 평야와 사막,
빙하와 화산, 그리고 수많은 동굴.

이들은 맨틀의 솟구침과 태양에너지와 대기의 순환으로
끊임없이 만들어지고 시시때때로 지워질 것이다.
지구의 생명이 다하는 그 날까지.

1 지각의 변화를
이끄는 힘

상전벽해란 뽕나무밭이 변해 푸른 바다가 된다는 말로, 변화가 심한 세상일을 말할 때 종종 쓰는 표현이다. 그런데 지형을 공부하다 보면 상전벽해란 말이 딱 들어맞을 때가 많다. 땅이 바다 밑으로 가라앉기도 하고, 바닷속에 있던 땅이 솟아올라 높은 산을 이루기도 하기 때문이다. 과연 어떤 힘이 작용하기에 이런 일이 생기는 것일까?

│ 지형 변화의 모태, 지각 생성의 파노라마 │ 지구는 탄생 초기에 태양 주위를 불규칙하게 맴도는 거대한 불덩어리 상태였다. 가장 중심부인 핵에서는 방사성 물질이 붕괴되고, 가장 바깥쪽인 지표면에서는 우주에서 비처럼 쏟아지는 운석들이 끊임없이 충돌하였다. 표면 온도는 1,000℃ 이상이었고, 중심 온도는 6,000℃에 육박해 활활 타오르는 불덩어리와 다름없었다.

그러나 약 40억 년 전 지구의 공전이 점차 안정을 되찾고 쏟아지던 운석의 비가 멈추면서 지구는 서서히 식어 갔다. 지구의 온도가 내려가자 지구를 감싸고 있던 대기의 온도도 내려갔고, 지표에서 대기로 증발된 수증기는 점점 더 두터운 구름층을 형성하였다. 지구의 온도가 300℃에 이를 만큼 식어 버리자, 구름층은 더 두터워지지 않았고, 수만 년에 걸쳐 마치 하늘이 뚫린 듯 비가 쏟아졌다. 이 비는 지구를 더욱 식혀 주었고, 용암처럼 들끓던 지구의 표면은 비를 맞으며 점차 암석으로 굳어져 딱딱한 지각이 되었다.

흔히 양파 또는 달걀에 비유하는 지구의 내부 구조는 핵, 맨틀, 지각 등 3개의 층으로 구성된다. 그중 지구를 둘러싸고 있는 지각은 평균 두께가 10km 정도인 해양지각과 30km 정도인 대륙지각으로 구분된다. 지각은 모두 17여 개의 크고 작은 판 조각으로 모자이크를 이루고 있는데, 이 판들은 맨틀의 파동에 따라 끊임없이 움직인다.

지구를 둘러싸고 있는 가장 바깥 부분인 지각 표면의 특징적인 형태를 지형이라고 한다. 지형의 역사는 지각이 생성된 시점에서부터 시작되었으며, 지금까지도 생성과 소멸을 반복하며 변화를 거듭하고 있다. 이처럼 지형을 끊임없이 변화시키는 에너지를 영력營力이라고 한다. 영력은 크게 지구 내부에서 발생하는 에너지로, 지각판들을 움직이게 하는 내적 영력과 태양에너지처럼 지구 외부에서 지형의 변화를 일으키는 외적 영력으로 구분된다.

지구의 탄생과 내부 구조
지구는 핵, 맨틀, 지각으로 구성된다. 지각판 밑에서는 맨틀의 대류가 활발한데, 이 과정에서 지구 내부에너지가 지각에 전달된다. 이 에너지에 의해 지각변동이 일어나 다양한 지형이 형성된다.

대기권
지각
지각
맨틀
맨틀
외핵
외핵
내핵

조륙운동

지각판이 넓은 범위에 걸쳐 융기하거나 침강하여 고원이나 대지 등을 만드는 현상이다. 지각은 밀도가 큰 맨틀 위에 떠 있으면서 힘의 평형을 유지하려는 성질이 있다. 따라서 지각의 일부가 풍화·침식에 의해 깎여 나가 가벼워지면 융기하고, 반대로 침식 물질들이 운반·퇴적되어 무거워지면 침강한다.

조산운동

지각판이 횡압력을 받아 물결 모양의 주름진 지형을 만드는 습곡 작용과 지각의 균열로 지층이 어긋나 변형된 지형을 만드는 단층 작용에 의해 대규모 산맥이 생겨나는 현상이다.

화산활동

지하 깊은 곳에서 생성된 고온·고압의 마그마가 지각의 약한 틈을 따라 지표 가까운 곳까지 올라와 있다가 내부 압력이 높아짐에 따라 지표 밖으로 분출하는 활동을 화산활동이라고 한다. 지각을 뚫고 붉은 마그마가 분출하는 화산은 가장 역동적인 자연현상으로 지구가 살아 있는 행성임을 보여 준다. 화산활동은 조산운동이 일어나고 있는 환태평양조산대와 알프스-히말라야조산대에 집중되어 발생하며, 지진을 동반하기 때문에 많은 피해를 끼친다.

| **아메리카 대륙과 아프리카 대륙의 이별** | 아메리카 대륙의 동안과 아프리카 대륙의 서안은 마치 비스킷을 잘라 놓은 양 서로 맞물리는 것처럼 보인다. 게다가 두 대륙을 끌어다 붙이면 비슷하게 들어맞는다.

이처럼 지구의 6대륙은 지금으로부터 약 2억 년 전 판게아^Pangaea라고 불리는 하나의 거대한 초대륙을 이루고 있었다. 초대륙은 약 1억 3,500만 년 전부터 서로 분리·이동하여 지금과 같은 모습이 되었다. 그렇다면 이렇게 큰 대륙을 6개의 대륙으로 분리시킨 힘은 어디서 왔을까?

그 힘의 원천을 알기 위해서는 지구 내부의 구조를 살펴보아야 한다. 지각판 밑에는 액체와 고체의 중간 성질을 가진 두께 2,800km의 맨틀이, 그 아래에는 4,700℃에 이르는 뜨거운 핵이 있다. 핵에 의해 뜨겁게 달구어진 맨틀은 솟아올랐다가 차차 식으면서 가라앉는 이른바, 상승과 하강을 반복하는 '맨틀의 대류'를 하게 된다. 맨틀의 대류 과정에서 발생한 지구 내부의 에너지는 지각판을 좌우로 밀어내어 지각판끼리 서로 분리하거나 충돌하게 하며, 서로 위로 밀어 올려 지각판을 깨뜨리기도 한다. 또 지표면의 약한 틈을 따라 마그마를 뿜어내는 등 다양한 지각변동을 일으킨다. 결국, 대륙의 충돌과 분리를 일으키는 힘의 원천은 바로 지구 내부의 에너지인 것이다. 지구 내부의 에너지에 의해 지표의 기복이 생성·변화·소멸하는 것을 지형 형성의 내인적 작용이라 하며, 이는 조륙운동■·조산운동■·화산활동■ 등을 통해 주로 대륙 규모의 거대한 지형을 형성하는 데 영향을 준다.

판의 움직임에 의해 만들어지는 지형

맨틀의 대류에 의해 움직이는 지각판들은 지표에 다양한 지형을 만들어 낸다. Ⓐ처럼 판과 판이 맞물려 올라가면서 산지를 형성하는 곳도 있고, Ⓑ처럼 깊은 해저에서 일어나는 화산활동으로 새로운 지표가 형성되기도 한다. Ⓒ는 판이 꺾이면서 단층을 볼 수 있는 곳이다.

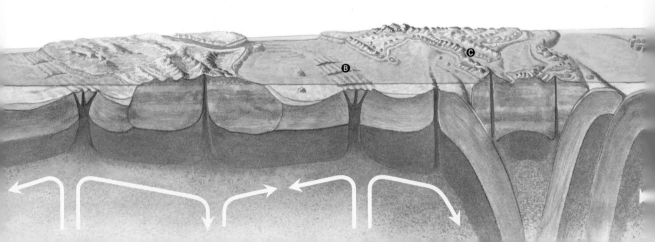

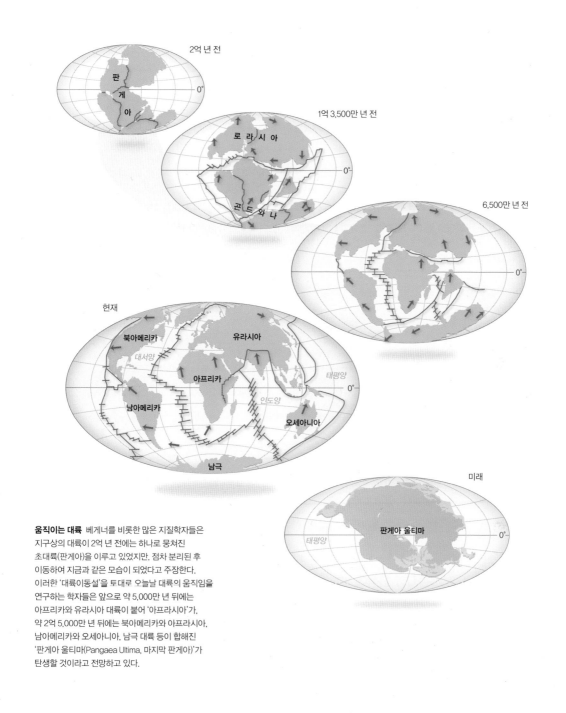

2억 년 전

판 게 아

0°

1억 3,500만 년 전

로 라 시 아

곤 드 와 나

0°

6,500만 년 전

0°

현재

북아메리카

유라시아

대서양

아프리카

태평양

남아메리카

인도양

0°

오세아니아

남극

미래

태평양

판게아 울티마

0°

움직이는 대륙 베게너를 비롯한 많은 지질학자들은 지구상의 대륙이 2억 년 전에는 하나로 뭉쳐진 초대륙(판게아)을 이루고 있었지만, 점차 분리된 후 이동하여 지금과 같은 모습이 되었다고 주장한다. 이러한 '대륙이동설'을 토대로 오늘날 대륙의 움직임을 연구하는 학자들은 앞으로 약 5,000만 년 뒤에는 아프리카와 유라시아 대륙이 붙어 '아프라시아'가, 약 2억 5,000만 년 뒤에는 북아메리카와 아프라시아, 남아메리카와 오세아니아, 남극 대륙 등이 합해진 '판게아 울티마(Pangaea Ultima, 마지막 판게아)'가 탄생할 것이라고 전망하고 있다.

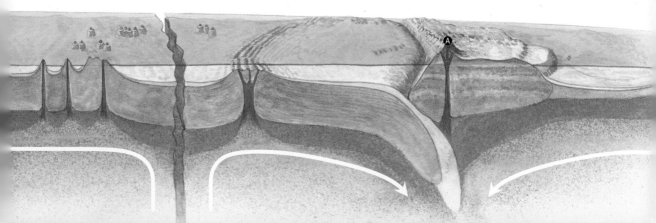

◉ 대륙이동설을 주장한 알프레드 베게너

독일의 기상학자이자 지구물리학자인 베게너(Alfred L. Wegener)는 아프리카 서안과 남아메리카 동안이 마치 퍼즐처럼 들어 맞는 것에 주목하고 동식물 화석과 고생대 말 빙하퇴적층이 양 대륙에 공통으로 분포한다는 점, 지질구조가 서로 일치한다는 점 등을 들어 1915년 '대륙이동설(continental drift theory)'을 주장하였다.

베게너는 과거 지구의 모든 대륙은 '판게아'라고 불리는 초대륙이었으나, 점차 분리·이동하면서 지금과 같이 떨어지게 되었다고 주장하며 대륙을 마치 맨틀 위를 떠다니는 살아 있는 생명체처럼 소개하였다. 당시에는 대륙 이동을 명쾌하게 설명할 수 없어 많은 비판과 큰 파장을 불러일으켰지만 과학기술의 발달에 따른 여러 과학적 증거가 분명해지면서 중요한 이론으로 인정받게 되었다.

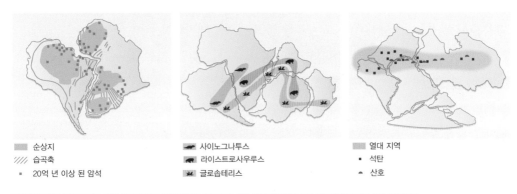

■ 순상지
/// 습곡축
■ 20억 년 이상 된 암석

■ 사이노그나투스
■ 라이스트로사우루스
■ 글로솝테리스

■ 열대 지역
● 석탄
▲ 산호

베게너의 대륙 이동 증거들 첫째, 남아메리카 동쪽 해안과 아프리카 서쪽 해안의 형태가 비슷하고 지질구조가 연속성을 띤다. 둘째, 비슷한 시기에 살았던 고생물의 화석이 두 대륙에서 모두 발견된다. 셋째, 현재와 다른 고기후대의 흔적들이 나타난다. 예를 들어, 현재의 인도 남부는 빙하가 만들어질 수 없는 지역인데, 빙퇴석이 발견되는 것은 과거 인도 대륙이 남극 지방에 있을 때 형성된 증거라는 것이다.

│ **풍화와 침식에 의한 지표의 순환** │ 지구 내부의 에너지는 조륙·조산운동과 화산활동 등을 발생시켜 대륙이나 산맥과 같은 큰 틀의 지형을 만든다. 반면 삼각주, 선상지, 동굴, 모래언덕, 갯벌 등 비교적 작고 독특하며 다양한 지형은 지구 외부의 에너지인 태양에너지와 중력에 의해 만들어진다.

태양에너지는 물과 공기를 순환시키는 주요 원동력으로, 비, 눈, 바람 등의 기상 현상과 파랑과 조류의 운동 등을 발생시킨다. 이러한 작용이 지형의 큰 틀에 끊임없이 작용하면서 지표면을 깎거나 부설물을 쌓으며 세세한 지형들을 만드는 것이다. 또 높은 곳의 암석이나 빙하가 중력에 의해 경사면 아래로 끌어 내려지는 과정에서도 지형이 변화한다.

오늘날 많은 학자들은 지표 위에서 일어나는 지형의 생성·변화·소멸 메커니즘을 암석의 순환과 관련지어 설명하기도 한다. 크고 단단한 암석도 오랜 시간 동안 비, 바람, 태양열 등에 의해 풍화와 침식을 받으면서 자갈과 모래로 부서진다. 자갈과 모래는 하천에 이끌려 바다로 흘러 들어가 퇴적된 후 굳어져 다시 단단한 암석이 된다. 이 과정에서 암석은 그 크기나 형태가 변할 뿐 아니라, 열과 압력을 받으면서 성질도 변하는 순환이 함께 일어난다.

지구의 지각은 암석권으로 이루어져 있기 때문에 암석의 순환이 거듭되며 지형마저 변화시킨다. 그러므로 암석을 분석·연구하는 것은 지형의 형성 과정을 밝혀내는 실마리가 된다.

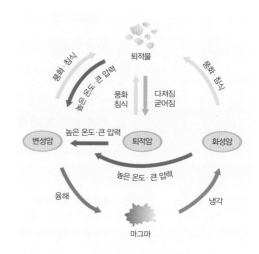

암석의 순환 암석의 순환은 지진이나 화산활동과 같은 지각변동이 자주 발생하는 곳에서 활발하게 진행되는데, 이때 암석의 생성·변화되는 기록을 고스란히 담게 된다. 이 때문에 암석은 지질사 연구의 출발점이기도 하다.

지구 외부 에너지에 의한 지형 형성 과정

지구의 표면에서는 풍화와 더불어 비, 눈, 바람 등에 의한 침식·퇴적이 끊임없이 일어난다.
그 결과 험준한 산지와 평야, 해안 등 다양하고 세세한 지형이 만들어진다.

| **암석의 강자, 화강암으로 본 지형 형성 작용** | 지형을 형성하는 힘인 내인적 작용과 외인적 작용은 개별적이기보다 복합적으로 작용하며, 힘의 균형 상태에 따라 다양한 지형이 생성된다.

세계 3대 미항의 하나인 브라질의 리우데자네이루로 눈을 돌려 지형이 내인적·외인적 작용을 동시에 받으면서 어떻게 형성되었는지 그 과정을 살펴보자.

슈거 로프 형성 과정
마그마의 관입과 지각의 융기는 지형 형성의 내인적 작용에 해당하며, 지표나 화강암의 풍화 및 침식은 지형 형성의 외인적 작용에 해당한다.

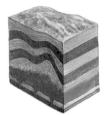   

약 10km 깊이의 지하에서 관입한 마그마가 서서히 냉각되면서 화강암이 생성되었다.

서서히 융기함에 따라 화강암을 덮고 있던 암석이 풍화와 침식으로 조금씩 깎여 나가면서 화강암은 점점 더 지표와 가까워진다.

덮고 있던 지표가 모두 깎이면서 화강암이 전과 다른 환경에 노출된다. 즉 압력과 온도는 낮아지고 공기와 물, 생물과의 접촉은 많아지면서 풍화와 침식이 더욱 빨라진다.

계속된 융기와 풍화·침식으로 화강암의 주변부는 모두 침식되어 사라짐에 따라 화강암이 받던 압력이 사라지게 된다. 이에 따라 팽창한 화강암 덩어리는 판상절리나 박리 작용에 의해 판 모양으로 쪼개져 떨어져 나가고 결국 돔 모양의 바위산이 되었다.

거대한 예수상으로 유명한 리우데자네이루의 코르코바도 언덕에서 과나바라 만을 바라보면, 마치 송곳니를 닮은 해발고도 396m의 거대한 바위가 눈에 들어온다. '설탕 덩어리'란 뜻을 지닌 슈거 로프sugar loaf라 불리는 이 바위의 정체는 화강암이다. 화강암은 지하 깊은 곳에 있던 마그마가 압력에 의해 지각의 약한 틈을 타고 지표 부근으로 올라오다가 지하에서 굳어지며 형성된 암석이다. 지각에 눌려 있던 화강암이 지표 가까이로 올라오면 거대한 압력으로부터 벗어남에 따라 부피가 급격하게 팽창한다. 이 과정에서 화강암에는 수직 또는 수평 형태의 금이 가는 절리 현상이 발생한다. 슈거 로프의 경우 수평의 판상절리▪가 발달하였고, 이후 절리 사이로 빗물이 침입하여 얼고 녹기를 반복하면서 마치 양파 껍질이 벗겨지듯 판상절리를 따라 침식이 진행되어 돔 모양의 바위산이 되었다.

판상절리
암석에 가해지던 압력이 크게 줄어들면서 암석 표면이 지표에 평행하게 판 모양으로 갈라져 틈이 생긴 것을 말한다. 이후 풍화가 계속되면 양파 껍질처럼 암석이 떨어져 나가기도 한다.

◉ 암석의 풍화

단단해 보이는 암석도 지표면에 오랜 시간 노출되면 대기·물·생물·온도의 변화 등 모든 작용에 의해 부서지거나 변질되는데, 이러한 현상을 풍화라고 한다. 풍화에는 암석의 구성 물질이나 성질이 변화하는 화학적 풍화와 단순히 부서져 모양과 부피만 변화하는 물리적(기계적) 풍화, 뿌리나 미생물 등에 의한 생화학적 풍화와 공기나 물의 염분에 의한 염풍화 등이 있다. 이러한 풍화는 동시에 발생하는데, 암석의 구성 물질과 기후, 지형 등에 따라 그 종류와 속도가 달라진다. 일반적으로 기온이 높고 습도가 높은 환경에서 풍화가 빠르게 일어나며, 특히 기계적 풍화보다 화학적 풍화가 강하게 나타난다. 반면 기온이 낮고 강수량이 적으면 풍화의 속도가 느리고 기계적 풍화가 강하게 나타난다.

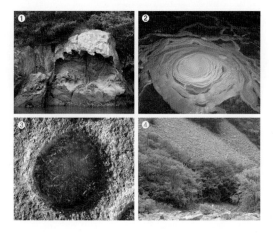

❶ **소금 결정에 의한 염풍화** 바닷물의 소금 결정이 암석을 구성하는 광물 입자 사이에 들어가 점차 입자 간의 틈을 벌려 풍화가 진행된다.
❷ **탄산염 광물로 만들어진 기형 휴석** 물에 용해된 탄산칼슘이 침전되어 기형 휴석과 같은 특이한 탄산염광물이 생성된다.
❸ **이끼류에 의한 화학적 풍화** 이끼와 같은 지의류 생물은 암석의 풍화에 중요한 역할을 한다. 지의류가 암석에 붙어 살면서 지의류가 내뿜는 유기산이 광물을 녹여 암석을 붕괴시키기도 한다.
❹ **기계적 풍화에 의한 테일러스** 암석이 지표에 노출되면 낮과 밤을 거듭하며 태양열에 의해 팽창되고 수축되는 과정을 반복한다. 이 과정에서 암석은 온도와 압력에 변화를 일으켜 균열, 즉 절리가 발생한다. 이 절리의 틈을 따라 물이 들어가 얼고 녹기를 반복하면 결국 암석은 부서지게 된다. 이렇게 부서진 암석 덩어리들이 모여 있는 지형을 테일러스라고 한다.

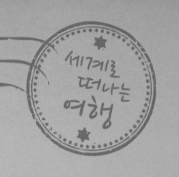

오스트레일리아
● 울루루

지구의 배꼽, 울루루

선생님께

선생님, 혹시 일본 영화 〈세상의 중심에서 사랑을 외치다〉를 본 적 있으세요? 제가 무척 좋아하
는 영화예요. 그래서 이번 여행을 계획할 때 그 영화에 나온 오스트레일리아의 울루루는 꼭 가
보겠다고 별렀어요. 울루루는 이른바 '아웃백'이라고 불리는 오지에 있어요. 아, 울루루는 '지구
의 배꼽'이라는 별칭을 가진 사암질의 거대한 바위로, 단일 바위로는 세계에서 가장 크다네요.

이 거대한 바위의 탄생에 관한 비밀을 알기 위해 가이드의 설명을 열심히 들었어요. 정확한 연대를 측정할 수는 없지만 대략 6억 년에서 9억 년 전에 형성되었을 거라고 했어요. 오스트레일리아 대륙이 아프리카 및 남아메리카 대륙과 이어져 있던 시대까지 올라가는 거죠. 당시 울루루 주변의 사막지대는 지금의 지중해와 같은 내륙에 있는 바다였대요. 그 바다에 있는 모래가 점차 퇴적하였고 그것이 사암을 형성했다더군요. 이후 사암층이 지각변동으로 융기하여 거대한 산군(山群)을 형성하였는데, 침식에 약한 부분이 모두 깎여 나가고 가장 단단한 부분만 남아 지금의 울루루가 되었다네요.

울루루의 가장 아름다운 모습은 석양에 반사되어 붉게 타오를 때였습니다. 인상적인 붉은색은 바로 울루루가 사암이기 때문에 더욱 두드러지는 것이죠. 붉은색은 쉽게 풍화되는 사암의 특성상 바위의 철분이 산소와 결합해서 나타나는 거래요. 그런데 제 옆에 있던 한 여행자가 이 붉은색은 오스트레일리아의 원주민인 애버리지니의 핏방울일지도 모른다는 이야기를 했어요. 울루루는 애버리지니에게 가장 성스러운 곳이었지만, 한때 오스트레일리아 초대 수상 헨리 에어즈(Henry Ayers)의 이름을 따 '에어즈 록'이라고 불리기도 했대요.

1978년 에어즈록은 다시 울루루라는 이름을 되찾았고, 관리도 원주민이 하게 되었다고 해요. 실제로 울루루에서 일하는 사람 중에는 애버리지니가 많아요. 그런데 울루루에 얽힌 이야기를 듣고 곳곳에 설치된 레일과 관광객으로 북적이는 울루루의 정상을 보니 착잡한 기분이 들었어요. 숙연한 마음으로 가만가만 울루루에 올랐습니다.

제자 우영 드림

애버리지니의 성소, 울루루 단일 바위로 세계에서 가장 큰 오스트레일리아의 울루루는 고생대 이전의 바다에서 모래가 퇴적되어 굳어진 사암이다. 지반 융기 이후 차별침식을 받았고, 단단한 암석의 일부가 남아 지금의 모습이 되었다. 애버리지니가 신성하게 여기는 이곳이 현재는 관광지가 되어 등산객들로 붐비고 있다.

애버리지니를 소재로 한 우표

2 세계의 지붕, 산과 고원

경외감 그 자체인 산이 어떻게 형성되었는지는 수 세기 동안 풀기 어려운 수수께끼였다. 암석으로 이루어진 산과 산들이 군집한 산맥은 지각운동이 이룩한 가장 장대한 소산이다. 만년설로 덮인 히말라야 산맥의 고봉들은 시간도 생명도 얼어붙은 혹한의 세계를 연출한다. 반면, 꼭대기까지 푸른 동아프리카 지구대의 고산들은 다양한 야생 생물을 먹여 살리고 있다.

인도
오늘날
1,000만 년 전
3,800만 년 전
5,500만 년 전
7,000만 년 전

| 판의 움직임과 지형 형성 | 지표의 1/4은 해발고도 1,000m 이상의 높은 산맥으로 이루어져 있다. 산맥은 넓은 지역에 걸쳐 나타나는 대지형으로, 지각판의 움직임에 의한 산물이다.

지각판이 수평으로 충돌하면 압력 때문에 지층이 물결 모양으로 휘어지

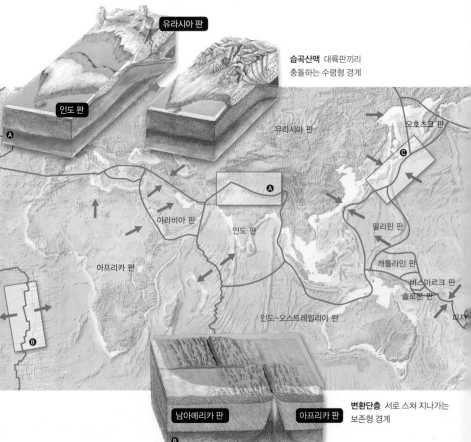

히말라야 산맥의 형성 과정 약 7,000만 년 전 인도 대륙판은 적도를 지나 북쪽으로 이동하여 약 5,000만 년 전에 유라시아 대륙판과 충돌하였다. 인도 대륙판이 계속해서 밀어붙이자 두 대륙의 가장자리는 으깨지면서 서로 맞붙어 올라가 두꺼워졌다. 그 결과 생성된 것이 지금의 히말라야 산맥이다. 히말라야 산맥 가운데 최고봉인 에베레스트 산(8,848m)의 해발고도 8,000m 부근에 나타나는 옐로밴드(노란색 석회암 띠)는 한때 인도 대륙판과 아시아 대륙판을 갈라놓았던 테티스 해의 바닥에 있던 퇴적암인 석회암의 흔적으로, 여기에서 당시 바다에 살던 조개와 산호 등의 화석이 발견된다.

유라시아 판

습곡산맥 대륙판끼리 충돌하는 수렴형 경계

인도 판

오호츠크 판

유라시아 판

아라비아 판

인도 판

필리핀 판

아프리카 판

캐롤라인 판

비스마르크 판

솔로몬 판

피지

인도-오스트레일리아 판

남아메리카 판

아프리카 판

변환단층 서로 스쳐 지나가는 보존형 경계

160

면서 습곡산지가 형성된다. 이러한 산맥의 형성과 관련 있는 판들은 둘 다 대륙판이거나 해양판일 수도 있으며, 서로 다른 종류의 판일 수도 있다.

대륙판끼리 충돌하는 곳에서는 대륙판의 밀도가 서로 비슷해 어떤 대륙판도 맨틀로 내려가려 하지 않는다. 대신 서로 밀어붙이는 힘 때문에 광범위한 습곡과 단층을 수반한 거대 산맥이 형성된다. 아시아의 히말라야 산맥은 인도 대륙판과 유라시아 대륙판의 충돌로 형성되었으며, 유럽의 알프스 산맥은 아프리카 대륙판과 유라시아 대륙판의 충돌로 형성된 것이다.

반면, 해양판과 대륙판이 충돌하면 언제나 밀도가 큰 해양판이 대륙판 아래로 내려간다. 이러한 섭입■에 의해 습곡산지가 형성되는데, 나즈카 해양판과 남아메리카 대륙판의 충돌로 형성된 안데스 산맥이 그 예이다.

또 비슷한 밀도의 해양판끼리 충돌하면 밀도가 더 높은 무거운 판이 다른 판 밑으로 섭입하면서, 고온에 의해 녹게 된 암석의 마그마가 위에 놓인 다른 판의 지각을 뚫고 지표로 분출한다. 이때 원호를 그리며 띠 모양으로 이어지기 때문에 이를 호상열도라고 하는데, 태평양의 마리아나 제도, 쿠릴 열도, 알류샨 열도가 그 예이다.

섭입
지구의 표층을 이루는 판이 서로 충돌하여 한쪽이 다른 쪽의 밑으로 들어가는 현상을 말한다.

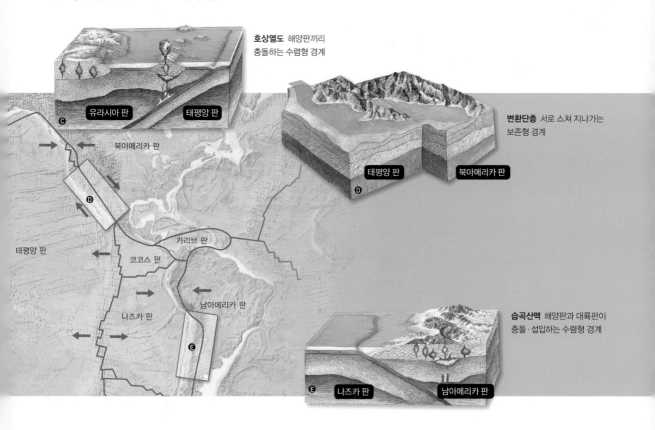

호상열도 해양판끼리 충돌하는 수렴형 경계

유라시아 판　태평양 판

변환단층 서로 스쳐 지나가는 보존형 경계

태평양 판　북아메리카 판

북아메리카 판

카리브 판

태평양 판

코코스 판

나즈카 판

남아메리카 판

습곡산맥 해양판과 대륙판이 충돌·섭입하는 수렴형 경계

나즈카 판　남아메리카 판

스칸디나비아 산맥
우랄 산맥
중앙 시베리아 고원
알프스 산맥
로키 산맥
콜로라도 고원
애팔래치아 산맥
아틀라스 산맥
티베트 고원
히말라야 산맥
태 평 양
대 서 양
아비시니아 고원
0°
인 도 양
브라질 고원
드라켄즈버그 산맥
그레이트디바이딩 산맥
안데스 산맥
신기 습곡 산지
고기 습곡 산지
안정 육괴
0   2,000km

세계의 주요 산지
세계의 대지형은 조산운동을 받은 시기에 따라 안정육괴, 고기 조산대, 신기 조산대로 구분된다.

| **산에도 나이가 있다** | 지각판끼리 충돌하여 형성된 산에도 나이가 있다. 지각판의 가장자리에 위치한 알프스 산맥·히말라야 산맥, 로키산맥, 안데스 산맥 등지에 발달한 산들은 신생대 제3기에 생성된 젊은 산으로 높고 험준하며, 지각이 불안정하여 화산활동과 지진이 자주 일어난다. 반면, 지각판의 경계로부터 멀리 떨어진 곳에 있는 산들은 고생대에 형성된 산으로, 큰 지각변동이 없는 가운데 오랜 기간 침식을 받아 낮고 완만한 구릉성 산지를 이룬다. 우랄 산맥, 애팔래치아 산맥, 스칸디나비아 산맥 등이 이에 속하며, 여기에는 석탄·철광석과 같은 지하자원이 풍부하게 매장되어 있다.

형성 시기가 가장 오래된 안정육괴는 고생대 이전에 있었던 심한 지각변동 후 완만한 조륙운동과 오랜 침식으로 기복이 적고 안정된 지형을 말한다. 안정육괴에는 방패를 엎어 놓은 듯 평평한 순상지와 수평상의 넓은 탁자 모양의 탁상지 및 오랫동안 지각변동을 받지 않아 수평을 유지한 구조평야 등이 발달한다.

| 둘로 갈라지는 아프리카 대륙 | 19세기 말 아프리카를 탐험하고 유럽으로 돌아온 탐험가들 사이에는 이상한 소문이 돌았다. 홍해 남단에서 모잠비크에 이르는 이상한 광경의 골짜기에 대한 소문이었다. 당시 과학자들은 그 계곡이 침식에 의해 형성된 것이 아님을 알고 있었다. 그렇다면 어떻게 그 장대한 골짜기가 만들어진 것일까?

지각판이 움직일 때 지각판의 양쪽에서 밀거나 끌어당기는 힘이 크게 작용할 경우 균열^{단층선}이 생기면서 지각의 일부가 내려앉아 양옆으로 절벽이 발달한 오목한^凹 모양의 단층산지가 발달하게 되는데, 이러한 지형은 세계 곳곳에서 볼 수 있다. 시베리아 동남부의 바이칼 호 일대, 미국 유타 주 서부에서 캘리포니아 동부에 이르는 지역, 그리고 유럽 탐험가들이 이상하게 여겼던 동아프리카 지구대가 바로 그 예이다.

특히, 동아프리카 지구대의 경우 단층 작용이 일어나면서 탕가니카 호, 니아사 호와 같은 길고 좁은 형태의 호수가 생겨났으며, 케냐 산과 킬리만자로 산 등 높은 산지가 형성되었다. 약 2,000만 년 전에 시작된 단층과 침강은 계속되고 있어, 앞으로 1,000만 년 후에는 아프리카 대륙이 둘로 나뉠 것이라는 예측도 나온다. 지금도 지구대 지역에서 지진이나 용암 분출 등이 활발하게 일어나는 것은 모두 지구대의 지속적인 움직임을 보여 준다.

동아프리카 지구대 동아프리카 지구대는 북쪽의 요르단에서 시작해 사해를 지나 홍해를 거쳐 동아프리카를 종단하여 잠베지 강에 이르는 장장 6,400km 길이의 단층선이다. 계곡의 양쪽 절벽의 높이는 900~2,700m에 이를 정도로 깊고, 폭은 평균 50km에 이를 만큼 거대한 규모이다.

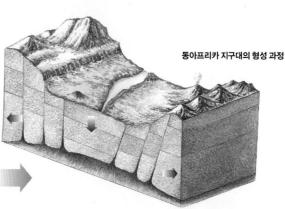

동아프리카 지구대의 형성 과정

| **세계의 용마루, 티베트 고원** | 중국의 윈난 성과 쓰촨 성의 차茶를 티베트의 말馬과 교역한 데서 유래한 차마고도茶馬高道는 실크로드보다 200여 년 앞선 인류 역사상 가장 오래된 동서 문명의 교역로이다. 평균 해발고도 4,000m 이상인 티베트 고원의 험준한 산지 사이의 아찔하게 깊은 계곡을 따라 교역에 나선 마방▪들은 차, 말, 소금, 약재, 금, 은 등을 실어 날랐다. 차마고도가 지나는 티베트 고원은 세계에서 가장 높은 곳에 자리 잡고 있어 '세계의 용마루'로 통한다.

세계의 산지 곳곳에는 티베트 고원처럼 고도는 높지만 비교적 기복이 적은 고원지대가 발달하였다. 고원은 조륙운동에 의해 지각이 융기하거나 오랜 시간 동안 침식되어 만들어지기도 하고, 마그마가 분출하여 용암대지를 형성할 때 만들어지기도 한다.

평탄한 지각이 점진적으로 융기하여 형성된 고원을 융기 고원이라 하는

마방(馬幇)
'사람을 돕는 말의 무리'라는 뜻으로.
지역적 특성을 지닌 운송 조직이자
상업 집단이다. 티베트 자치구의
경계에 위치한 옌징 마을에는 아직도
마방이 존재한다.

차마고도 가장 오래된 동서 문명의 교역로로 길이 약 5,000km, 평균 해발고도 4,000m에 이른다. 가파르고 험준한 길이지만 경치가 아름답기로 유명하다.

데, 중국의 티베트 고원과 미국의 콜로라도 고원이 대표적이다. 티베트 고원은 과거 히말라야 산맥이 형성되는 과정에서 그 주변의 평평한 지역이 함께 융기하여 생겨난 것으로 약 3,000만 년 전에 현재의 높이에 이르렀다. 융기 이후 오랜 침식 과정이 더해지면서 지금의 준평원을 이루게 된 것이다. 로키 산맥에 의해 대평원과 분리된 콜로라도 고원은 장장 6,500만 년 동안 계속된 지반 융기로 형성되었다. 특히, 그랜드캐니언은 이 고원을 흐르는 콜로라도 강에 오랫동안 침식되어 형성된 거대한 협곡으로 유명하다.

한편, 해발고도가 높은 곳에서 지각의 갈라진 틈으로 분출한 용암이 넓은 곳을 메워 형성된 용암대지가 고원을 형성하기도 한다. 세계적인 목화 산지로 유명한 인도의 데칸 고원과 우리나라의 개마고원이 용암대지에 속한다.

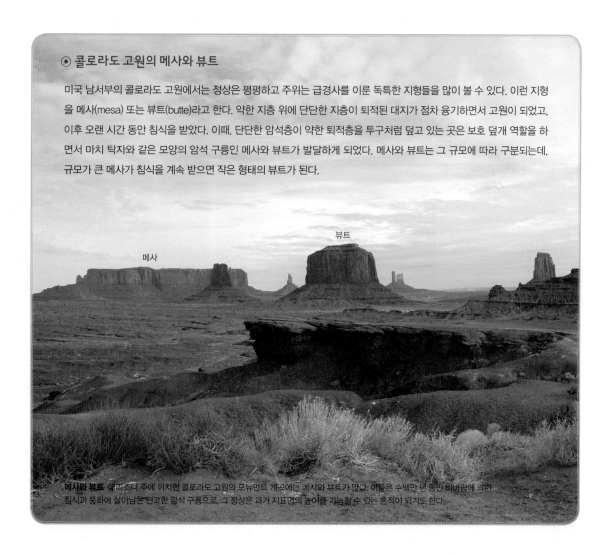

◉ 콜로라도 고원의 메사와 뷰트

미국 남서부의 콜로라도 고원에서는 정상은 평평하고 주위는 급경사를 이룬 독특한 지형들을 많이 볼 수 있다. 이런 지형을 메사(mesa) 또는 뷰트(butte)라고 한다. 약한 지층 위에 단단한 지층이 퇴적된 대지가 점차 융기하면서 고원이 되었고, 이후 오랜 시간 동안 침식을 받았다. 이때, 단단한 암석층이 약한 퇴적층을 투구처럼 덮고 있는 곳은 보호 덮개 역할을 하면서 마치 탁자와 같은 모양의 암석 구릉인 메사와 뷰트가 발달하게 되었다. 메사와 뷰트는 그 규모에 따라 구분되는데, 규모가 큰 메사가 침식을 계속 받으면 작은 형태의 뷰트가 된다.

뷰트

메사

메사와 뷰트 애리조나 주에 위치한 콜로라도 고원의 모뉴먼트 계곡에는 메사와 뷰트가 많다. 이들은 수백만 년 동안 비바람에 의한 침식과 풍화에 살아남은 견고한 암석 구릉으로, 그 정상은 과거 지표면의 높이를 가늠할 수 있는 흔적이 되기도 한다.

| **신이 머무르는 성소이자 사람들의 삶터** | 하늘에 가까이 있고 세상을 내려다보는 산은 동서양을 막론하고 오래전부터 신이 머무르는 성스러운 곳으로 여겨 숭배와 경외의 대상이었다. 그리스 신들이 모여 사는 올림푸스 산이 그러하고, 신이 사는 곳으로 여겨 입산이 금지된 네팔의 마차푸차레, 국가의 안녕과 발전을 위해 제를 올렸던 중국의 태산, 그리고 한민족의 기원지로 성스럽게 여기는 우리나라의 백두산 등이 그러한 사실을 뒷받침한다.

세계 인구의 약 1/10이 살고 있는 산은 비단 산악 지대 주민들뿐 아니라 모든 인류에게 매우 중요하다. 산지 빙하가 녹은 물과 고원에서 발원한 하천수는 사람들의 식수를 비롯한 수자원이 되고 있으며, 광물 자원을 비롯하

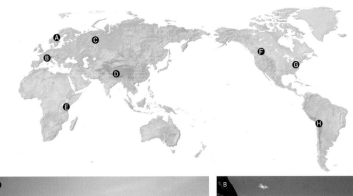

ⓐ 스칸디나비아 산맥의 서부 해안
스칸디나비아 반도의 주축을 이루는 스칸디나비아 산맥의 서쪽에는 빙하 때문에 형성된 좁고 긴 피오르 협만이 발달해 있다. 이 협만은 항구가 발달하는 데 유리하고 훌륭한 관광 자원이다.
ⓑ 알프스 산지의 에모송 댐 알프스 산맥은 남부 유럽과 서부 유럽의 문화적 경계가 되는 높고 험준한 산지로, 정상에는 빙하가 발달해 있다. 자연경관이 아름다운 세계적인 관광지이며, 빙하가 녹은 물을 모아 중·소형 수력발전을 하기도 한다.
ⓒ 침엽수림이 우거진 우랄 산맥 유럽과 아시아의 문화적 경계이자 유럽 평원과 시베리아의 자연적 경계 역할을 한다. 석탄, 철, 구리, 크롬, 니켈 등 지하자원이 풍부하여 '광산 우랄'이라는 별명이 있다.
ⓓ 히말라야 산맥의 마차푸차레 산 높이 6,993m의 산으로, 산봉우리가 물고기 꼬리처럼 생겼다 하여 '피시테일(fish's tail)'이라고 부른다. 현지 주민들은 이곳을 신이 사는 신성한 곳이라 여겨 등반을 금지해 히말라야 유일의 미등정 산으로 유명하다.

여 가구용 목재에서 땔감, 약초 등에 이르기까지 많은 재화를 공급해 주기 때문이다.

한편, 산지는 지역 간 교류의 장애가 되어 문화권을 나누는 경계가 되기도 한다. 히말라야 산맥은 힌두교 중심의 인도 문화권과 유교 및 불교 중심의 중국 문화권을 나누는 경계가 된다. 알프스 산맥은 지중해성기후가 나타나는 남부 유럽과 서안해양성기후가 나타나는 서부 유럽의 경계가 된다.

공기가 희박한 데다 기온의 일교차가 심한 고산지대에서도 사람들이 삶의 터전을 마련하고 생을 이어간다. 특히, 열대기후 고산지대는 저지대보다 기온이 서늘하여 일찍부터 원주민의 삶터가 되었고, 오늘날에는 인구가 밀집한 고산도시들이 발달하고 있다.

삼림으로 우거진 산은 동식물의 서식지로서 생태계에서 매우 중요한 역할을 한다. 그러나 최근 관광 휴양지로 만들기 위해 무분별하게 개발되고 있어 산악 생태계가 크게 위협받고 있다. 또한 과도한 경작으로 산사태의 위험이 높아져 집중호우가 내리면 인명과 재산 피해가 속출하고, 지구온난화로 산지 빙하가 빠르게 녹으면서 눈사태와 홍수 등이 더 자주 발생하고 있다.

ⓔ **킬리만자로 산** 탄자니아 북동부와 케냐의 국경 지대에 있는 아프리카 대륙 최고봉(5,895m)으로, 스와힐리어로 '번쩍이는 산'이라는 뜻이다. 적도 부근에 위치하면서도 만년설로 덮여 있으나 최근 강설량의 부족으로 빙하가 급격히 줄어들고 있다.

ⓕ **로키 산맥** 로키 산맥은 형성 시기가 오래되지 않아 높고 험준하다. 산지 사이에 고원과 사막이 발달해 있으며, 태평양 연안을 따라 화산활동과 지진이 자주 일어난다.

ⓖ **애팔래치아 산지의 탄광** 오랜 시간 동안 침식을 받아 낮아진 애팔래치아 산지에는 철광석과 석탄 등이 많이 매장되어 있다. 산지의 풍부한 석탄은 미국의 근대 공업 발달에 크게 기여하였다.

ⓗ **안데스 산지에 발달한 고산도시 쿠스코** 페루의 고산도시 쿠스코는 해발고도 3,399m에 위치한다. 이외에도 안데스 산지에는 라파스(볼리비아, 3,693m), 키토(에콰도르, 2,850m), 보고타(콜롬비아, 2,610m), 멕시코시티(멕시코, 2,268m) 등 많은 고산도시가 발달하였다.

네팔
●포카라

산속의 도시, 포카라

우영에게

다음 여행지를 어디로 정할지 고민한다는 네 말에 지도책을 펴놓고 곰곰이 생각해 보았단다.
너에게 나의 첫 외국 여행지였던 포카라를 추천해 주고 싶구나. 포카라는 오지에 있단다. 네팔
의 수도 카트만두에서 서쪽으로 200km 이상 떨어져 있고, 8,000m가 넘는 높은 산봉우리들 사
이에 자리 잡고 있기 때문에 접근하기가 쉽지 않지. 그런데 포카라 인구가 자그마치 19만 명이
넘는다는구나. 네팔에서 두 번째로 큰 도시라고 하니 놀랍지 않니? 이런 곳은 접근성이 떨어지
기 때문에 큰 도시로 성장하기가 어려운데 말이야. 아이러니하게도 포카라가 네팔의 제2의 도
시로 성장한 이유는 접근하기 어려운 곳에 있기
때문이었단다. 단점이 장점이 된 경우라 할까.
히말라야 산맥은 인도 대륙과 티베트 고원 사
이에 있는데, 인도 대륙판이 유라시아 대륙판
을 미는 힘에 의한 조산작용으로 형성되었어.
오래전에 인도는 대륙 크기의 거대한 섬이었
는데 서서히 이동하면서 유라시아 대륙과 부
딪쳐 아시아 대륙에 붙게 된 거지. 신기 조산
대에 속하는 히말라야 산맥은 높고도 험준한
지형이란다. 안나푸르나, 에베레스트, 마나
슬루가 모두 히말라야 산맥의 산이라는 사실
을 떠올리면 그 험준함을 쉽게 짐작할 수 있
을 거야.

포카라는 이런 험난한 지대에 있는 탓에
처음에는 그리 주목받지 못했어. 인도와 티
베트의 국경 지대에 있어 번성하기는 했지

네팔 제2의 도시이자 최고의 휴양도시인 포카라

만년설로 덮인 히말라야를 품은 페와 호 히말라야 산맥의 만년설이 녹아내려 고인 호수로, 안나푸르나 트레킹을 즐기는 관광객들이 휴식을 취하는 곳으로 잘 알려져 있다. 포카라라는 도시 이름은 호수를 뜻하는 네팔어 '포카리'에서 유래하였다.

만, 작은 마을이었을 뿐이었지. 그러다가 1968년에 포카라와 통하는 도로가 뚫리고 히말라야 산맥을 찾는 산악인과 관광객이 늘어나면서 포카라는 지금처럼 관광 및 휴양의 도시로 이름을 알리게 되었어.

　나는 지금도 카트만두에서 버스를 타고 가다 포카라를 처음 만났던 그 순간을 잊을 수 없단다. 8시간을 꼬박 차 안에서 자다 깨다를 반복하며 동트는 새벽빛에 눈을 떴어. 그런데 그 순간, 히말라야의 만년설이 녹아 만들어진 페와 호와 아름다운 산의 절경이 내 눈앞에 가득 펼쳐졌지. 그때의 감동과 희열을 너도 느껴 보길 바란다.

선생님이

3 지구를 적시는 생명줄, 하천

물은 생명의 원천이다. 따라서 물의 이동 경로인 하천은 지구의 생명체를 길러 내는 중요한 역할을 한다. 세계 4대 문명의 발상지가 모두 대하천 유역에 있었다는 사실이 이를 잘 말해 준다. 지구상에 이렇게 풍요로운 하천이 없었다면 인류의 문명은 결코 태동할 수 없었을 것이며, 현재와 같은 인류의 모습도 불가능하였을 것이다.

침식기준면
하천이 바닥을 계속 침식하다가 정지하는 최저의 높이로, 해수면과 일치한다.

감입곡류 하천의 발달 과정 준평원의 대지를 자유곡류하던 하천이 지반의 상승 또는 해수면의 하강으로 침식기준면이 낮아지면서 침식력이 커지면 결국 하곡을 깊이 파헤치며 물길을 바꾼다. 그 결과 융기 이전보다 더욱 깊은 골짜기를 만들며, 물길 양쪽 가장자리에 대칭적인 협곡이 발달하기도 한다.

| **지각 조형의 마술사** | 산악 지대에서 처음 시작되는 물줄기는 보잘것없지만 중력에 이끌려 하류로 이동하면서 여러 지류가 합류되면 하나의 거대한 강을 형성한다. 강물은 하류로 갈수록 유량이 증가하여 강력한 에너지를 얻는다. 흐르는 물 그 자체의 무게 및 충격과, 운반하는 모래, 자갈의 마모와 충돌에 의해 강바닥을 깊게 깎아 내어 협곡을 만들기도 하고, 강기슭을 깎아 내어 물길을 넓히거나 유로를 변경하기도 한다. 또한 침식물을 하류로 운반·퇴적하여 평야를 만들고, 결국에는 바다로 운반·퇴적함으로써 지표를 낮추는 역할을 한다. 하천을 가리켜 '지각 조형의 마술사'라고 부르는 것은 바로 이런 이유 때문이다.

지표를 깎아 내는 하천의 침식력은 지반 운동과 해수면 변동의 영향을 크게 받는다. 지반이 융기하거나 해수면이 하강하면 침식기준면■이 낮아지기 때문에 유속이 증가하고 하천의 침식력도 커진다. 반대로 지반이 침강하거나 해수면이 상승하면 침식기준면이 높아지기 때문에 유속이 감소하여 하천은 침식보다 퇴적이 더 활발해진다. 산지나 구릉지의 구불구불한 골짜기를

따라 흐르는 감입곡류의 발달 과정은 이러한 하천의 침식을 잘 보여 준다.

미국의 콜로라도 고원에 펼쳐진 그랜드캐니언은 지구에서 가장 긴 협곡으로, 하천이 지각을 깎아 내는 역동적인 모습을 확인할 수 있는 곳이다. 과거 준평원 위를 S자형으로 자유곡류하던 콜로라도 강이 지반의 융기로 하천의 경사가 급해지면서 침식력이 증가하여 S자형의 물길을 따라 지반을 깊이 깎아 협곡을 만든 것이다.

⊙ 두부침식의 원형, 나이아가라 폭포

나이아가라 폭포는 이구아수 폭포, 빅토리아 폭포와 함께 세계 3대 폭포이다. 이것은 캐나다와 미국의 국경 사이에 있는 5대호 중에서 이리 호와 온타리오 호로 통하는 나이아가라 강에 위치하며, 높이 48m, 너비 900m에 이르는 말굽 모양의 폭포이다. 현재 두부침식(하천이 상류 쪽으로 침식되면서 강의 길이가 길어지는 현상)이 계속 진행되고 있어 조금씩 상부로 전진하고 있다. 이는 폭포를 형성하는 상부와 하부의 지층이 서로 다르기 때문이다. 상부는 견고한 석회암으로 이루어진 반면, 하부는 비교적 연약한 이판과 사암으로 구성되어 있다. 그 결과 폭포의 물이 떨어질 때 견고한 상부보다 벼랑 하부의 연층을 후벼 내듯이 파헤쳐 깎아 내면, 이후 돌출한 듯 남아 있는 상부의 석회층도 허물어진다. 이런 식으로 벼랑은 해마다 약 1m 정도씩 후퇴하고 있다.

지구의 나이테를 감상할 수 있는 곳, 그랜드캐니언 길이 447km, 너비 6~20km, 깊이 1,500m로, 콜로라도 강이 침식시킨 대협곡의 일부이다. 그랜드캐니언은 시생대 이후 20억 년 동안 지질시대 순으로 차곡하게 쌓인 퇴적층을 한눈에 감상할 수 있는 곳이다. 콜로라도 강의 침식에 의해 속살을 드러낸 대협곡의 폭과 깊이로 보아 하천이 지표를 깎아 내는 힘이 얼마나 강한지를 알 수 있다.

| **바다에서 마감하는 강물의 일생** | 하천은 지표를 깎아 내기도 하지만 하류로 이동하면서 유속이 감소하여 운반 물질이 퇴적되면서 충적 지형을 만들기도 한다. 하천 구간마다 유속과 경사가 다르고 유량도 변화하기 때문에 충적 지형의 형태는 다양하게 나타난다.

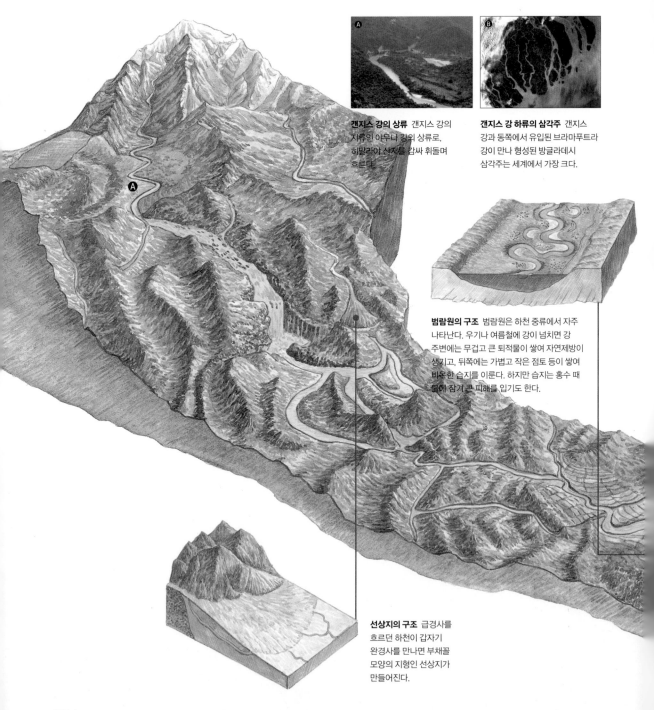

갠지스 강의 상류 갠지스 강의 지류인 야무나 강의 상류로, 히말라야 산지를 감싸 휘돌며 흐른다.

갠지스 강 하류의 삼각주 갠지스 강과 동쪽에서 유입된 브라마푸트라 강이 만나 형성된 방글라데시 삼각주는 세계에서 가장 크다.

범람원의 구조 범람원은 하천 중류에서 자주 나타난다. 우기나 여름철에 강이 넘치면 강 주변에는 무겁고 큰 퇴적물이 쌓여 자연제방이 생기고, 뒤쪽에는 가볍고 작은 점토 등이 쌓여 비옥한 습지를 이룬다. 하지만 습지는 홍수 때 물에 잠겨 큰 피해를 입기도 한다.

선상지의 구조 급경사를 흐르던 하천이 갑자기 완경사를 만나면 부채꼴 모양의 지형인 선상지가 만들어진다.

히말라야 산맥의 중부에서 발원하여 남쪽 힌두스탄 평원을 지나 뱅골 만으로 유입되는 인도의 갠지스 강 유역에 발달한 다양한 충적 지형을 살펴보자. 히말라야 산맥의 험준한 산간지대를 흐르는 갠지스 강 상류는 골짜기가 끝나는 지점에 이르면 갑자기 경사가 완만해지면서 운반해 온 물질이 쌓여 선상지라 불리는 부채꼴 모양의 퇴적 지형이 만들어진다.

하천이 중류로 접어들면 우기의 잦은 범람으로 넓은 범람원을 형성한다. 강물이 범람하면 입자가 큰 모래와 자갈은 하천 주변부에 쌓여 둔덕을 이루고, 입자가 작은 실트와 점토는 둔덕 너머 멀리 쌓여 습지를 만든다. 인도 북부의 힌두스탄 평원은 갠지스 강이 만든 범람원으로, 벼농사가 발달하여 인도 최대의 농업 지역이 되었다.

하류로 이동한 갠지스 강은 마지막으로 바다와 만나는 하구에 이르면 유속이 갑자기 느려져 강물에 실려 온 퇴적물을 하구에 쌓아 삼각주를 형성한다. 세계의 대하천이 바다로 유입되는 하구에는 삼각주가 발달하는데, 삼각주는 토양이 비옥하여 농업생산력이 높다. 삼각주는 대부분 세계적인 곡창지대에 해당하며, 이를 바탕으로 인구 조밀 지대를 이루고 있다.

우각호의 발달 평지에서 하천은 대부분 S자 형태로 자유곡류를 하는데, 시간이 지나면서 강물이 합쳐져 직류하기도 한다. 이때 떨어져 나간 과거의 곡류 부분이 소의 뿔 같다고 하여 '우각호'라고 한다. 우각호는 조그마한 호수나 저수지로 남는다.

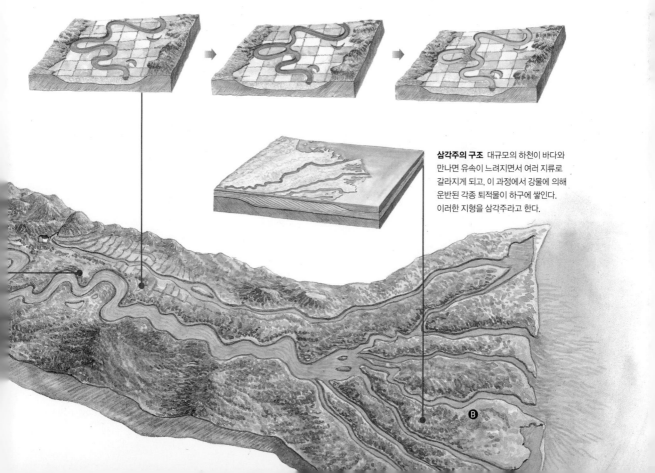

삼각주의 구조 대규모의 하천이 바다와 만나면 유속이 느려지면서 여러 지류로 갈라지게 되고, 이 과정에서 강물에 의해 운반된 각종 퇴적물이 하구에 쌓인다. 이러한 지형을 삼각주라고 한다.

| **정지된, 그러나 다양한 생명이 살아 숨 쉬는 호수** | 대부분의 강은 바다로 흘러가지만 저지대에 고여 호수를 형성하기도 한다. 시베리아에 있는 바이칼 호[■]는 약 2,500만 년 전 단층 작용으로 발달한 지구대에 주변 산지를 흐르는 336개의 지류가 흘러 들어와 형성된 가늘고 긴 형태의 호수이다. 특히, 그 이름의 어원'풍요로운 호수'라는 뜻의 타타르어 '바이클'에서 옴에서 알 수 있듯이 호수와 그 주변에는 매우 다양한 동식물이 서식하고 있다. 특히, 바이칼 호에 서식하는 물범은 오래전 북극해와 그 주변에 살던 바다표범이 북극해로 흐르는 예니세이 강과 안가라 강의 지류를 거슬러 바이칼 호까지 올라온 후 진화하였다는 가설이 제기되고 있다.

남아메리카 안데스 산맥의 볼리비아와 페루 사이에는 해발고도 3,810m에 자리 잡은 티티카카 호가 있다. 이 호수는 세계에서 가장 높은 곳에 있는 호수로 유명하며, 증기선이 항해할 만큼 크다. 이곳에 서식하는 어류는 두세 종으로 매우 한정적인데, 해발고도가 높아 수온이 낮고 물속의 산소량이 적기 때문이다. 티티카카 호 안에 있는 40여 개의 크고 작은 섬에는 사람들이 살고 있으며, 잉카 문명의 유적이 호수 주변과 섬의 곳곳에서 발견되고 있다.

바이칼 호
세계에서 가장 깊고 오래된 호수이다. 깊이 1,637m, 길이 636km, 너비 20~80km, 면적은 약 31,400km²이다. 전 세계 담수량의 20% 정도를 차지한다.

잉카 문명의 발상지, 티티카카 호
호수에서 자라는 갈대(토토라)를 베어 묶어 늘어놓은 것이 지금의 섬이 되었다고 한다. 잉카의 후예들은 티티카카 호에서 갈대집과 배를 이용해 생활하고 있다.

물범

바이칼 호

티티카카 호

'호수의 어머니'로 불리는 바이칼 호 바이칼 호에는 물범을 비롯한 다양한 동식물이 서식하고 있다. 여름 바이칼 호는 마치 바다와 같은 모습이다.

| 생명체의 보고 습지 | 습지는 지구 표면의 약 6%를 차지하지만, 육지도 호수도 아닌 중간 지대인 습지는 쓸모없는 땅으로 여겨 크게 주목받지 못하였다. 그러나 람사르 협약[■]을 통해 습지가 생물종 다양성의 유지와 인간의 복지에 매우 유용한 자연 공간이라는 인식이 확산되면서 이를 범지구적 차원에서 보존하려는 움직임이 일고 있다.

습지는 지구상에서 가장 다양한 생명체의 서식지로서, 수많은 수생식물이 오염 물질을 걸러 내는 정화조 역할을 하여 '자연의 콩팥'이라 불린다. 또한 하천과 지하수의 물 공급원인 동시에, 홍수 때 물을 저장하고 물의 흐름을 지연시켜 유량을 조절하는 녹색 댐의 기능을 한다. 아울러 온도를 낮추어 주는 기후조절 기능과 함께 산소를 발생시키는 역할을 한다.

세계 최대 유역 면적과 유량을 자랑하는 브라질의 아마존 강은 그 자체가 거대한 습지와도 같다. 생명력 넘치는 아마존 강의 습지대에 뿌리를 내린 열대우림은 지구에서 산소를 내뿜는 허파 같은 역할을 한다. 아마존 강 이외에도 오스트레일리아 북부의 카카두, 보츠와나의 오카방고, 미국 플로리다의 에버글레이즈 등은 대표적인 습지이다.

람사르 협약
물새 서식지로 중요한 습지를 보호하기 위해 1971년 이란의 람사르에서 맺은 국제조약이다. 이 협약은 1975년 발효되었다.

남아메리카의 아마존 강 아마존 강은 때로 예상을 뒤엎는 큰 홍수가 발생하기도 하지만 홍수의 위험성을 찾아보기 극히 어려운 강이다. 아마존 강 유역의 토지는 평탄하여 사리 때는 바닷물이 하구에서 내륙 800km 부근까지 역류하기도 한다. 이런 이유로 아마존 강은 '남아메리카의 점잖은 거인'이라는 별칭을 얻게 되었다.

오스트레일리아의 카카두 람사르 협약에 의해 습지로 지정된 카카두 국립공원의 습지 모습이다. 이곳에는 희귀종 동식물이 서식하는데, 한때 남획되어 절멸의 위기에 놓인 악어도 보호종 가운데 하나이다.

악어

| 문명 발달의 모태 | 하천의 정기적인 범람은 하천 양안에 비옥한 점토질 토양을 공급하여 농경에 유리한 조건을 만든다. 세계 4대 문명의 발상지가 모두 하천 유역인 이유는 바로 하천이 양질의 토양을 꾸준히 공급하였기 때문이다. 인류 역사에서 농경이 시작된 후 하천은 그 중요성을 더해 갔으며 신앙의 대상이 되기도 하였다. 이집트인들은 나일 강을 황소의 신_{아피스, Apis}으로 여기고 처녀를 희생물로 바쳐 신의 은총을 기원하였다. 갠지스 강은 인도의 힌두교도에게 풍요의 원천이자 정신적 고향으로 신성시되는 신앙 그 자체이다. 그리스에서도 강의 신_{이나코스, inachos}을 숭배하였다.

한편, 하천은 인간 생활에 여러 가지로 물질적 풍요를 가져다준 동시에 장애이며 위협이기도 하였다. 하천 주변은 인구가 조밀하게 분포한 곳이었기 때문에 홍수 피해를 막기 위해 끊임없이 둑을 쌓았으며, 반대로 가뭄 시에는 물을 쉽게 끌어올 수 있도록 관개 대책을 세웠다. 따라서 동서양을 막론하고 강물을 조절하여 가뭄을 해결하고 홍수를 막는 관개와 치수를 관장하는 일은 가장 중요한 토목 사업이었다. 이를 확립하는 과정에서 절대 권력을 가진 전제군주의 출현은 필연적이었다.

나일 강 이집트의 나일 강은 해마다 정기적으로 범람하여 나일 강 삼각주에 비옥한 토사를 공급해 주었다. 하지만 홍수 후에 토지는 엉망이 되어, 이를 정확히 측정하여 토지 소유주 간에 분쟁이 발생하지 않게 하는 것이 매우 중요한 일이었다. 이 과정에서 이집트 문명의 정교한 토목 기술과 수학, 천문학 등이 발달하게 되었다.

갠지스 강 갠지스 강은 힌두교도라면 일생에 한 번은 꼭 찾는 곳이다. 기도하며 목욕하는 사람들로 연중 사람들이 넘친다. 다른 문명권의 사람들에게는 자칫 비위생적으로 보일지 모르지만 그들의 경건한 모습은 뭉클한 감동을 자아내기도 한다.

강물은 예로부터 동력원으로서 큰 역할을 하였다. 작은 도랑물을 이용해 물레방아를 돌려 곡식을 빻거나, 큰 강물을 이용해 수력발전을 하기도 한다. 또한 수운 교통으로서 하천이 차지하는 비중도 결코 작지 않다. 아마존 오지의 밀림에서는 하천이 유일한 교통로로 이용되고 있다. 미국의 중부를 북에서 남으로 관류하는 미시시피 강은 미국 개척 초기에 중요한 교통수단으로서 미국의 발전에 크게 기여하였다. 유럽에서는 라인 강과 도나우 강을 연결하는 운하를 건설하여 교통, 관광 및 산업 발달의 한 축으로 이용하기도 한다.

미시시피 강 미시시피 강은 상류와 하류의 해발고도 차가 120m밖에 되지 않기 때문에 수운 교통의 발달에 유리하다. 비옥한 프레리를 남북으로 흐르고 있는 미시시피 강은 밀, 옥수수, 목화, 사탕수수 등을 나르는 데 큰 역할을 한다.

황허 강 우임금은 치수를 통해 황허 강의 범람을 막음으로써 임금이 되어 하 왕조의 시조가 되었다. 황허 강의 성공적인 치수는 중국 문명을 일으키는 데 중요한 밑거름이 되었다.

휴식처로서의 강 강 주변은 도심에 비해 공기가 서늘하여 더운 여름에도 시원한 바람이 분다. 또한 각종 식물이 자랄 뿐 아니라 수상 스포츠를 즐길 수 있기 때문에 사람들이 여가를 즐기기에 더할 나위 없는 곳이다. 세계 여러 나라에서는 큰 강 주변에 각종 쉼터를 만들어 시민들이 편히 쉴 수 있게 한다.

4

지구를 감싸는 모래 띠, 사막

생명체가 도저히 살 수 없을 것 같은 사막에도 꽃이 피고 다양한 동물이 살아간다. 비가 오면 하룻밤 사이에 꽃의 바다로 변하는 자연계 최고의 마술이 펼쳐지기도 하는데, 사막식물은 바로 그 순간을 기다려 화려한 꽃을 피우고 엄청난 씨앗을 생산하여 종의 번식을 도모한다. 또한 토양 속에 숨어 있던 옆새우의 알들도 부화한다. 그러나 생명의 물이 바닥나면 다시 예전의 모습으로 되돌아간다.

│ **대칭을 이루는 두 개의 모래 띠** │ 대부분의 사막은 놀랍게도 적도를 중심으로 남·북위 20~30° 사이의 두 개의 띠를 따라 지구를 감싸고 있다. 북반구에서는 북회귀선을 따라 북아프리카의 사하라 사막에서부터 아라비아 반도의 사막을 거쳐 인도의 타르 사막에 이르는 것이 한 띠이며, 남반구에서는 아프리카의 칼라하리 사막에서 오스트레일리아의 사막에 이르는 것이 또 하나의 띠이다. 사막이 이처럼 열대지방의 가장자리를 따라 대칭성을 띠며 남·북회귀선에 집중 분포하는 이유는 무엇일까?

그 답은 지구 대기의 순환 시스템에서 찾을 수 있다. 지구의 대기는 열기계 장치처럼 태양에너지에 의해 끊임없이 운동한다. 적도 지방은 태양이 여름과 겨울 모두 거의 수직으로 머리 위에 있기 때문에 지구에 도달하는 태양에너지를 가장 많이 흡수한다. 따라서 적도 부근의 공기는 데워지면서 팽창하게 되고 또 무게도 가벼워져 상승한다. 이때 뜨거운 열대 바다의 수증기도 함께 대량으로 상승한다.

수분을 머금은 대기가 상승하여 8~10km 부근에 이르면 공기가 냉각되면서 수분이 응축하여 적도 지방에 열대 특유의 큰 비를 내린다. 수분을 잃어버린 공기는 남북으로 넓게 퍼져 이동하다가 점점 무거운 공기가 되어 가라앉기 시작한다. 공기는 하강하면

서 압축되어 다시 따뜻해진다. 공기는 100m 하강할 때마다 약 1℃ 이상 상
승하는데, 이 뜨겁고 건조한 공기가 남·북회귀선을 따라 지표면으로 내려오
는 것이다.

따라서 남·북회귀선 부근에서 연중 건조한 고압대의 공기가 머물기 때문
에 바다를 끼고 있어도 좀처럼 비가 내리지 않아 건조한 사막이 발달한다.
이와 같이 지구를 감싸는 두 개의 거대한 사막의 모래 띠는 바로 지구 대기의
순환 시스템에 따른 결과이다.

대기의 순환 시스템
지구는 둥근 모양 때문에 위도에 따라 받는
태양에너지가 다르다. 따라서 열적 균형을 맞추기
위해 지구의 대기와 해류의 순환이 발생하게 된다.

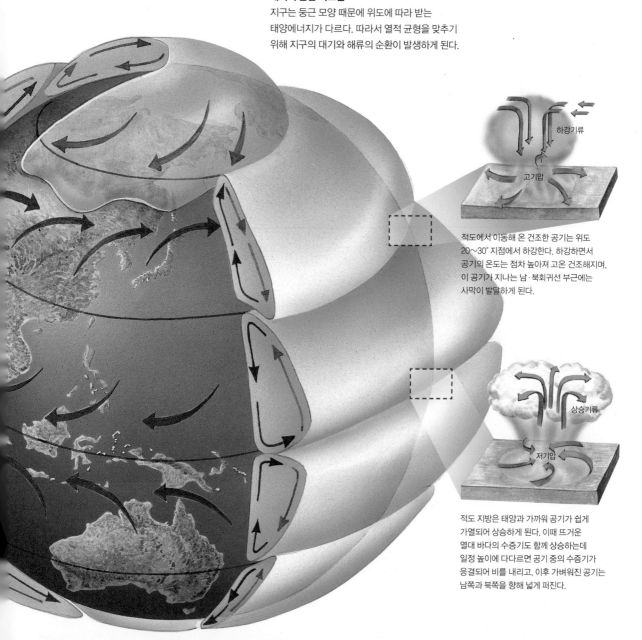

하강기류

고기압

적도에서 이동해 온 건조한 공기는 위도
20~30° 지점에서 하강한다. 하강하면서
공기의 온도는 점차 높아져 고온 건조해지며,
이 공기가 지나는 남·북회귀선 부근에는
사막이 발달하게 된다.

상승기류

저기압

적도 지방은 태양과 가까워 공기가 쉽게
가열되어 상승하게 된다. 이때 뜨거운
열대 바다의 수증기도 함께 상승하는데
일정 높이에 다다르면 공기 중의 수증기가
응결되어 비를 내리고, 이후 가벼워진 공기는
남쪽과 북쪽을 향해 넓게 퍼진다.

| 사막의 조각가 물과 바람 | 사막의 지형 변화를 일으키는 최대 요인은 물과 바람이다. 물과 바람은 거대한 암석을 잘게 부수어 자갈로 만들고, 이를 다시 부수어 모래로 만들기 때문이다. 사막의 연평균 강수량은 습윤 지역에 비해 매우 적다. 하지만 일단 비가 내리면 짧은 시간 동안 많이 내리고, 물의 흐름을 방해할 식생이 거의 없어 침식력과 운반력이 급증하므로 지표면을 급격히 변화시킨다. 이러한 사막 지역의 강수 특색은 건조 하천인 와디wadi■를 만들기도 한다. 평소에 말라 있는 와디는 다니기 편리해 교통로로 이용되며, 와디를 흐르던 강물은 바다에까지 이르지 못하고 낮은 곳에 고여 우기에만 호수가 되는 플라야playa를 만들기도 한다. 플라야 대부분은 염분을 포함하고 있어서 암염돌소금이 산출된다.

바람은 사막의 지형을 가장 역동적으로 변화시키는 힘이다. 사막의 모래는 바람에 의해 날리다 쌓여 다양한 사구■를 만든다. 특히, 바람의 방향과 같은 방향으로 쌓인 초승달 모양의 사구인 바르한barchan의 경관은 인상적이다.

와디
건조지역에서 평소에는 마른 골짜기이다가 큰 비가 내리면 홍수가 되어 물이 흐르는 강이다.

사구
사구는 고정되어 있는 것이 아니라 바람의 방향을 따라 이동한다. 따라서 사막에서는 아무리 거대한 사구라 해도 이정표로 삼지 않는다.

사막의 다양한 지형

❶ 와디
❷ 플라야
❸ 버섯 바위
❹ 뷰트

바람에 날린 모래는 암석을 깎아 독특한 모양의 지형을 만들기도 한다. 날아가는 모래가 암석의 윗부분보다 밑부분을 집중적으로 깎아 만든 버섯 모양의 바위, 모래바람이 불어오는 쪽이 평평하게 깎인 삼릉석, 가벼운 모래는 모두 바람에 날려 가고 자갈만이 빼곡히 남아 마치 포장도로와 유사한 사막 포석자갈 사막 등이 발달한다.

물, 바람과 함께 태양에너지에 의한 일사日射 또한 사막 지형을 만드는 데 매우 중요한 역할을 한다. 사막은 낮 기온과 밤 기온의 차이, 즉 일교차가 매우 크다. 암석은 낮에는 열을 받아 팽창하고 밤에는 열을 잃어 수축한다. 팽창과 수축에 따른 부피의 근소한 변화가 오랜 기간 지속되면 암석은 서서히 붕괴된다. 사막은 이러한 암석의 기계적 풍화가 가장 활발한 곳이다. 암석에 발달한 절리면 사이로 물이 침투하여 얼고 녹기를 반복하고, 또 물에 녹아 있는 염분의 결정이 암석에 압력을 가하여 붕괴를 일으키기도 한다. 이런 과정을 통해 잘게 부서진 모래알이 사막 곳곳으로 흩어져 다양한 지형을 형성한다.

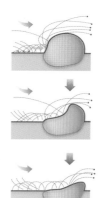

바람에 의한 침식 바람에 실려 날아온 모래가 암석과 부딪치면서 암석을 깎는 침식이 일어난다.

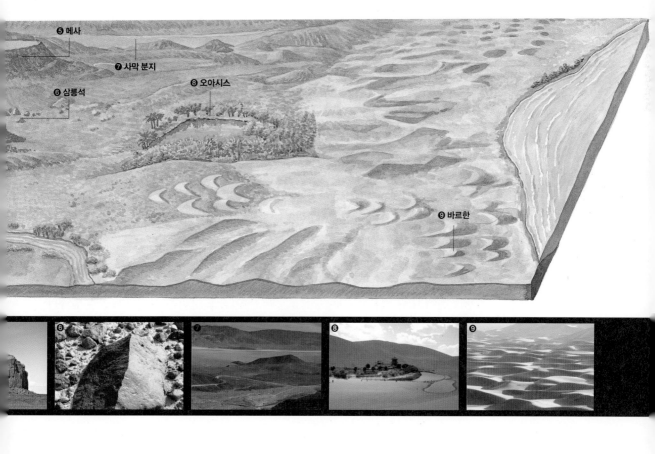

❺ 메사
❼ 사막 분지
❻ 삼릉석
❽ 오아시스
❾ 바르한

❻ ❼ ❽ ❾

시와 오아시스 고대 이집트어로 '야자수의 땅'이란 뜻으로, 이집트와 리비아 국경 근처에 있는 오아시스이다. 그 면적이 약 300km²에 이르고, 300여 개의 샘이 솟구치며, 대추야자와 올리브 나무가 무성하다. 이곳에도 고대 사원과 신전, 로마 시대 유적 등도 있다.

오아시스 샘의 형성

단단한 암석층에 물이 흐르는 층이 가로막히면 단층선을 따라 지하수가 솟아올라 샘이 형성된다.

오랜 침식으로 사막의 표면이 물이 흐르는 지하수면보다 낮은 오목한 분지 지형을 형성하게 되는데, 이때 층이 지표에 노출되어 샘이 형성된다.

| **사막의 기적 오아시스와 카나트** | 사막은 일 년 내내 강수량보다 증발량이 많기 때문에 물이 언제나 절대적으로 부족하다. 그러나 사막이라고 물이 전혀 없는 것은 아니다. 지하로 스며든 물이 고여 지표로 유출된 오아시스가 있기 때문이다.

사막의 기적이라고 할 수 있는 오아시스는 사막 생활의 중심으로 대추야자, 밀, 보리 등의 농경이 가능할 뿐 아니라, 사막을 오가는 대상들의 교역 거점으로서 중요한 역할을 한다. 그러나 근래 들어 양수 및 관개시설이 발달하면서 오아시스의 물을 과도하게 사용하여 지반 침하 등의 피해를 입기도 한다.

오아시스의 대부분은 영구적인 샘 주변에 발달한다. 불모의 사막에 샘이 존재한다는 것은 지표면 모래층 아래에 지하수가 풍부함을 말해 준다. 그 많은 물은 모두 어디서 온 것일까? 샘물의 공급원은 가까운 고지나 때로는 수백 km 떨어진 고지에 내리는 비와 눈이다. 지하에 스며든 물은 수만 년 전에 내린 빗물로, 대수층^{지하수가 있는 지층}이라고 불리는 지하의 다공질 암층에 갇히게 된다. 이렇게 대수층에 갇힌 지하수가 지표에 노출되어 오아시스를 형성하는 것이다.

한편, 서남아시아와 북부 아프리카 등 강수량이 극히 적은 건조 지대에서는 고대부터 카나트qanat라고 하는 독특한 방식의 지하 관개수로를 이용하여 물을 얻고 있다. 수분의 증발량이 많기 때문에 지하수가 풍부한 산 아래에 우물을 파서 얻은 물을 지하 수로를 통해 멀리 떨어진 마을과 농경지로 보내 이용하는 것이다. 이곳에서는 카나트를 이용하여 대추야자, 밀, 목화 등을 재배하고 있다.

요르단 사막의 원형 경작지 지하 깊은 곳에서 퍼 올린 물을 스프링클러를 이용해 농업용수로 사용한다. 이 때문에 원형의 밀 재배지가 발달하였다.

건조기후 지역의 다양한 관개시설
강수량보다 증발량이 많은 건조기후에서는 관개시설을 이용해 물을 얻고 있다.

중국의 카얼징 건조한 기후의 투루판 분지 지역에서는 고산 지역의 눈이 녹아 만들어진 지하수를 지하 수로를 통해 마을로 끌어와 포도를 재배한다.

❶ 중국의 카얼징

중국 서부 투루판 분지

❷ 이란의 카나트

북부 아프리카 및 서남아시아 일대

❸ 오스트레일리아의 찬정

오스트레일리아 대찬정 분지

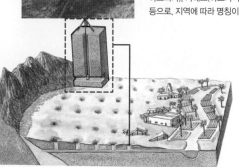

이란의 카나트 강수량이 적고 증발량이 많은 서남아시아 및 북부 아프리카 지역에서는 멀리 있는 산지나 하천에서 물을 끌어오는 지하 관개수로가 발달하였다. 이러한 지하 관개수로는 카나트(이란), 포가라(북부 아프리카), 카레즈(아프가니스탄) 등으로, 지역에 따라 명칭이 다르다.

오스트레일리아의 찬정 동부 산지에 내린 비가 지하로 스며들어 형성된 대수층에 우물을 뚫어 지하수를 얻는다. 보통 지하 1,000m 정도의 깊은 곳에서 솟아나는 지하수는 온도와 염분의 농도가 높아 주로 가축 사육에 사용된다.

5 불덩이가 빚어낸 산, 화산

화산 폭발은 위협적이고 무서운 자연현상인 동시에 경이로움 그 자체이다. 그래서 화산은 일찍이 여러 나라의 신화나 전설에 등장하였다. 오늘날 사람들은 경이로운 존재로서가 아니라 화산 자체를 이해하기 위해 노력하고 있는데, 그 이유는 화산이 주는 혜택을 활용하고 피해를 예방하기 위해서이다. 무엇보다 화산이 지구의 내부를 탐구하는 데 실마리가 되는 '지구의 창'이기 때문이다.

아이슬란드의 에이야프얄라요쿨 화산 폭발과 화산재 피해 2010년 아이슬란드 남부의 에이야프얄라요쿨 화산의 폭발로 유럽은 심각한 항공 대란을 겪었다. 과학자들은 아이슬란드의 화산 폭발은 주변 지각판의 충돌로 발생하는 지진 외에 빙하가 녹아 화산 지층에 가해지는 압력이 낮아지는 현상과 밀접한 관련이 있다고 주장한다.

| 지구 창조의 강력한 엔진 | 유사 이래로 화산 폭발은 인류에게 엄청난 재앙을 안겨 주었다. 79년에 8월 24일 아침, 이탈리아 남서부 베수비오 산 정상에서는 지축을 흔드는 지진과 함께 거대한 구름과 불꽃 섬광, 그리고 시커먼 화산재가 치솟았다. 화산탄이 우박처럼 쏟아지고 엄청난 양의 화산쇄설물이 순식간에 폼페이 시를 덮쳤다. 놀란 시민들은 화산탄을 피하여 도망치기 시작하였으나 적어도 2,000명은 갑자기 덮친 잿더미 속에 묻혀 버렸다. 도대체 지구 내부에서 어떤 일들이 벌어졌기에 도시 전체를 삼켜 버릴

모든 비행 취소
일부 비행 취소
정상 비행
(피해 지역으로의 비행만 취소)

만큼 강력한 화산이 폭발한 것일까?

그 원리는 탄산음료의 뚜껑을 열 때 눈에 보이지 않던 이산화탄소가 분리되어 거품으로 나오는 것과 같다. 지각 아래 약 60km 부근의 암석은 열과 압력에 녹아 휘발 성분이 강한 마그마로 변한다. 이러한 마그마는 주위의 고체보다 밀도가 낮기 때문에, 지구 내부의 압력과 균형이 깨지면 서서히 부력을 받아 지각의 약한 틈을 타고 상승하여 지표로 분출한다.

화산 분출은 다양한 양상으로 나타나는데, 시뻘건 용암뿐 아니라 가스, 화산재, 암석 부스러기들이 조용하게 지표면으로 나오기도 하고, 산 정상을 날려 버리거나 섬을 삼켜 버릴 만큼 강력하게 폭발하여 화산재가 대기권까지 올라갔다가 바람을 타고 널리 퍼지기도 한다. 화산 폭발은 신비로운 현상이지만 한편으로 잔인하기 그지없다. 모든 것을 파괴하지만 끊임없이 새로운 것을 창조한다. 마치 힌두교의 시바 신처럼 창조와 파괴의 두 얼굴을 가진 화산은 지구에 매우 큰 영향을 미친다.

화산 분출은 46억 년 전 지구가 탄생한 이래 멈추지 않고 줄곧 계속되어 왔으며 지금도 전 세계 곳곳에서 일어나고 있다. 화산 분출은 지구의 자연계를 대표하는 강력한 엔진의 하나로, 육지와 대양을 만들고 지구 생명체의 출현과 재생을 지속하는 원천이다. 또 지구 내부의 에너지를 외부로 전달하는 지구 열교환 시스템의 하나로, 지구가 살아 있는 행성임을 보여 주는 증거이기도 하다.

폼페이 유적 시신 화석 당시 폼페이 주민들이 25m 두께의 화산재에 묻혀 그대로 화석화되었다가 1,600년 만에 세상에 모습을 드러냈다.

화산 분출

화산활동은 지각판끼리 만나는 경계부를 따라 집중한다. 따라서 화산활동은 판구조론에 기초하여 이해해야 한다. 판의 섭입대 혹은 지각의 균열선을 따라 지하 깊은 곳의 마그마가 지표로 분출하는 것이 바로 화산이다.

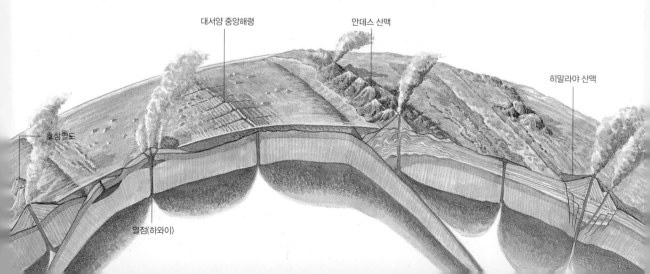

대서양 중앙해령

안데스 산맥

히말라야 산맥

호상열도

열점(하와이)

마그마와 용암 마그마와 용암을 같은 것으로 생각하는 경우가 많지만, 둘은 차이가 있다. 마그마는 지하 깊은 곳의 암석이 녹아 800~1,200℃에 이르는 액체로 휘발성 가스가 포함되어 있다. 반면, 용암은 지표나 그 가까이에서 휘발성 성분이 빠져나간 마그마 또는 그것이 냉각·응고된 용융체이다.

| 다양한 화산지형 | 마그마는 땅 위로 분출하면서 다양한 화산지형을 만들어 낸다. 이때 마그마의 성분에 따라 분화 방식에도 차이가 있다.

마그마는 화학적 성질에 따라 크게 염기성^{현무암질} 마그마와 산성^{유문암과 안산} ^{암질} 마그마로 구분된다. 염기성 마그마는 비교적 고온이며, 점성이 낮아 잘 흐르는 특성이 있어 온화한 폭발과 흘러내리는 듯한 일출식 분화가 많다. 반면, 산성 마그마는 염기성 마그마보다 저온이며, 점성이 높아 강한 폭발과 함께 많은 양의 화산가스와 쇄설물 등을 분출하는 폭발식 분화가 많다. 이러한 마그마의 성분 차이와 서로 다른 분화 방식은 화산의 형태와 화산지형 생성에 큰 영향을 미치기도 한다.

❶**분연** 화산가스만 올라올 때에는 주로 흰색이고 화산쇄설물이 섞이면 검은색 또는 회색을 띤다.
❷**화산가스** 화산에서 방출되는 가스로 주로 수증기가 많지만 염화수소, 아황산가스, 이산화탄소 등이 포함되어 있다.
❸**화산재** 지름 4mm 이하의 화산쇄설물
❹**화산력** 지름 4~32mm의 화산쇄설물
❺**화산쇄설류** 화산의 분화로 분출되는 고체 물질
❻**분화구(화구)** 분화 때의 출구. 깔때기 모양으로, 지름은 1km 이하, 깊이는 화산 활동의 성쇠에 따라 변동한다.
❼**용암류** 용암의 흐름 또는 굳어진 암체
❽**기생화산** 큰 화산의 기슭에 형성된 작은 화산
❾**용암류와 화산쇄설물이 서로 쌓인 층**
❿**화도** 화산분출물이 화구로 올라가는 지하 통로
⓫**병반** 마그마가 지층 사이로 관입하여 볼록렌즈 모양이 된 관입암체
⓬**마그마방** 다량의 마그마가 모여 있는 지하의 공간
⓭**폭렬화구** 심한 화산 폭발로 화산체의 일부가 날아가서 생긴 화구
⓮**열극 분화** 가늘고 긴 틈에서의 분화, 현무암질 마그마가 나오는 경우가 많다.
⓯**용암원** 용암으로 덮인 거의 평탄한 지역
⓰**온천** 지열에 의해 지하수가 평균기온 이상으로 데워져 솟아 나오는 샘
⓱**분기공** 화산가스 등이 땅속으로부터 끊임없이 분출하고 있는 구멍
⓲**관입암** 마그마가 기존의 암석 안으로 관입하여 굳어서 생긴 화성암

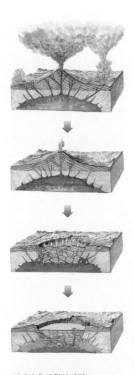

칼데라 호의 형성 과정
칼데라는 화산이 폭발한 다음 작고 동그란 웅덩이 모양의 화구가 다시 폭발하거나, 산 정상이 무너져 내려서 생긴 대규모의 원형 또는 말굽 모양의 우묵한 분화구이다. 여기에 물이 고인 것이 칼데라 호이다.

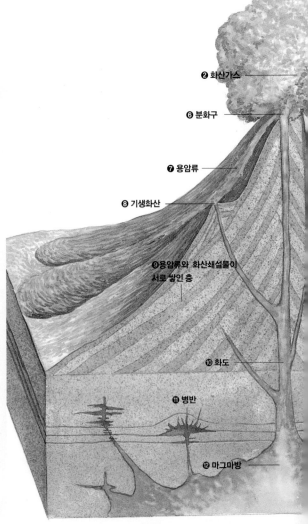

❷ 화산가스
❻ 분화구
❼ 용암류
❽ 기생화산
❾ 용암류와 화산쇄설물이 서로 쌓인 층
❿ 화도
⓫ 병반
⓬ 마그마방

화산의 형태는 마그마의 성분에 따라 크게 방패 모양의 완경사를 이룬 순상화산과 종 모양의 급경사를 이룬 종상화산으로 구분된다. 점성이 낮아 물처럼 유동성이 큰 현무질 용암이 계속 솟구쳐 주변에 널리 퍼지면서 쌓이게 되면 순상화산을 이루는데, 하와이 제도와 우리나라 제주도가 이에 속한다. 반면, 점성이 높은 유문암이나 안산암질 용암이 폭발적으로 분출하여 멀리 흘러가지 못하고 화구 위에 그대로 쌓이게 되면 종상화산을 이루는데, 제주도의 산방산이 대표적이다.

다량의 마그마가 한꺼번에 분출한 후 중력 때문에 화구 부근이 함몰하여 생긴 지름 2km 이상의 움푹 파인 모습의 화구를 가리켜 칼데라Caldera라고 하는데, 백두산 천지는 이러한 칼데라에 물이 고여 생긴 호수이다.

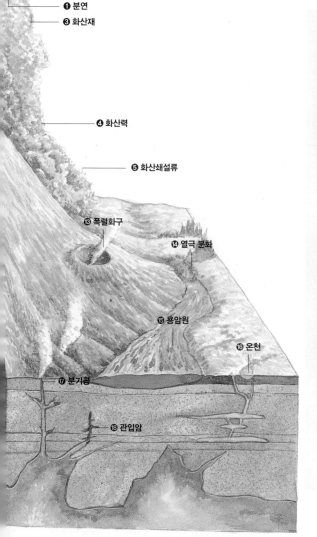

❶ 분연
❸ 화산재
❹ 화산력
❺ 화산쇄설류
⓭ 폭렬화구
⓮ 열극 분화
⓯ 용암원
⓰ 온천
⓱ 분기공
⓲ 관입암

성층화산 – 일본 후지 산 화산 분출에 의해 화산쇄설물이 쌓이고, 그 위로 또 다시 점성이 큰 용암이 분출하여 화산쇄설물이 쌓이는 과정을 반복하여 화구 주변이 높게 쌓인 형태로, 일본의 후지 산이 대표적이다.

용암대지 – 인도 데칸 고원 현무암질 용암이 대규모로 분출해 생긴 평평한 지형으로, 우리나라의 개마고원이 여기에 속한다.

순상화산 – 하와이 마우나케아 화산 지면을 따라 물처럼 흐르는 유동성이 큰 용암이 굳어 방패 모양을 이룬 화산으로, 하와이의 마우나케아 화산이 이에 속한다.

종상화산 – 제주도 산방산 치약같이 점성이 큰 용암이 지표면으로 분출하면서 냉각되어 쌓여 종 모양을 이룬 화산으로, 분화구가 없다. 제주도의 산방산이 이에 속한다.

| '불의 고리'를 찾아서 | 현재 세계에는 600개 이상의 활화산이 있는데, 지구 전체적으로 보면 고르게 분포되어 있지 않다. 화산의 80% 이상은 태평양 남서쪽 뉴질랜드에서 인도네시아, 필리핀, 일본, 캄차카 반도, 알류산 열도를 지나 북아메리카 서부와 남아메리카의 안데스 산맥으로 이어지는, 즉 태평양을 둘러싼 환태평양 조산대에 분포하고 있다.

그 분포 모양이 마치 원과 비슷하여 이를 '불의 고리ring of fire'라고 한다. 또 다른 화산대로는 알프스 산맥에서 히말라야 산맥까지 이어지는 지중해—히말라야 화산대, 인도네시아 일대의 자와—수마트라 화산대 그리고 아프리카 동부의 지구대에서 아라비아 반도에 이르는 동아프리카 화산대 등이 두드러진다. 이처럼 화산대가 일부 지역에 띠를 이루며 집중적으로 분포하는 이유는 무엇일까?

대부분의 화산대는 지각판끼리 만나는 경계면과 일치한다. 화산대는 지진과 90℃ 이상의 온천이 뿜어 나오는 지열 지대와도 대략 일치하는 것으로

자와—수마트라 화산대 불의 고리에 위치한 인도네시아는 두 지각판이 충돌하는 곳이어서 유라시아 판(대륙지각) 밑으로 질량이 무거운 인도—오스트레일리아 판(해양지각)이 가라앉으면서 지진과 화산 폭발이 자주 일어난다.

메라피 화산 자와 섬에 있는 메라피 화산은 지금도 활발한 활동을 하는 활화산으로, 이 지역 사람들은 이를 재앙이 아닌 신성한 존재로 여기고 있다. '마리잔'이라 불리는 메라피 산 지킴이이자 화산의 문지기는 메라피 화산 신령에게 제사를 올려 진정시키는 일을 주로 한다.

수마트라 섬

인도네시아

자와 섬

메라피 화산

브로모 화산

보아, 화산활동이 활발한 곳은 지구의 판구조 운동과 밀접한 관련이 있음을 알 수 있다.

화산활동은 사실 육지에서보다 해저에서 더 활발하다. 해양 가운데에는 지구에서 가장 길고 크게 분포하는 중앙해령 화산대가 있다. 태평양, 인도양, 대서양 중앙에는 총 길이 약 6만 5,000km나 되는 중앙해령이 있는데, 이곳을 중심으로 서로 지각판이 갈라지며 새로운 땅이 생성된다. 아이슬란드는 대서양 중앙해령에 위치한 덕에 매년 국토가 넓어지고 있다. 국토 한가운데에 있는 길게 갈라진 틈으로 마그마가 계속적으로 열하분출▪하면서 땅덩어리를 양쪽으로 밀어내고 있기 때문이다.

한편, 해저 화산대에서 화산 분출로 생성된 현무암은 중앙해령에서 멀리 떨어진 곳일수록 생성 연대가 오래된 것임이 밝혀졌다. 이는 후에 해저확장설을 뒷받침하는 중요한 근거가 된다.

해령 깊은 바다 밑에 있는 길고 좁은 산맥 모양의 지형이다.

열하분출
길게 갈라진 틈을 따라 마그마가 올라오는 것을 말한다. 주로 현무암질 마그마가 틈을 따라 올라와 굳으면서 땅덩어리를 양쪽으로 밀어내는데, 이 때문에 아이슬란드는 영토가 매년 0.6~1cm 정도씩 동서로 넓어지고 있다.

불의 고리 환태평양 조산대
태평양 판과 만나는 주변 지각판의 경계면을 따라 지각변동이 활발하여 화산활동과 지진이 빈번하다. 태평양을 둘러싸고 고리 모양을 이루기 때문에 '불의 고리'라고 한다.

▲ 활화산
　 판 경계

미국 샌프란시스코 지진 1906년 4월 미국 서부 캘리포니아 지방의 샌안드레아스 단층면을 따라 지진이 발생하였다. 이로 인한 화재로 약 3,000명의 사람들이 목숨을 잃었다. 이 사건을 계기로 미국은 지진학회를 조직하고 본격적으로 지진을 연구하게 된다.

칠레 푸예우에 화산 폭발 2011년 6월 발생한 칠레 푸예우에 화산 폭발은 원자폭탄 70개와 맞먹을 만큼 강력하였다. 이때 분출한 화산재 구름으로 인해 남아메리카의 여러 나라들이 항공 대란을 겪었다.

플로레스 섬

| 두 얼굴을 지닌 화산 | 역사상 최대 규모의 화산 폭발로 손꼽히는 이탈리아의 베수비오 화산79년, 인도네시아의 크라카토아 화산1883년, 필리핀의 피나투보 화산1991년은 성층권 해발고도 17~50km 사이의 대기권까지 올라가는 화산재를 뿜어냈다. 이로 인해 형성된 구름은 수개월 동안 지구의 상당 부분을 뒤덮어 햇빛을 차단함으로써 지구의 기온을 떨어뜨렸다.

화산이 기후에 영향을 미친다는 사실은 수천 년 전 극지방의 얼음 속에 갇힌 화산 분진을 분석함으로써 드러났다. 물론 1~2℃에 불과한 기온 차이가 당장 사람을 얼어 죽게 하지는 않는다. 그러나 이것이 세계 평균기온일 경우 인간을 포함한 지구 생명체에게 큰 영향을 미쳤을 것이라는 점은 충분히 짐작할 수 있다.

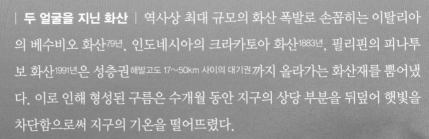

파괴의 신, 화산
흘러내리는 뜨거운 용암에 타 죽거나 진흙·자갈 등의 화산쇄설물에 깔려 질식사하는 등 인명 피해가 막심할 뿐만 아니라, 엄청난 양의 화산재가 농작물과 가축, 주거지를 덮치기도 한다. 폭발 후 뒤따르는 해일(화산 폭발이나 지진으로 거대한 파도가 해안 지역으로 넘쳐 피해를 주는 것), 산사태 등의 피해도 엄청나다.

역사 이래로 수차례의 대형 화산 분출은 엄청난 재앙을 초래해 인간에게 공포와 두려움의 대상이었다. 그러나 한편으로는 화산이 주는 이로움 때문에 사람들은 오늘날에도 화산 주변을 떠나지 않고 어울려 살아오고 있다.

화산이 토해 내는 화산재에 포함된 칼륨, 인 등의 필수 무기질은 토양을 비옥하게 하여 농작물이 잘 자라게 해 준다. 이 때문에 오랜 세기에 걸쳐 사람들은 잠재적인 위험에도 화산 주변의 기름진 토양에 정착하여 농사를 짓고 살아온 것이다. 그뿐만 아니라 마그마는 지하수를 가열하여 뜨거운 온천수로 바꾸는 거대한 보일러와 같은 역할을 한다. 화산활동이 활발한 곳에서는 뜨거운 열 수증기를 이용하여 지열발전을 하기도 한다.

이처럼 화산은 인류에게 재앙을 가져다주는 두려운 존재이기도 하지만, 때로는 이로움을 주는 고마운 존재로 두 얼굴을 지닌 야누스에 비유되기도 한다.

삶의 공간으로서의 화산
화산은 독특하고 아름다운 자연경관과 온천 등 풍부한 관광 자원을 제공하여 관광 산업의 원천이 된다. 이뿐만 아니라 화산재가 쌓인 토양은 비옥하여 농경지로 이용되며, 땅속의 열에너지를 이용하여 전력을 얻기도 한다.

항이(Hangi) 뉴질랜드의 원주민 마오리족이 땅속의 열을 이용하여 익혀 먹었던 전통 음식이다. 오늘날에는 관광 상품의 하나로 사랑받고 있다.

6 얼음이 빚어낸 세계, 빙하

히말라야 산맥의 고산지대는 왜 만년설로 덮여 있는 것일까? 고도가 높아질수록 복사된 열에너지가 줄어들기 때문에 히말라야 산맥의 고산지대는 연중 기온이 빙점 이하를 유지하여 눈과 얼음이 녹지 않는 것이다. 그러나 영원히 녹지 않을 것 같은 만년설도 실제로는 지열에 의해 조금씩 녹고 있다. 다만 사라진 양만큼 새로운 눈이 내리기에 늘 그대로인 것처럼 보이는 것이다.

공중에 떠 있는 눈

눈
(85~90%)

얼음 알갱이
(30~85%)

만년빙
(20~30%)

푸른 얼음
(20% 이하)

* 괄호 안 수치는 눈에 함유된 공기의 비율

│ 기후변화의 타임캡슐, 빙하 │ 춥고 눈이 많이 내리는 고위도와 고산 지역에서 발달하는 빙하는 그 규모가 매우 크고 두꺼워 마치 산이나 대륙으로 오인하기도 한다. 하지만 이처럼 거대한 빙하는 솜털처럼 작고 가벼운 눈송이에서부터 시작된다. 추운 날씨 때문에 많은 양의 눈이 녹지 않고 계속해서 쌓이면서 자체 무게에 눌려 눈의 입자가 파괴되고, 부분적으로 녹기도 하다가 다시 결정을 형성하게 된다. 이것을 빙하빙glacier ice: 얼음과 비슷한 다져진 형태의 눈이

빙하의 형성 눈이 빙하빙으로 발달하기까지는 3,000~5,000년이 걸리며 하층부의 빙하빙일수록 압력 때문에 함유하고 있는 공기의 비율이 감소하고 밀도는 증가하여 단단해진다. 공기 함유율이 20% 이하인 오래된 얼음은 푸른빛을 띤다.

라고 하며, 이것은 눈에 비해 공극입자들 간의 간격은 작고 밀도는 높아 공기를 포함하는 비율이 작다. 이러한 과정이 아주 오랜 시간 지속·반복되면서 빙하빙은 점점 더 크고 단단한 얼음덩어리인 빙하로 발전하는 것이다.

지구 육지 표면의 약 1/10은 빙하라고 불리는 얼음덩어리로 덮여 있다. 하지만 빙하는 기후변화에 따라 축소 또는 확대된다. 기온이 내려가고 강설량이 늘면 설선만년설의 하한선을 나타내는 선의 위치가 내려가고 빙하가 확대되지만, 기온이 상승하고 강설량이 줄면 설선의 위치가 올라가고 빙하가 축소된다.

지구 탄생 이후 오늘날까지 여러 차례의 빙하시대가 있었다. 특히, 우리가 흔히 말하는 빙하시대인 제4기가 시작되는 200만 년 전부터 1만 년 전 사이에는 4~10회 이상의 빙하 확대 시기가 있었는데, 그중 가장 최근은 1만 8,000년 전이다. 이 시기에 빙하는 북아메리카와 유럽의 중위도 부근까지 이르는 지구 표면의 약 1/3 이상을 덮고 있었으며, 미국의 오대호는 당시의 빙하에 의해 깎인 골짜기에 물이 고여 형성된 호수로 과거에 이곳이 빙하 지역이었음을 말해 준다.

기후변화로 인한 빙하의 확대·축소 때문에 빙하는 나무의 나이테와 같은 층을 갖게 된다. 오늘날 과학자들은 빙하의 두꺼운 얼음층을 뚫어 긴 얼음 원통인 빙핵ice core을 추출해 내고, 깊이에 따라 얼음 속에 갇힌 공기, 화분꽃가루, 화학물질, 먼지 등을 조사하여 과거 수백만 년에서 수천만 년 전의 기후변화를 연구한다. 따라서 빙하는 과거 기후변화의 비밀을 푸는 타임캡슐이라 할 수 있다.

빙하 시추와 조사 수천 미터 깊이까지 뚫고 들어가 시추한 빙핵은 아주 오래전에 내렸던 눈으로 과거의 기후와 환경 변화를 기록하고 있는 '냉동 타임캡슐'로 불린다. 빙핵의 조사를 통해 지구가 10만 년 주기로 네 번의 빙하기와 간빙기가 반복된 것이 밝혀졌다.

다양한 빙하들
비교적 평탄한 지역을 덮고 있으면서 규모가 크고 두꺼운 빙하를 '대륙빙하', 바다와 만나는 빙하의 끝부분을 '빙붕', 빙붕의 가장자리가 떨어져 나가 바다에 떠다니는 것을 '빙산'이라고 한다.

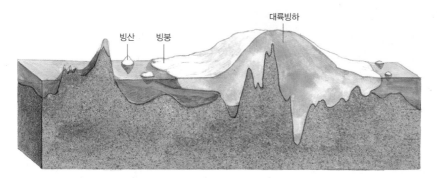

대륙빙하

빙산 빙붕

| 빙하의 이동과 다양한 빙하지형 | 빙하는 크기에 따라 빙상과 산악 빙하로 구분된다. 빙상은 남극과 그린란드처럼 대륙 전체를 뒤덮은 빙하로 두께가 3,000m를 넘으며, 지구 전체 빙하의 95%를 차지한다. 이에 비해 산악 빙하는 눈이 쌓이기 쉬운 골짜기나 요지^{오목하게 들어간 곳}에 발달한 빙하로, 그 길이가 짧게는 수십 km, 길게는 수백 km에 이른다.

거대한 빙하는 그 무게를 이기지 못하고 낮은 곳으로 천천히 미끄러져 흐르게 된다. 이때 빙하는 땅이나 주변의 암석들을 깎아 내고, 침식 물질을 운반·퇴적시켜 다양한 지형을 발달시키는데, 기후변화에 따라 빙하가 녹아 없어지면서 그 흔적이 드러나게 된다.

산 정상에는 빙하에 의해 깎여 마치 뿔과 같이 뾰족한 봉우리인 호른이 발달하며, 골짜기를 따라 흘러내리는 빙하는 바닥과 옆면을 깎아 넓고 둥근 모양의 바닥을 가진 U자곡을 만들기도 한다. 특히, 해안에 발달한 U자곡에

알프스 산맥을 상징하는 스위스의 마터호른 날카로운 첨봉은 과거 빙하가 깎아 낸 흔적으로, 과거 마터호른을 뒤덮은 빙하의 위력이 얼마나 대단하였는지를 잘 보여 준다.

알프스 산맥의 U자곡 빙하는 양쪽 단단한 암석층을 깊게 깎아 깊은 빙식곡을 만들어 낸다. 이후 빙식곡에 바닷물이 유입되면 협만을 이루는데, 노르웨이 북서 해안의 피오르가 이에 속한다.

바닷물이 채워지면 드나듦이 복잡한 피오르 해안이 발달하게 된다.

이동 과정에서 침식되어 운반된 크고 작은 암석의 부스러기들은 빙하의 하부와 측면에 퇴적되어 모레인^{빙퇴석}을 형성하는데, 가장 먼 곳에 발달한 모레인은 그곳이 빙하의 마지막 도달 지점임을 말해 준다. 그뿐만 아니라 빙하가 움직이는 방향과 평행하게 쌓인 타원형의 드럼린, 빙하를 따라 산 위에서 아래로 흘러내려온 둥근 바위 덩어리인 표석, 그리고 빙하에서 녹아 흐르는 물^{융빙수}에 의해 빙하 속 터널을 통과하여 좁고 길게 쌓인 에스커 등이 발달하기도 한다.

극지방의 한랭 빙하는 이동속도가 느려 1년에 수 m에서 수십 m 정도 이동한다. 그러나 강설량이 많은 겨울을 제외하고 기온이 0℃에 가까운 중위도와 저위도 고산 지역에 있는 빙하는 열과 압력이 가해지면 쉽게 녹아 점성체처럼 변형되며, 기반암에 물막이 형성된다. 변형된 빙하는 이 물막 위를 미끄러지듯 이동하기 때문에 온난 빙하는 1년 동안 수십에서부터 수백 m까지 이동한다.

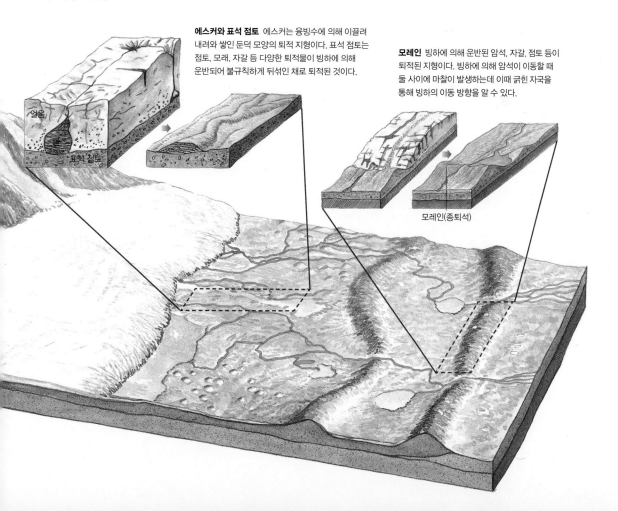

에스커와 표석 점토 에스커는 융빙수에 의해 이끌려 내려와 쌓인 둔덕 모양의 퇴적 지형이다. 표석 점토는 점토, 모래, 자갈 등 다양한 퇴적물이 빙하에 의해 운반되어 불규칙하게 뒤섞인 채로 퇴적된 것이다.

모레인 빙하에 의해 운반된 암석, 자갈, 점토 등이 퇴적된 지형이다. 빙하에 의해 암석이 이동할 때 둘 사이에 마찰이 발생하는데 이때 긁힌 자국을 통해 빙하의 이동 방향을 알 수 있다.

모레인(종퇴석)

| 살아서 꿈틀대는 주빙하 기후구 토양 | 기후가 한랭한 빙하 주변 지역에서는 빙하 기후보다 기온이 높은 주빙하 기후가 나타난다. 주빙하 기후 지역에는 북위 50° 이북에 위치한 북극해 연안의 툰드라 지역과 중위도 또는 저위도의 고산 지방에서 나무가 자라지 않기 시작하는 경계부를 포함해 시베리아, 알래스카, 캐나다와 그린란드의 일부가 속하는데, 이는 전 육지의 약 20~25%를 차지한다.

주빙하 기후가 나타나는 툰드라지대에서는 혹한으로 수목은 거의 자라지 못하고 여름철에 지의류, 선태류와 같은 이끼가 자랄 뿐이며, 지표면의 온도가 연중 0℃ 이하를 유지하여 일 년 내내 얼어 있는 영구 동토층■이 발달한다. 영구 동토층의 표면은 겨울에는 얼어 있지만 여름에는 지표 부근의 1~2m에 있는 얼음이 녹아 이동하는 활동층으로 바뀌는데, 이를 솔리플럭션solifluction 현상이라고 한다. 이처럼 영구 동토층에서는 암석과 토양 속의 수분이 얼었다 녹았다를 반복하는 기계적 풍화가 활발하여 빙하지형과는 다른 독특한 지형이 발달하게 된다.

영구 동토층
지표 밑의 온도가 2년 이상 계속해서 0℃ 또는 그 이하인 지역. 주로 극지방과 해발고도가 높은 고산 지역 등에 분포하며, 북반구 지표면의 약 24%를 차지한다.

얼음 쐐기의 형성 과정

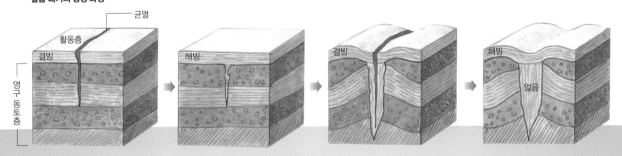

주빙하 기후구 토양 주빙하 기후 지역의 토양 속에는 두꺼운 얼음층이 있어 나무가 자라기 어려울 뿐만 아니라, 여름철 활동층에서 녹은 물이 토양 속으로 침투하지 못해 지표면에 고여 있게 된다.

활동층 밑에 발달한 얼음은 주위의 수분을 빨아들여 점점 땅속 깊숙이 성장하여 얼음 쐐기로 발달한다. 얼음 쐐기가 확장하면 부피가 늘어나면서 주위의 흙이나 자갈도 함께 부풀어 오르고, 얼음 쐐기가 녹으면 부피가 줄어 주위의 흙, 자갈도 함께 가라앉는다. 이렇게 토양을 들었다 놓았다 하는 작용이 지속적으로 수없이 반복되면 지표면의 암설들이 마치 체질을 하듯 굵은 것은 굵은 것끼리 작은 것은 작은 것끼리 구분되어 독특한 모습의 구조토가 형성된다.

한편, 활동층의 구성 물질은 미세하고 유연하기 때문에 토양에 잘 고정되어 있지 않고 2° 정도의 매우 완만한 경사에서도 흘러내리게 된다. 토양이 불안정하기 때문에 도로, 전봇대, 파이프라인 등의 손상이 심하여 아이슬란드, 그린란드, 알래스카를 비롯한 북극권에서는 가옥이나 건물 등 건축 구조물을 설치할 때 특수한 방법을 사용한다. 영구 동토층 바닥에 버팀목을 박아 건축물의 이동을 막는 토대 조성 공사를 먼저 한 후, 건축 구조물을 세우는 것이다. 또한 발열성 구조물을 지표와 격리시켜 언 땅이 녹아 구조물이 붕괴되는 것을 막고 있다.

알래스카의 송유관 활동층이 녹거나 얼음에 의해 붕괴되는 것에 대비하여 송유관을 지면보다 높게 설치하였다.

다각형 구조토 얼음 쐐기가 얼고 녹는 과정에서 부피가 확대, 축소되면 지표면의 토양은 입자 크기에 따라 분급되어 다각형 모양의 구조토를 형성한다.

핑고 고립된 하천과 호수 등 습기가 많은 평지에서 얼음체가 성장하면 얼음체 위의 퇴적층이 돔 모양으로 밀려 올라가 생긴다.

7 석회암과 물의 만남, 카르스트

자연계의 물은 여러 가지 장관을 연출한다. 그중 하나로 동굴을 들 수 있다. 석회암 지대의 절리에 파고든 물은 석회암을 녹여 동굴을 만든다. 그 다음에는 지하수에 녹아 있던 탄산염광물이 동굴 위에서 자라 종유석을 만들고, 바닥에서는 죽순처럼 자라 석순을 만든다. 아무것도 아닌 것 같은 물이 지하 세계에 마치 궁전 같은 환상적인 공간을 펼쳐 놓은 것이다.

│ 석회암 지형의 형성 조건 │ 일반적으로 암석은 물과 바람 등에 의한 물리적 풍화와 침식을 받는다. 그렇지만 탄산칼슘$CaCO_3$ 덩어리인 석회암은 탄산가스를 포함한 약산성의 빗물이나 지하수에 잘 녹기 때문에 화학적 풍화에 의한 용식작용■을 크게 받는다. 따라서 석회암 지대에는 석회동굴, 돌리네,

용식작용
침식에 속하며, 물이 암석을 화학적으로 녹이는 작용

석회동굴 지하수는 석회암층을 통과하면서 동굴을 만들고, 다시 지하수 속에 녹아 있는 탄산염광물이 빠져나와 축적되어 고드름 모양의 종유석과 죽순 모양의 석순, 이들이 연결된 석주 등을 만든다.

❶ **돌리네** 원형 또는 타원형으로 움푹 팬 지형
❷ **우발라** 돌리네가 2개 이상 연결되어 움푹 팬 지형
❸ **폴리예** 여러 개의 돌리네가 합쳐져 생긴 분지 지형
❹ **석회동굴** 지하수가 석회암층에 생긴 절리를 따라 흘러 들어가 침식하여 생긴 동굴
❺ **탑 카르스트** 유난히 물에 약한 부분은 빠른 속도로 용식되고, 강한 부분이 볼록하게 탑처럼 남은 지형

우발라 등의 독특한 지형이 발달한다. 이들을 총칭하여 카르스트Karst라고 하는데, 이는 슬로베니아의 크라스Kras라는 지명에서 유래한 것이다. 크라스는 용식에 의한 석회암▪ 지형이 발달된 곳으로, 석회암 지형 연구가 최초로 시작된 곳이기도 하다.

석회암은 자연 상태에서 광범하게 분포하는 퇴적암이므로 카르스트 지형 또한 광범하게 분포할 것 같지만 실제로는 일부 지역에 국한되어 발달해 있다. 왜냐하면 카르스트 지형이 발달하려면 석회암층이 넓고 깊게 발달해야 하고, 강수량이 풍부해야 하며, 지하수의 순환이 원활▪해야 하기 때문이다.

하늘에서 내린 비는 땅속의 각종 식물의 뿌리에서 배출되는 이산화탄소를 흡수하여 탄산을 포함한 지하수가 된다. 지하수의 탄산 함유율이 높을수록 석회암을 더욱 잘 용식시키므로, 강수량과 식생이 많은 열대와 아열대 기후 지역에서 카르스트 지형이 더욱 발달하게 되는 것이다. 그러나 현재 건조한 기후 지역에서도 간혹 카르스트 지형을 볼 수 있는데, 이는 과거 그곳이 습윤기후 지역이었음을 말해 주는, 즉 화석 지형이라 할 수 있다.

석회암
적도 부근의 얕은 바다에 사는 산호나 패류의 각질이 오랜 세월 두껍게 쌓여 형성된 암석이다. 오늘날 산호초가 발달한 곳은 적도를 비롯하여 남·북회귀선 부근의 바다로, 현재도 이곳에서는 석회암이 형성되고 있다.

지하수의 원활한 순환 조건
석회암은 조직이 치밀하고 절리(암석에 외부 힘이 가해져서 생긴 금)가 많아 대지나 산지 사이에 지하수의 이동이 활발하려면 깊은 계곡이 발달해야 한다.

석회암 지형(카르스트)
석회암 지형은 크게 지하수에 녹아 형성된 1차 지형(석회동굴, 돌리네, 우발라, 탑 카르스트 등)과 지하수에 녹아 있던 탄산칼슘이 침전되어 형성된 2차 지형(종유석, 석순, 석주 등)으로 구분된다.

❶ 돌리네

❸ 폴리예

❺ 탑 카르스트

| **석회암 지대에서만 볼 수 있는 독특한 지형** | 석회암의 용식에 의해 형성된 카르스트 지형은 대체로 위로 볼록한 형태와 아래로 오목한 형태로 구분된다.

볼록한 형태의 카르스트 지형으로는 카렌이 있다. 이것은 석회암이 차별 용식을 받아 비교적 강한 석회암이 울퉁불퉁한 바위나 뾰족한 기둥 형태로 남은 지형이다.

오목한 형태의 카르스트 지형에는 돌리네, 우발라, 폴리예 등이 있다. 이 지형들은 모두 움푹 파인 웅덩이 모양으로 그 크기에 따라 이름을 달리 부른다. 이 지형들은 모두 중앙에 물이 잘 빠지는 배수구가 발달해 있는데, 이를 통해 지하로 스며든 물은 석회동굴의 발달에 영향을 미치게 된다.

이처럼 물에 의한 석회암의 용식작용은 다양한 카르스트 지형을 발달시키는데, 그 모양이 독특하고 다채로워 마치 예술 조각품 같은 것이 많다. 이 때문에 카르스트 지형이 발달한 지역 중에는 세계적인 관광지로 유명한 곳이 많다.

마다가스카르 칭기 국립공원의 카렌 습윤기후에서 석회암이 지표에 노출된 절리면을 따라 침투한 빗물에 의해 용식되어 견고한 부분만이 불규칙하게 남아 뾰족한 암석 탑이 형성되었다. 이러한 침식 지형을 가리켜 카렌이라고 한다.

베트남 하롱베이에 발달한 탑 카르스트 탑 카르스트는 용식작용 결과 남은 경사가 급한 석회암 돌산이다. 베트남 하롱베이의 탑 카르스트는 바다에 솟아 있는데, 유네스코에서 지정한 세계 7대 절경 중 하나이다.

터키 파묵칼레의 석회화 단구 탄산칼슘이 함유된 온천수가 오랫동안 산 위에서부터 흘러내리며 계단식 논과 같은 모양의 온천을 형성하였다. 멀리서 보면 마치 하얀 목화송이를 쌓아 둔 것 같다 하여 목화의 성이라는 뜻의 '파묵칼레'라고 한다.

| **지하 세계의 조각 궁전** | 석회암 지대에서는 지상이 아닌 지하에서도 용식 작용이 진행된다. 탄산과 유기산을 다량 함유한 지하수가 석회암층에 발달한 층과 절리의 틈을 타고 스며들어 암석을 용식시켜 1차적으로 큰 구멍을 파서 통로를 만든다. 시간이 지날수록 지하수가 지나는 통로는 점점 커지고 이후 지하수가 더 아래쪽으로 새로운 물길을 발달시키면서 기존의 통로는 동굴로 남게 되는 것이다.

베트남 하롱베이 띠엔꿍 동굴
석회동굴 내부의 다양한 동굴 생성물은 물과 시간이 빚어낸 예술이다.

용식에 의해 만들어진 동굴이 1차 지형이라면, 지하수 속에 포함된 탄산 칼슘이 침전되어 만들어지는 종유석, 석순, 석주 등은 2차 지형이다. 종유석은 동굴의 천장에서 중력 방향으로 탄산칼슘이 침전되어 발달하는 것이며, 반대로 동굴 바닥에서 위로 발달하는 것은 석순이라고 한다. 종유석과 석순이 점점 더 발달되어 연결되면 기둥 모양의 석주를 이룬다. 이러한 2차 지형은 형태와 모양이 매우 다양하여 동굴 커튼, 동굴 팝콘, 동굴 산호, 동굴 진주 등 재미있는 이름으로 불리기도 한다.

동굴 커튼

동굴 팝콘

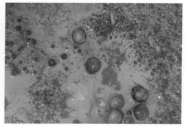

동굴 진주

⊙ 석회암 풍화토, 테라로사

석회암의 용식작용은 아름다운 지형을 남길 뿐만 아니라, 용식이 진행된 후 석회암에 포함된 불순물이 표층 위에 남아, 붉은색의 점토질 토양인 테라로사(terra rosa)를 형성한다. 테라로사는 '장미(rose)빛의 붉은 토양(terra)'을 뜻하는 에스파냐어로, 토양 속의 철분이 산화되어 붉은색을 띠기 때문에 붙여진 이름이다. 보통 1m의 테라로사가 생성되려면 3~7m의 석회암이 용해되어야 한다. 따라서 석회암의 기반암을 덮고 있는 테라로사 층의 깊이를 통해 용해된 석회암의 양을 가늠하기도 한다.

테라로사 석회암이 풍화되고 남은 토양으로, 여름에는 덥고 건조하며 겨울에는 습윤한 지중해 연안에 많이 분포한다.

박쥐 박쥐는 입이나 코로 초음파를 발사하여 되돌아오는 신호를 귀로 받아 장애물과 먹이의 위치를 알아낸다.

| 암흑 세계에서 진화를 거듭한 생명체들 | 빛 한 줄기 들어오지 않는 어둠과 축축한 공기, 죽은 듯한 고요가 가득한 지하의 동굴. 생명체가 살아가기에는 어려운 공간처럼 보이지만, 그 속을 들여다보면 놀랍게도 수많은 생명체가 살고 있다.

동굴 속은 빛이 없고 습도가 높으며 기온과 수온이 일정할 뿐 아니라 바람도 잘 불지 않는다. 이러한 환경 때문에 생명의 원천이 되는 유기 영양분이 부족하고 물속에 녹아 있는 산소량이 적어 주로 작은 동물이나 곤충류와 거미류 등이 살기에 적합하다. 동굴 생물 대부분은 어두운 환경 탓에 시력은 퇴화된 반면, 더듬이와 다리, 털 등 촉각기관은 발달하여 동굴 속 삶에 적합한 형태로 진화하였다. 특히, 빛이나 적으로부터 몸을 보호해야 할 필요가 없기 때문에 몸 색깔은 매우 하얗거나 투명한 색으로 변하였으며, 호흡과 번식, 석성 등 모든 면이 동굴 밖 생물들과 크게 달라졌다. 경이로운 적응이자 진화라 할 수 있다. "환경에 가장 잘 적응한 종만이 살아남는다."라는 다

갈르와벌레 유충

갈르와벌레 원시 곤충에 근접한 생물로, 온도와 습도가 일정한 곳에서 서식한다. 알에서 깨어난 새끼는 어미와 생김새가 비슷하며, 자라면서 갈색으로 변한다.

도롱뇽

갈르와벌레 성충

노래기 생김새는 지네와 비슷하지만, 몸통이 딱딱한 석회질로 싸여 있는 절지동물이다. 햇볕을 싫어하고 습기가 많은 곳에서 서식한다.

윈의 진화론적 주장을 동굴 생물만큼 가장 잘 보여 주는 생태계는 지구상에 없을 것이다.

동굴 속 생물로는 곤충류와 거미류가 약 70%를 차지하며, 이미 땅 위에서는 사라져 화석으로 가끔 발견되어 '화석 곤충'이라고 일컫는 갈르와벌레를 비롯하여 장님옆새우, 도룡뇽 등도 있다.

한편, 동굴에 들어서면 가장 먼저 볼 수 있는 동물이자 동굴에서 가장 중요한 역할을 하는 것은 바로 박쥐이다. 박쥐는 낮에는 동굴 속에서 생활하고 밤이 되면 밖으로 나와 먹이를 사냥한다. 이러한 습성 때문에 박쥐는 외부의 유기 영양분을 동굴 속으로 옮기는 전령사 역할을 할 뿐만 아니라, 유기물이 풍부한 배설물과 시체를 제공하여 동굴 생물체들이 서식할 수 있게 하는 영양분 공급자 역할을 담당하기도 한다.

거미 동굴 생물의 약 70%는 곤충과 거미류이다. 이들은 눈과 날개 기관이 퇴화했고 몸 색깔은 무색 투명하며, 감각기관인 다리나 털 등이 유난히 길게 발달하였다.

◉ 인류 문명의 발달에 기여한 석회암

쿠푸왕의 피라미드 석회암은 시멘트의 원료가 되는 암석이다. 쿠푸왕의 피라미드에 처음 사용된 시멘트는 아주 오래전부터 건축 재료로 이용되었다.

전 세계 육상 퇴적암의 30%를 차지하는 석회암은 퇴적 당시의 환경 및 생물계의 모습을 담고 있기 때문에 고생물학적, 지사학적으로 의미가 크다. 한편, 석회암은 시멘트, 비료, 카바이트, 화학약품, 제철, 석제 등의 원료로 사용된다. 그 가운데 시멘트는 인류의 건축 문명 발달에 크게 이바지하였다. 시멘트를 처음 사용한 것은 5,000년 전 이집트의 피라미드로 알려져 있다. 이때는 석고와 석회를 혼합하여 사용하였는데, 우리나라 조선 시대 때에도 왕릉을 비롯한 사대부의 무덤에는 예외 없이 석회를 다진 시멘트가 사용되었다. 시멘트는 오늘날 각종 주택과 건축물, 공장, 댐, 교량 등을 건설하는 데 널리 사용된다.

장님옆새우

녹색의 생명 벨트, 대평원

지구 면적의 1/4을 차지하는 광활한 평원은 지평선까지 이어진 드넓은 세상이다. 남극을 제외한 지구 모든 곳에 발달한 평원은 큰 변화가 없는 정적인 세계로 보이지만 실은 놀랄 만큼 다양한 모습이 나타나는 공간이다. 아프리카 세렝게티 평원은 야생동물의 천국으로 생태계에서 중요한 역할을 한다. 유럽이나 아시아, 아메리카 대륙의 평원은 오늘날 세계적인 곡창지대를 이루었다.

| 광대한 지평선으로 이어진 땅 | 인도 갠지스 강 유역의 힌두스탄 평원에서부터 야생동물의 낙원인 아프리카 세렝게티 평원, 풀이 무성한 북아메리카 프레리 초원, 띠 모양으로 길게 이어진 중앙아시아의 스텝 초원, 여름철 이끼류에 의해 녹색의 땅으로 바뀌는 툰드라 초원, 시베리아 횡단 열차가 며칠 밤을 달려야만 하는 넓디 넓은 시베리아 평원에 이르기까지 지구상에는 다양한 형태의 평원이 존재한다.

　이러한 대평원은 어떻게 만들어지는 것일까? 평원은 형성 원인에 따라 강물

Ⓐ 유럽 대평원

Ⓒ 미국의 중앙 대평원

Ⓓ 아르헨티나의 팜파스

이 퇴적물을 쌓아 만든 범람원 형태의 충적평야와, 지층이 오랜 기간 지각변동을 겪지 않은 가운데 하천, 바람, 빙하 등에 침식을 받아 평탄해진 구조평야로 구분된다. 오늘날 세계적인 곡창지대로 유명한 유럽 대평원, 시베리아 대평원, 미국의 중앙 대평원, 아르헨티나의 팜파스, 오스트레일리아의 중앙 평원 등 세계의 대평원은 구조평야에 속한다.

구조평야의 잔흔, 테이블 마운틴
원시 비경이 뛰어나 영화 〈쥐라기 공원〉의 배경이 된 볼리바르 베네수엘라의 테이블 마운틴이다.

세계의 대평원 지역은 약 6억 년 전 선캄브리아기 바다에서 퇴적된 지층이 융기한 이후 지각변동이 거의 없는 가운데 수평적인 침식만을 받아 고원이나 평탄한 대지를 이룬 것이다. 따라서 화산활동이나 지진이 거의 없는 매우 안정된 땅덩어리이다. 대륙적 규모의 대평원 지역은 그 형태가 마치 방패를 엎어 놓은 모양의 순상지, 또는 탁자 모양의 탁상지를 이룬다. 남아메리카와 아프리카에서 볼 수 있는 테이블 마운틴은 탁상지의 일부가 침식을 받아 탁자 모양의 산을 이룬 것이다.

ⓑ 시베리아 평원

ⓔ 오스트레일리아의 중앙 평원

⊙ 평야의 형성 과정

평야는 경사가 완만하고 평탄한 넓은 지형을 말한다. 하지만 모든 평야의 모습이 똑같은 것은 아니다. 평야가 발달하는 위치에 따라 그 모습이 조금씩 다르게 나타나는데, 그 이유는 형성되는 과정이 다르기 때문이다. 퇴적물이 쌓이면서, 거대한 지각변동으로 평탄한 지대가 융기하면서, 오랜 시간 동안 침식을 받으면서, 또는 열거한 작용들이 복합적으로 일어나면서 다양한 모습의 평야가 발달하게 된다.

구조평야는 오랜 시간 큰 지각변동 없이 거의 수평 상태를 유지하면서 하천·빙하·바람 등에 의한 침식으로 만들어진 평야이다. 사실, 구조평야라는 명칭은 지질시대에 형성된 지질구조가 오랜 시간 동안 침식을 받아 그대로 드러나면서 나타난 평탄한 지형이기 때문에 붙여진 것으로, 구조평야는 침식평야에 속한다. 북아메리카 중앙에 위치한 대평원과 유럽의 대평원이 구조평야의 대표적인 예이다.

큰 하천 주변에 발달한 범람원은 충적평야의 대표적인 예이다. 물론 하천 외에도 바다·호수·바람·빙하·화산 등에 의한 퇴적으로 형성된 평야도 있지만, 하천의 경우 상·중·하류 구간별로 다양한 평야가 발달한다. 산지 사이를 흐르는 상류의 골짜기가 고도가 낮은 평탄한 지역을 만나는 지점에서는 선상지가, 평지를 흐르는 중류에서는 잦은 범람 때문에 범람원이, 바다와 만나는 하류에서 갑자기 유속이 느려지면서 퇴적이 활발해져 삼각주가 만들어진다.

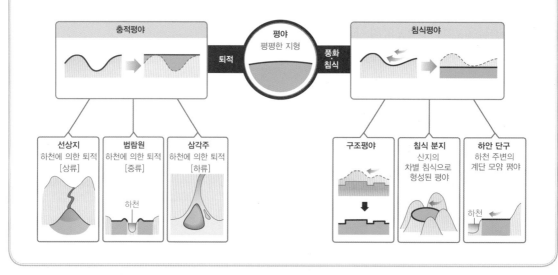

| 녹색의 생명 벨트이자 세계의 식량 창고, 대초원 | 강수량이 나무가 자라기에는 적고, 사막이 발달하기에는 많은 지역에서는 그 둘의 중간 형태라 할 수 있는 초원이 발달한다. 초원은 속하는 기후에 따라 열대 초원, 온대 초원, 한대 초원, 고원 초원 등으로 구분되며, 이들은 전 지구 면적의 약 1/4을 차지한다.

흔히 초원이라고 하면 푸릇푸릇한 넓은 들판과 일 년 내내 큰 변화 없이 평화로운 모습을 떠올린다. 하지만 초원에는 습지대가 발달한 것, 풀과 나무가 무성한 것, 반사막의 모습을 한 것, 여름 한철 이끼가 자라 형성되는 것 등 그 형태가 다양하다. 그뿐만 아니라 연중 다채로운 변화가 이어지는 곳이 대부분이다.

열대기후에서 발달한 열대 초원^{사바나}에는 키가 큰 풀과 나무가 무성하며 영양, 누, 얼룩말을 비롯한 초식동물과 이들을 먹이로 하는 사자와 하이에나 같은 맹수들이 어울려 '동물의 낙원'을 이룬다. 또 우기에 접어들면 황량하였던 누런 초원이 새로운 풀로 덮여 녹색의 생명 지대로 바뀌면서, 이를 쫓아 많은 동물들이 대이동을 하는 등 변화와 움직임이 활발한 곳이기도 하다. 아프리카 동부의 사바나, 볼리바르 베네수엘라의 오리노코 강 유역의 야노스, 브라질 중부의 캄푸스 등이 대표적인 열대 초원이다.

대체로 중위도의 내륙에 위치하는 온대 초원은 열대 초원만큼 뚜렷하게

세렝게티의 표범

세렝게티의 누 떼 이동 케냐의 야생동물 보호구역의 누 떼들은 여름철 우기가 되면 풀을 찾아 100만 마리 이상이 무리를 지어 남부로 이동한다. 이들은 탄자니아에서 여름을 보내고 건기가 시작되면 다시 북서부로 이동한다. 이곳의 수많은 동물은 풀을 찾아 초원을 누비는데, 그 모습을 보기 위해 세계 각지에서 관광객들이 찾아온다.

프레리 독 북아메리카 프레리 지역에 사는 다람쥐과에 속하는 동물이다. 초원에 서식하는 동물 대부분은 야행성이거나 땅속에서 산다. 이러한 행동은 토양에 산소를 공급하여 초원의 풀이 생장하는 데 도움을 준다.

구분되는 것은 아니지만, 상대적으로 강수량이 많은 우기에 생산성이 큰 공간으로 변화한다. 대표적인 온대 초원인 북아메리카 중부의 프레리와 남아메리카 남부의 팜파스는 세계적인 농목업 지역이다. 두 지역에서는 밀·옥수수 등이 대규모로 재배되며, 소·양 등의 기업적 방목이 행해진다. 이외에도 중앙아시아의 우크라이나는 비옥한 체르노젬흑색토 위에 온대 초원이 발달한 곳으로, 유럽 최대의 곡창지대이다. 과거에는 소련 식량의 50%를 생산하는 '소련의 빵 바구니'로, 오늘날에는 유럽으로 많은 양의 밀을 수출하는 '유럽의 빵 바구니'로 식량 창고의 역할을 하고 있다.

한편, 티베트 일대는 비록 지형적으로는 해발고도가 높은 고원지대이지만, 서늘한 기후 때문에 평탄한 곳에 초원이 발달해 있다. 이 지역에서는 아직도 양과 염소 등을 이끌고 풀을 찾아 이동하며 사육하는 전통적 유목이 행해지고 있다. 이 때문에 사람들은 정착 가옥이 아닌 이동식 가옥에서 생활하며, 독특한 생활 문화를 갖고 있다.

| **여름철 대초원으로 탈바꿈하는 툰드라 초원** | 북극해를 감싸고 있는 북극 연안인 유라시아 북부와 아메리카 북부의 툰드라는 한대기후에 발달한 초원으로 전 육지 면적의 약 1/10을 차지한다. 이곳은 땅이 얼어 있을 뿐

온대 초원 온대기후에 발달한 초원 지역에는 목축이나 농경이 행해지는 곳이 많다. 사진은 북아메리카 중앙 대평원에서 소를 방목하는 모습이다.

만 아니라, 강수량도 적어 농작물의 재배가 어렵고 나무가 잘 자라지 못한다. 이러한 불리한 환경조건 때문에 거주하는 사람이 적다. 특히, 겨울이면 ⁻30~⁻20℃의 혹독한 추위 때문에 식물의 생장이 힘들다. 하지만 이곳도 2개월 정도의 짧은 여름 동안은 얼어 있던 땅이 녹으면서 여기저기 물웅덩이가 생기고 이끼와 작은 풀 등이 자라는 거대한 초원으로 변한다.

여름철 툰드라 초원에 돋아난 새순은 순록의 훌륭한 먹이가 된다. 이를 찾아 남쪽 타이가 숲에서 순록의 무리가 이동해 온다. 또한 툰드라 초원은 순록에게 늑대나 곰과 같은 천적을 피할 수 있게 해 주어 새끼를 낳고 기르는 데 더없이 완벽한 장소가 된다. 다시 겨울이 되면 순록과 그 새끼들은 모두 타이가 숲으로 돌아가 툰드라 초원은 텅 비게 된다. 이처럼 순록은 동토 지대인 툰드라가 녹색 초원으로 바뀔 때를 기다려 해마다 대이동을 되풀이한다.

초원은 이처럼 다양한 식물과 동물이 어우러진 생동감이 넘치는 공간이며, 농경과 목축이 활발한 인간의 식량 창고로서 중요한 의미를 지닌다. 하지만 최근 들어 인간의 과도한 농경지 개간과 가축 사육, 인위적 개발 등으로 초원이 황폐해지고 줄어들고 있다. 결국 그로 인한 피해는 우리 인간들 몫이 됨을 잊어서는 안 된다.

여름철 툰드라 초원의 순록 여름철 잠깐 동안 지표면이 녹으면 이끼나 작은 풀, 꽃들로 초원을 이룬다. 툰드라 초원의 풀과 이끼는 순록의 주요 먹이가 되므로 순록들은 여름철 북쪽의 툰드라지대로 이동해 온다.

초원의 집과 프레리

들판에 한가롭게 서 있는 나무가 TV 화면을 가득 메운다. 서정적인 음악에 마음의 안정을 얻다
보면 갑자기 멜로디는 경쾌하게 바뀌고, 밝게 웃는 부부와 귀여운 아이들이 짐마차를 타고 언덕
에서 구르다시피 내려오는 장면이 이어진다. 서부 개척 시대를 다룬 미국 드라마 〈초원의 집〉의
오프닝 장면이다. 이 드라마 속 주인공 소녀는 캔자스, 미네소타, 다코타 주에서 살아가는데, 이
곳은 모두 프레리이다. 프레리는 로키 산맥 동부에서 미시시피 강 유역 중부에 이르는 동서 길
이 약 1,000km, 남북 길이 약 2,000km의 거대한 초원이다. 프레리 지역은 인디언 거주 시대부
터 개척 시대 초기까지는 목장으로 이용되었으나, 1870년대 이후 미국의 경제 발전과 철도망 건
설에 힘입어 오늘날에는 세계 제일의 농경 지대가 되었다.

북아메리카 곡창지대 프레리 북아메리카 중부의 대초원 지대인 프레리는 지질시대를 거치며 대륙빙하가
여러 차례 전진과 후퇴를 반복하는 과정에서 지표가 침식을 받아 평탄해진 평야 지형이다. 비옥한 토양에
밀, 옥수수, 콩 등을 기업적으로 생산하는 북아메리카 최대의 곡창지대이다.

〈초원의 집〉은 1870년대 대초원의 삶을 다루고 있는데, 목장보다는 농경의 터전으로 이용되는 모습이 많이 드러난다. 영화 〈바람과 함께 사라지다〉에서도 알 수 있듯 미국 남부에서는 주로 목화를, 중부와 동부에서는 밀과 옥수수를 재배하였다. 영화 속 주인공 가족 역시 밀을 주로 재배하는데 겨울의 극심한 추위를 견뎌 내는 이야기, 메뚜기 떼가 몰려와서 고생하는 이야기, 기름진 토양 덕분에 큰 수확을 올리고 기뻐하는 이야기 등이 다채롭게 펼쳐진다. 프레리 지역은 대륙성기후 때문에 한서의 차가 크고, 프레리토 또는 갈색 삼림토라고 하는 비옥한 토양이 분포해 있는데, 이런 지리적 사실이 허구의 이야기와 절묘하게 결합하는 순간이다.

오늘날에도 프레리는 북아메리카의 곡창지대로 밀, 옥수수, 대두 등이 많이 생산되고 있다. 이제 사람들은 드라마 속 주인공처럼 힘들게 농사짓지 않고 농기계를 이용하여 파종부터 수확까지 끝낸다. 심지어 헬리콥터를 타고 밭을 돌기도 한다. 격세지감이지만 그래도 변하지 않은 것이 하나 있다면, 그것은 끝없이 펼쳐진 프레리의 한가롭고 광활한 풍경일 것이다.

〈초원의 집〉 장면

육지와 바다의 만남, 해안

하루에 두 번씩 끊임없이 육지로 밀려드는 파도에 의해 해안은 역동적인 변화를 겪는다. 또한 조석, 파랑, 해수면의 승강운동 등이 상호작용하여 다양한 해안지형이 만들어지거나, 빙하의 전진과 후퇴, 용암 분출, 하천의 퇴적물 공급, 그리고 바람, 물, 얼음의 풍화 등이 해안지형을 바꾸기도 한다.

임해공업지대
바다와 육지가 접하는 해안가에
발달한 공업 지대

| **어항에서 공업지대로 주목받는 해안** | 육지와 바다가 만나는 해안은 뛰어난 경관을 지녔을 뿐만 아니라 수산업 기지인 어항이자 육상과 해상 교통이 만나는 곳으로, 이러한 이점을 이용한 임해공업지대*로서 인간 생활과 밀접한 관련을 맺고 있다. 해안선에서 100km 이내에 세계 인구의 절반 정도가 살고 있는데, 미국의 뉴욕을 비롯하여 중국의 상하이, 일본의 도쿄, 네덜란드의 로테르담, 덴마크의 코펜하겐, 브라질의 리우데자네이루, 인도의 콜카타 등 세계 여러 대도시가 해안에 있음이 이를 뒷받침한다.

초창기 인류는 바다에서 손쉽게 식량 자원을 구할 수 있어서 해안 가까이에 모여 살았고 자연스럽게 해안 도시가 발달하게 되었다. 더구나 산업화 사회로 접어들어 해안은 원료의 수입과 제품의 수출에 유리한 공간이었기 때문에 단

Ⓐ 아말피 해안 이탈리아 남부에 있는 해안으로 유네스코 세계 문화유산으로 지정될 만큼 아름다운 경관으로 유명하다.

Ⓑ 가와사키의 석유화학 콤비나트 일본 최대의 공업 지역인 게이힌에 위치한 가와사키는 내륙에는 기계 공업이, 임해 지역에는 석유화학·철강 공업이 발달하였다.

순한 어항을 뛰어넘어 공업지대로서 주목받게 되었다. 오늘날 대부분의 나라의 해안에서 석유화학, 제철, 조선 등의 중화학 공업지대가 발달한 것은 이와 무관하지 않다.

한편, 해안은 바람이 강한 곳으로 이를 이용한 풍력발전을 비롯하여 조력과 파력▪등의 자연력을 이용한 재생에너지 개발이 활발히 이루어지는 공간이기도 하다.

해안은 바다로부터 해일과 태풍 등의 자연재해가 끊이지 않는 곳이기도 하다. 국토의 대부분이 해발고도 10m 이내의 저지대인 방글라데시는 강풍과 폭우를 동반한 열대성저기압인 사이클론 때문에 매년 큰 피해를 입고 있다. 또 2005년 미국 남부의 뉴올리언스를 강타한 허리케인 카트리나는 저지대 주민들에게 엄청난 인명과 재산상의 손실을 입혔다. 최근 지구온난화로 해수면이 상승하는 것 또한 해안 지대의 안전을 위협하는 요소이다.

조력과 파력
조력은 밀물과 썰물 현상으로 생기는 에너지를 말하며, 파력은 파도가 위아래로 움직일 때 발생하는 에너지를 말한다. 두 에너지 모두 해안지형의 변화를 일으키며, 전력 생산에 이용되기도 한다.

⊙ 브라니 컨테이너 터미널 싱가포르에 위치한 세계 최고의 컨테이너 항만이다. 브라니 컨테이너 터미널은 아시아와 오세아니아 지역의 중간에 위치하며, 주요 항로와 이어지는 요충지이다.

⊙ 뉴욕 미국 동부에 위치한 최대의 항구도시이다. 대서양 항로의 서쪽에 자리 잡은 가장 중요한 항구로, 세계 경제의 중심지이다.

오스트레일리아 12사도상 바닷가 암석이 절리면을 따라 차별 침식되어 단단한 부분의 암석들이 남은 것이다. 원래 12개였으나 현재 8개만 남아 있다.

| **다양한 해안지형** | 해안은 바다로부터 파랑, 조류, 연안류 등의 힘이 끊임 없이 가해지는 매우 동적인 장소로, 다양한 지형이 발달한다. 육지가 바다를 향해 돌출한 부분을 곶, 바다가 육지를 향해 들어간 곳을 만이라고 하는데, 주로 파랑에너지가 이러한 지형을 만든다. 곶은 침식의 영향을 많이 받고, 만은 돌출부에서 깎여 나간 물질이 운반되어 쌓이는 퇴적의 영향을 많이 받는다.

바다 쪽으로 돌출한 암석해안은 거센 파도의 힘에 의해 깎이고 파이는 과정에서 해식절벽과 해식동굴이 발달한다. 그뿐만 아니라 이러한 침식 과정에서 떨어져 나온 암석 파편들이 파도를 따라 움직이면서 절벽 아래의 바닥을 깎아 평평한 지형을 만드는데, 이를 파식대지라고 한다. 지각변동으로 파식대지가 융기하면 계단 모양의 해안단구가 나타나기도 한다.

반면, 육지 쪽으로 움푹 들어간 만에서는 파도의 힘이 약해짐에 따라 조류에 의해 쓸려 온 모래나 자갈, 미세한 흙 등이 쌓인 모래 해안과 갯벌 해안이 발달한다. 특히, 약해진 파도의 흐름을 따라 긴 모래톱^{사주}이 발달하게 되는데, 일부 모래톱은 만의 입구를 막아 석호라고 불리는 호수를 만들기도 하

해식절벽의 형성 과정

- 해식동굴

- 해식절벽
- 파식대지

해안지형
곶에서는 파랑의 침식으로 해식절벽과 시스택 등 수려한 절경을 만들어 내는 반면, 만에서는 하천을 따라 바다로 공급된 모래가 연안류와 조류, 파랑에너지에 의해 퇴적되어 모래 해안, 모래톱 등의 퇴적 지형을 형성한다.

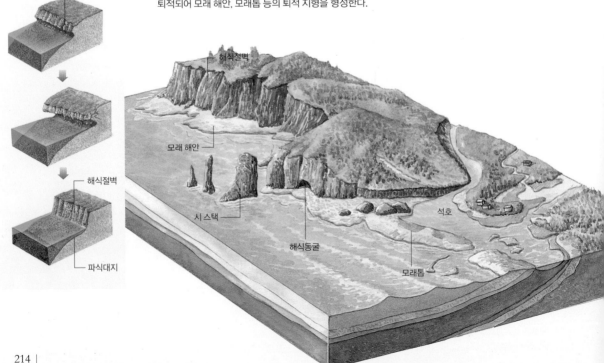

해식절벽

모래 해안

시 스택

해식동굴

석호

모래톱

⊙ 빙하기의 해안선 변화

지구는 탄생 이후 빙하기와 간빙기가 반복하여 나타났는데, 이 과정에서 빙하의 성쇠는 해수면의 상승과 하강에 많은 영향을 주었다. 기온이 내려가는 빙하기에는 빙하의 분포 범위가 늘어나 해수면이 낮아지는 반면, 기온이 올라가는 간빙기에는 빙하가 녹아 해수면이 높아진다. 특히, 마지막 빙하가 최극성기였던 약 1만 8,000년 전에는 현재보다 기온이 5℃가량 낮았기 때문에 해수면도 120m가량 낮았다. 따라서 당시 영국과 유럽, 우리나라와 일본은 육지로 연결되어 있었다. 북해의 해저에서 저인망어선의 그물에 선사시대의 골각기와 토기, 그리고 매머드의 상아와 이빨 등의 유물이 걸려 나오는 사실이 이를 뒷받침한다.

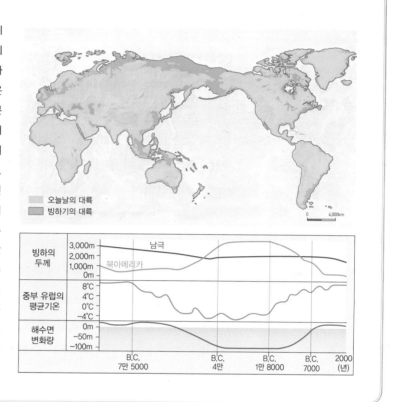

며, 사주가 성장하여 육지와 연결된 섬인 육계도가 만들어지기도 한다.

해안에는 해안지형뿐 아니라 해안선의 형태도 매우 다양한데, 일반적으로 조륙운동에 의한 육지의 융기와 침강, 지구 기온 변화에 따른 해수면의 높이 변화 등에 의해 침수해안과 융기해안으로 구분된다.

침수해안은 육지가 침강하거나 해수면이 상승하여 형성되므로, 침수 전 해안의 지형에 따라 그 모습이 달라진다. 산지가 발달한 경우 골짜기나 계곡에 바닷물이 들어와 섬과 만이 형성되고, 큰 하천의 하구에 발달한 삼각주가 잠기게 되면 나팔 모양의 만이 형성되기도 한다. 따라서 해안은 대체로 해안선의 드나듦이 복잡한 곳이 많으며, 형태나 형성 과정에 따라 리아스 해안, 피오르 해안, 달마티아 해안 등으로 구분한다.

융기해안 상대적으로 지반이 융기하면서 생긴 것으로, 해안 절벽이나 계단 모양의 해안단구를 형성한다.

리아스 해안은 해안을 향해 여러 갈래로 뻗어 발달한 산지가 물에 잠겨 만들어진 해안으로, 해안선이 복잡하고 섬이 많다. 에스파냐의 북서부 해안과 미국의 동부 해안, 우리나라의 황해와 남해 등에 잘 발달해 있다.

빙하는 이동하면서 주변 지역을 깎아 U자곡을 만드는데, 특히 해안에 발달한 U자곡에 바닷물이 들어오면 좁고 긴 만이 생기게 된다. 이러한 지형이 발달한 해안을 피오르 해안이라고 하며, 이는 노르웨이와 캐나다, 칠레의 서부 해안 등에서 볼 수 있다.

크로아티아의 달마티아 지방 해안에서 유래된 달마티아 해안은 해안과 평행하게 열을 지어 늘어선 만과 섬들이 발달한 것이 특징이다. 이것은 오래전 해안과 평행하게 발달한 습곡 지대에 바닷물이 들어오면서 골짜기는 물에 잠기고, 능선은 바다 위로 드러나 만과 섬들로 변하면서 만들어졌다.

반면, 해수면의 상승 속도보다 더 빠르게 육지가 융기하여 형성된 해안을 융기해안이라 한다. 융기해안은 바닷속에 잠겨 있던 넓고 평탄한 퇴적 지형이 육지가 되면서 넓은 해안평야로 발달한 경우가 많으며, 침수해안에 비해 해안선이 대체로 단조로운 편이다. 미국 대서양 연안에서 플로리다 반도에 이르는 일대와 영국 브리튼 섬 남부 해안이 대표적인 융기 해안평야 지대이다.

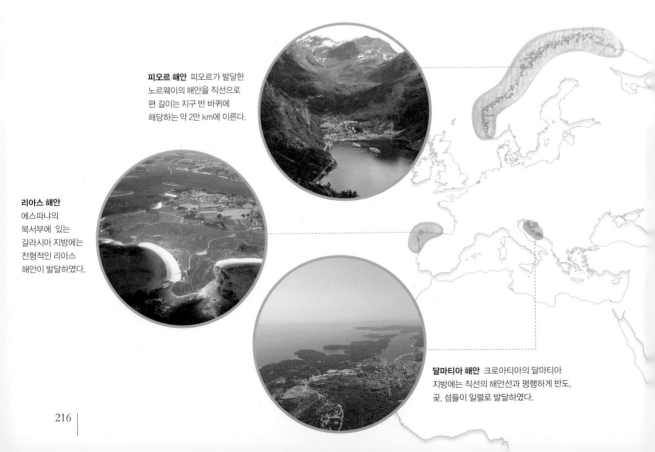

피오르 해안 피오르가 발달한 노르웨이의 해안을 직선으로 편 길이는 지구 반 바퀴에 해당하는 약 2만 km에 이른다.

리아스 해안 에스파냐의 북서부에 있는 갈라시아 지방에는 전형적인 리아스 해안이 발달하였다.

달마티아 해안 크로아티아의 달마티아 지방에는 직선의 해안선과 평행하게 반도, 곶, 섬들이 일렬로 발달하였다.

| **지구를 지키는 바다의 은인, 산호** | 연평균 표면 수온 23~25℃인 열대 및 아열대기후 지역의 얕은 바다에는 산호의 분비물이나 뼈가 쌓여 이루어진 단단한 암초인 산호초가 발달하는데, 대체로 카리브 해, 인도양, 지중해 그리고 태평양의 서부 해역에 집중 분포한다.

산호초는 섬과 산호의 위치에 따라 거초, 보초, 환초로 구분된다. 거초는 섬에 산호초가 직접 붙어서 발달한 것을 말하며, 섬과 산호초가 바다에 의해 나뉜 것을 보초, 섬이 없고 산호초만이 원을 이루며 발달한 것을 환초라고 한다. 이러한 산호초의 형성 과정을 놓고 육지가 침강함에 따라 거초, 보초, 환초순으로 발달한다는 견해와, 빙하가 녹아 해수면이 높아지면서 그 높이 정도에 따라 거초, 보초, 환초가 생겼다는 두 견해가 있으나 전자가 더 신빙성을 얻고 있다.

산호는 인류에게 매우 고마운 존재이다. 산호의 각질은 해저에 쌓여 시멘트의 원료가 되는 석회암을 만들고, 지구온난화를 방지하는 역할을 하기 때문이다. 1㎡의 산호는 매년 1,500~3,700g 정도의 이산화탄소를 흡수하는데, 이는 같은 면적의 열대우림이 연간 1,000~3,300g의 이산화탄소를 흡수하는 것과 비교할 때 적지 않은 양이다. 그뿐만 아니라 산호초에는 열대우림 다음으로 생물종이 풍부하다. 그러나 최근 해수 오염과 수온 상승으로 서식 조건이 악화되면서 산호초의 생태계가 크게 위협받고 있다.

거초

↓

보초

↓

환초

산호초의 형성 과정 다윈은 섬 주위에 산호가 자라 거초가 발달한 후, 섬이 점차 침강하면서 보초가 형성되다가 바다 아래로 완전히 가라앉으면 바다 위에는 고리 모양의 환초만 남게 된다는 육지침강설을 주장하였다.

그레이트배리어리프(대보초) 오스트레일리아 북동 해안에 있으며, 길이 2,000km, 폭 15~140km, 면적 20만 ㎢에 이르는 세계에서 가장 큰 산호초로 인공위성에서 보일 만큼 엄청난 크기를 자랑한다.

산호초

│ **자연의 콩팥, 연안 습지** │ 해안에는 하루에 두 번씩 바닷물이 들고 빠지는 조석 현상에 의해 썰물 때면 드러나고 밀물 때면 물에 잠기는 연안 습지인 간석지, 즉 갯벌이 널리 발달한다. 갯벌은 하천을 통해 바다로 유입된 미립질의 토사가 조류에 밀려 연안에 쌓여 형성된다.

그러나 간석지는 모든 해안에 발달하는 것이 아니라 밀물과 썰물의 차가 크고 파도가 약한 곳에 잘 발달한다. 우리나라 황해안을 비롯하여 캐나다 동부 연안, 미국 동부 조지아 연안, 북해 연안, 아마존 유역 연안이 세계 5대 갯벌로 불린다.

갯벌은 해안 생태계의 먹이사슬이 시작되는 곳으로, 생물들이 다양한 생태계의 보고이다. 숲이 '지구의 허파'라면 갯벌은 '자연의 콩팥'이라고 할 수 있다.

◉ 네덜란드 도시 이름의 유래

튤립과 풍차로 유명한 네덜란드의 서부 도시들 이름 중에는 암스테르담, 로테르담, 스파른 담, 에담 등 '담' 자로 끝나는 도시가 많다. 그 이유는 무엇일까? 네덜란드 서부는 원래 라인 강, 마스 강, 스헬데 강이 상류로부터 운반해 온 퇴적물이 쌓인 갯벌이었다. 이곳은 북해의 해수면보다 낮은 저지대였기 때문에 홍수가 나면 주변 토지가 물에 쉽게 잠기고, 해일이 발생하면 바닷물이 이 지역을 거침없이 뒤덮었다. 이 같은 수해에 대비해 지면보다 높은 자연제방 위에 주거지를 마련하였다. 이 자연제방을 담(dam)이라고 하는데 암스테르담, 로테르담, 스파른담, 에담 등의 도시들은 강에 댐을 쌓고 거주지를 만들면서 형성되었기 때문에 자연스럽게 도시 이름에 '담' 자가 붙게 된 것이다.

바다보다 낮은 땅을 개척해야만 했던 네덜란드의 역사는 바닷물과의 전쟁의 역사라고 해도 지나치지 않다. 그들은 "세계는 신에 의해, 네덜란드는 네덜란드인에 의해 만들어졌다."라고 말할 만큼 스스로에 대한 자부심이 강하다.

네덜란드의 상징으로 통하는 풍차 네덜란드는 '낮은(neder) 땅(land)'이라는 나라 이름에서도 알 수 있듯이 국토의 많은 부분이 해수면보다 낮은 곳에 위치한다. 이 때문에 풍차는 저지대의 물을 퍼내는 기능뿐만 아니라 일 년 내내 부는 편서풍을 동력 자원으로 바꿔 주는 중요한 기능을 하였다.

갯벌의 수많은 미생물이 오염 물질을 걸러 내는 뛰어난 정화력을 지녔을 뿐 아니라 식물성 플랑크톤의 광합성 결과로 산소를 발생시켜 지구온난화를 막아 주기 때문이다. 또한 철새들의 이동 통로에 위치하여 기착지로서 중요한 역할을 한다. 이렇듯 갯벌은 뛰어난 생산성을 지니고 있기 때문에 양식장이나 염전으로 이용된다.

　그동안 갯벌을 쓸모없는 땅으로 여겨 많은 나라에서는 간척하여 육지로 만들었다. 국토의 1/4이 바다보다 낮은 네덜란드는 그동안 갯벌에 인공 제방을 쌓고 풍차를 돌려 물을 퍼내어 국토를 확장시켜 왔다. 그러나 최근 갯벌의 생태적 가치와 소중함이 새롭게 부각되면서 네덜란드를 비롯하여 미국, 독일, 일본 등의 여러 선진국에서는 메웠던 간척지를 다시 갯벌로 환원하는 역간척 사업을 추진하고 있다.

바덴 해의 갯벌 독일, 덴마크, 네덜란드가 접해 있는 북해 연안의 바덴 해에는 갯벌이 발달하였다. 그중 가장 많은 갯벌을 보유한 독일은 갯벌 지역을 국립공원으로 지정하여 보존에 힘쓸 뿐만 아니라 관광 자원으로도 적극 활용하고 있다.

덴마크

슬레스비히-홀스타인주
갯벌 국립공원

함부르크 갯벌 국립공원

니더작센주 갯벌 국립공원

네덜란드

독일

갯벌 국립 공원

10 지구의 마지막 보고, 해양

지구 표면의 2/3 이상을 덮고 있는 바다는 전 지구적인 태양에너지 순환 체계에서 많은 양의 열을 저장하였다가 방출하는 역할을 하며 세계 기후에 큰 영향을 미친다. 인류는 바다와 떼려야 뗄 수 없는 밀접한 관계 속에서 바다를 이용하고 개척하면서 해양 문명을 이루어 왔다. 바다는 아직도 인간의 손이 다 미치지 않은 미지의 세계로, 인류에게 새로운 가능성을 제시한다.

컨베이어 벨트 이론에 따른 해수 흐름도 북극권에서 가라앉은 해류는 밀도가 높아 주변 해수와 섞이지 못하고 거대한 물줄기를 형성하며 남쪽으로 흘러가다가 남아프리카 인도양을 거쳐 태평양에 도달한 뒤에야 서서히 표층부로 상승하면서 사라지게 된다. 이때 물이 빠져나간 만큼 수위가 낮아진 대서양을 메우기 위해 다시 따뜻한 멕시코 만류가 북극으로 밀려가게 되어 결국 대서양의 북쪽 끝에서 태평양의 한가운데까지 연결되는 거대한 바닷물의 흐름인 컨베이어 벨트가 형성되는 것이다.

| 열 조절 장치, 해류 | 지구 표면의 70%는 바다로 되어 있어 지구를 '물의 행성'이라고 부른다. 북반구에서는 육지의 비율이, 남반구에서는 해양의 비율이 더 높다. 육지의 평균 높이는 약 840m, 해양의 평균 깊이는 약 3,800m로, 만약 지구가 굴곡 없이 평평하다면 바닷물은 약 2,500m 두께로 지구 표면을 덮을 것이다.

바닷물은 늘 일정한 모습을 유지하고 있는 것처럼 보이지만 사실 거대한 컨베이어처럼 일정한 방향으로 끊임없이 순환한다. 이러한 바닷물의 흐름을 해류라고 하며, 발생 원인에 따라 바람에 의해 일어나는 표층 해류와 수

■ 난류, 저밀도, 표층수   ■ 한류, 고밀도, 심층수

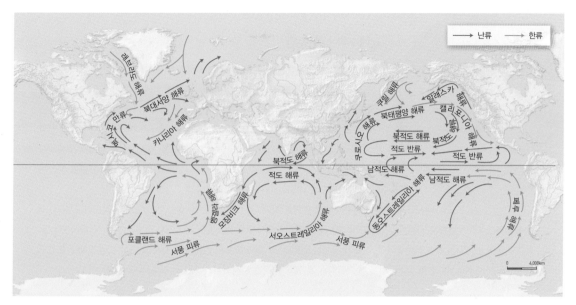

세계의 주요 해류 해류는 수온에 따라 난류와 한류와 구분된다. 난류가 흐르는 해안에는 겨울이 따뜻한 해양성기후가
나타나고, 한류가 흐르는 해안에는 사막이 발달하거나 건조한 기후가 나타난다. 특히, 난류와 한류가 만나는 지역은
플랑크톤이 풍부한 조경 수역이 형성되어 세계적인 어장을 이루기도 한다.

온과 밀도_{염분}의 차이로 일어나는 심층 해류로 구분된다.

편서풍이나 무역풍과 같이 일정한 방향으로 바람이 불면 바람과 해수면
사이의 마찰이 생겨 표층에서 일정한 방향으로 해류가 발생한다. 이와 같이
바람에 의해 발생하는 해류는 주로 바닷물의 표면층에서 순환을 일으킨다.
한편, 고위도의 추운 곳에서는 바람보다는 염분의 농도 차에 따른 밀도 차
이로 순환이 발생한다. 고위도지방의 표층 바닷물이 얼면서 염분의 농도가
높아져 밀도가 커지면 가라앉게 되는데, 이 때문에 심층에서 순환이 시작되는
것이다. 수온 또한 해류의 순환을 발생시키는 원인이 된다. 저위도지방의 난
류는 많은 열을 고위도로 이동시킨 후, 고위도지방에서 한류로 바뀌면서 밀
도가 높아져 가라앉게 되어 심층 순환을 하는 것이다.

이렇듯 해류는 바람, 염분의 농도, 수온 등에 따라 대순환을 하면서 대기
를 순환시키고 더불어 지구의 온도를 조절하는 역할을 한다. 만약 난류와
한류의 이동이 없다면 남극과 북극은 지금보다 더 추울 것이며, 반대로 적
도는 더 뜨거워서 사람들이 살아가는 데 많은 어려움을 겪을 것이다.

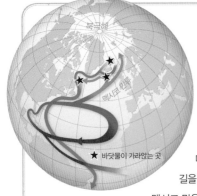

⊙ 해수의 심층 순환

해수의 심층 순환은 멕시코 만류로부터 시작된다. 멕시코 만류가 북상하여 노르웨이와 그린란드 사이의 북극해에 이르면 북극의 차가운 바람과 한류의 영향으로 냉각되어 수온이 낮아지고 얼기 시작하는데, 이때 염분 덩어리가 남게 되어 바닷물의 염분 농도가 높아진다. 이후 밀도가 높아진 바닷물은 해저로 가라앉기 시작한다. 침강한 해수는 대서양 남쪽을 거쳐 인도양과 남태평양으로 흘러가면서 서서히 따뜻해진다. 이후 밀도가 낮아진 해수는 온도가 상승하기 시작하여 해저가 아닌 표층을 따라온 길을 거슬러 멕시코 만류가 되어 다시 흘러 들어간다.

멕시코 만을 떠난 해수가 심층 순환을 하여 다시 돌아오는 데에는 약 2,000년이 걸린다고 한다. 그런데 급격한 지구온난화로 극지방의 빙하가 녹으면서 표층에 밀도가 낮은 바닷물이 가라앉지 않고 안정된 상태가 된다. 담수의 비율이 높아지면 해수의 온도와 밀도 차가 급격히 변한다. 그 결과 해수의 심층 순환 벨트에 이상이 생겨 해수의 흐름이 차단되고 해수의 열교환이 일어나지 않게 되기 때문에, 결국 지구는 서서히 식어 가면서 빙하시대를 맞게 된다.

| 바닷물이 드나드는 조석 현상 | 바닷가에서는 하루에 두 번씩 일정한 시간을 두고 바닷물이 빠져나가고 들어오는 조석 현상이 나타난다. 이런 현상은 왜 일어나며, 또 빠져나간 바닷물은 모두 어디로 가는 것일까?

조석 현상은 달과 태양의 인력, 지구의 원심력에 영향을 받는다. 그중 태양은 대단히 크지만 너무 멀리 떨어져 있어 지구에 미치는 달의 인력에 비해 그 영향력이 45%에 불과하므로 사실상 조석 현상은 달의 인력에 의해 좌우된다.

자전하던 지구의 해양이 달과 가까워지면서 당기는 힘_{인력}에 의해 바닷물이 불룩 솟아오르고, 지구의 정반대편 해양은 도망가려는 힘_{원심력}에 의해 바닷물이 불룩 솟아오르게 된다. 이때 불룩 솟아오른 지역은 밀물이, 두 물마루 사이에는 물이 빠져나가 수심이 얕아지는 썰물이 된다. 지구는 자전하기 때문에 하루에 두 번 밀물이 나타나게 되는데, 이처럼 한 번은 달의 인력에 의해, 또 한 번은 지구의 원심력에 의해 나타난다.

태양과 달의 위치에 따른 밀물과 썰물의 모양 조석 현상은 지구와 달 그리고 태양의 원심력에 의해 발생한다. 달과 태양과 지구가 일직선에 위치하면 태양의 인력이 합해져 밀물과 썰물의 차가 가장 큰 시기(사리)가 된다. 반면, 태양과 지구, 달이 수직으로 위치하면 밀물과 썰물의 차이가 가장 작은 시기(조금)가 된다.

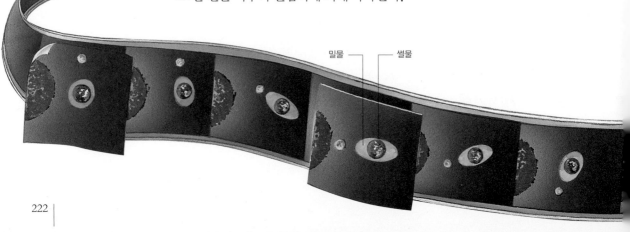

밀물 — 썰물

또한 달은 한 달에 한 번 지구를 공전하는데, 이 과정에서 태양과 지구, 달이 일직선에 놓이게 되면 태양의 인력이 더해져 밀물과 썰물의 차가 가장 큰 시기가 된다. 밀물과 썰물 간에 나타나는 해수면의 높이 차이를 조차라고 하는데, 세계에서 조차가 가장 큰 곳은 캐나다 동부 노바스코샤 주의 펀디 만이다. 만 입구에서 안쪽까지 거리가 약 300km, 너비는 50~100km에 이르는 펀디 만은 조차가 약 20m까지 이른다. 특히, 조차가 큰 해안이 있는 나라에서는 조력발전을 통해 전력 생산을 실용화하기도 한다. 프랑스의 랑스, 러시아의 키슬라야, 캐나다의 아나폴리스 등의 조력발전소가 대표적인 예이다.

밀물 간 시간 간격 지구가 하루 동안 자전을 할 때 달은 13° 공전하므로 같은 위치가 되려면, 지구는 52분만큼을 더 움직여야 한다. 따라서 지구와 달이 같은 위치에 다시 오려면, 총 24시간 50분 정도가 걸리고, 밀물 간 시간 간격은 12시간 25분이다.

밀물 때

썰물 때

바다

수문 열림

저수지

터빈

밸브 닫힘

바다

수문 닫힘

밸브 열림

랑스 댐 조력발전의 원리 밀물 때에는 수문을 통해 바다에서 저수지로 물이 흘러 들어가 채워진다. 썰물 때 바다와 저수지 사이에 낙차가 생기면 물을 방출하는데, 이때 댐에 장착된 터빈이 작동되어 발전을 하는 것이다.

프랑스 랑스 댐 세계 최대의 조력 발전량을 자랑하는 랑스 댐은 조차를 이용하여 전력을 생산하고 있다.

│ 생명이 시작된 곳, 해저 │ 눈에 보이지는 않지만 해저에도 지표와 비슷한 산과 계곡, 온천 등이 복잡하게 얽힌 지형이 나타난다. 새로운 해양지각이 생성되는 곳은 중앙해령이다. 전 세계의 해저에는 총연장 6만 5,000km에 이르는 해령이 사슬처럼 연결되어 있다. 중앙해령을 따라 해저 표면에 수천 m 높이의 해저산이 띠를 이루는데, 해저에서 분출한 마그마가 차가운 해수에 식어 용암이 되고, 이후 암석으로 굳은 것이 쌓여 해저산으로 성장한 것이다. 한편, 해저의 화산이 해수면 위로 분출하여 화산섬을 이루기도 하는데, 태평양의 괌, 사이판, 피지, 통가 등이 대표적인 예이다.

해안선으로부터 수심 200m까지의 지형을 대륙붕이라고 한다. 마지막 빙하기에는 해수면이 하강하여 육지였다가 빙하가 물러가면서 해수면이 상승하자 바닷물에 잠기게 된 곳이 바로 대륙붕이다. 대륙붕은 해저지형의 7.5%에 불과하지만, 햇빛이 통과하기 때문에 광합성을 하는 해초와 어패류가 풍부하여 좋은 어장을 형성한다. 또한 퇴적물 속에는 석유와 천연가스 등의 광물 자원이 풍부하게 매장되어 있어 해양개발이 가장 활발하게 이루어지는 곳이기도 하다.

판과 판이 만나는 곳이 아닌 곳에도 해저화산이 있다. 해양지각 깊은 곳의 맨틀에서 올라온 마그마가 분출하여 해저화산을 형성하기도 한다. 이처럼 지각 내부의 고립적인 화산활동이 일어나는 지점을 열점hot spot이라고 한다. 열점에서는 마치 바람이 없을 때 연기가 곧장 위로 피어오르듯 맨틀 하부 깊은 곳에 있던 마그마가 굴뚝 모양으로 수직 상승하여 분출한다. 이때 열점

해저지형 해저에도 육지와 마찬가지로 지각판이 만나는 곳을 따라 마그마가 분출하여 쌓인 해저산맥, 즉 해령이 있다. 한편, 수심 약 6,000m 이상의 깊은 곳에는 급사면에 둘러싸인 협곡의 해구가 발달한다.

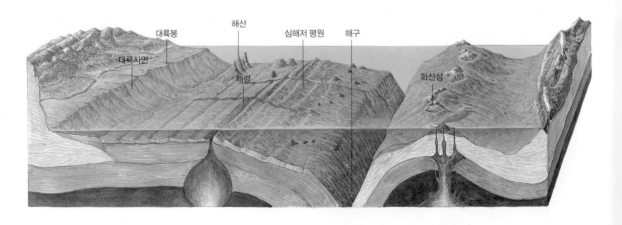

대륙붕 해산 심해저 평원 해구

대륙사면 해령 화산섬

하와이 제도 수많은 화산섬과 환초, 암초, 바다 밑 화산들이 열을 지어 발달한 것으로, 해양 지각판이 열점 위를 이동하기 때문에 생겨났다. 현재의 하와이 섬에서 북서쪽으로 갈수록 형성 시기가 오래되었다.

이 고정되어 있고 해양지각이 일직선 방향으로 이동하면 열점 사슬이라고 불리는 일직선상의 해저 화산군이 형성된다. 태평양의 하와이 제도와 갈라파고스 제도, 그리고 북대서양의 아이슬란드가 대표적인 예이다.

평균수심 2,000m 이하의 심해에는 400℃의 뜨거운 온천수를 내뿜는 분출공이 존재한다. 분출공에서 나오는 뜨거운 해수에는 광물이 많이 포함되어 검은색을 띠기 때문에 블랙 스모커라고 부른다. 이 뜨거운 해수 속 광물이 차가운 해수와 만나 침전되어 쌓이면서 굴뚝 모양의 분출공이 형성되기도 한다. 이 분출공 주변에는 세균, 관 모양의 벌레나 게 등의 수많은 생물이 서식하는데, 과학자들은 여기에서 지구 최초의 생명체가 탄생한 것으로 추정하고 있다.

분출공 주변에 서식하는 생물들 분출공 주변의 고온에서도 생물들이 존재한다. 이를 통해 지구 최초의 생물들이 고온에서 살아남아 초기 생명체가 되었을 것이라고 짐작하고 있다.

| **미래의 희망이자 자원의 보고, 바다** | 바다는 일찍이 문명이 출현하기 이전부터 인류의 생활 무대이자 끊임없는 개척의 대상이었다. 그러나 인류가 처음 달에 도달하였을 때, 달보다 훨씬 가까운 지구의 바다에 대해 인류가 모르는 것이 너무나 많다는 사실이 오히려 화제가 되기도 하였다. 1950년대 이후 해양학의 급진전으로 바다에 대한 많은 지식을 얻었으나 아직도 바다는 우리가 아는 것보다 모르는 게 더 많은 미지의 세계이다.

바다가 단순히 해상 교통로이거나 어패류와 소금의 공급원이던 시대는 지났다. 세계 각국은 육상의 주요 광물 자원이 빠른 속도로 고갈되는 문제에 직면하자 해저에 매장된 석유, 천연가스, 망가니즈, 니켈 등의 광물 자원에 눈을 돌리고 있다. 그리고 조력, 파력, 수온 차 등을 이용한 무공해 해양 에너지를 개발·실용화하고, 미래의 단백질 공급원인 해양 생물 자원의 생산 잠재력을 높이는 데 온갖 노력을 기울이고 있다. 한편, 바다를 메워 육지로 만드는 간척 사업과 아랍에미리트의 두바이 같은 마리노폴리스^{해양 도시} 등 해양 공간의 개발에도 박차를 가하고 있다.

우리는 지금까지 바다의 자원은 무한하기 때문에 고갈되지 않을 것이라는 안일한 생각을 가지고 살아왔다. 그러나 인구 증가에 따른 수산 자원의 무분별한 포획으로 바다 생물은 멸종 위기에 있으며, 해안 도시에서 내보내는 생활하수와 산업 폐수 때문에 생기는 부영영화는 해양생태계를 크게 위

세계 최대의 해양 도시 두바이 팜 아일랜드 서남아시아 아랍에미리트의 연방 국가 가운데 하나인 두바이는 세계 최초로 바다 위에 야자나무 모양을 닮은 인공 섬을 건설하였다.

협하고 있다. 게다가 유독성 폐기물의 무단 투기와 유조선 좌초로 인한 기름 유출 등으로 세계 곳곳의 바다가 죽어 가고 있다.

바다는 인류에게 미래의 생존의 장으로 무한한 가능성을 제시하는 곳임이 분명하다. 따라서 바다가 미래 인류의 식량 문제와 자원 문제, 그리고 대체에너지를 책임질 인류 공동의 재산임을 깨닫고, 더 늦기 전에 바다를 지키는 일에 우리 모두 협력해야 할 것이다.

기름 유출에 의한 해양오염 전 세계 바다에는 일 년 내내 기름을 실은 수많은 유조선이 항해한다. 해양 사고로 기름이 유출될 경우 바람이나 조류를 타고 빠른 시간 내에 넓은 지역으로 오염 물질이 확산된다. 특히 기름은 자연 상태에서 쉽게 분해되지 않아 그 피해가 막대하다.

◉ 바다의 다양한 자원

바다에는 광물 자원 외에도 생물 자원, 해양 석유 및 천연가스, 에너지 자원, 그리고 무형 자원 등 얻을 수 있는 자원이 많다. 생물 자원은 바다에 사는 동식물로 김, 미역, 다시마 등의 해조류와 어패류, 포유류 등이 포함된다. 바다에는 지구 전체 동식물의 약 80%가 서식하고 있다. 바다의 동식물은 예부터 인간에게 필요한 식량의 중요한 공급원이었으며, 앞으로도 보호하고 개발해야 할 중요한 자원이다. 해양 석유 및 천연가스는 근래에 세계에서 발견된 주요 석유, 가스전의 대부분을 차지하며, 세계 석유 생산량 중 해양에서 생산되는 자원의 비중이 점차 늘고 있다. 현재 세계 산유량의 약 30%는 해저유전에서 생산되고 있다. 석유 자원의 매장량에는 한계가 있지만 탐사 기술을 더욱 발전시킨다면 지금까지 전혀 알려지지 않은 해저의 유전에서도 원유를 얻을 수 있을 것이다.

에너지 자원으로는 바닷물을 이용한 전기의 생산을 들 수 있다. 조수 간만의 차를 이용한 조력발전, 파도를 이용한 파력발전, 해류를 이용한 해류발전 그리고 바닷물의 온도 차를 이용한 온도차발전 등이 있다. 초기 건설 비용이 많이 들지만 환경오염

파도의 힘을 이용하는 파력발전 파력발전은 바다의 울렁거림, 즉 파도의 힘을 이용해 전기를 생산하며, 탄소 배출이 적어 친환경 발전으로 각광받고 있다.

피해가 작고 무한히 재생된다는 장점 때문에 미래에는 지구 환경보호를 위하여 이런 발전 방법이 많이 이용될 것으로 보인다. 바다의 무형 자원으로는 항구와 항만 연안의 양식장, 간척지 및 바다 도시, 해저 도시 등으로 이용할 수 있는 공간을 들 수 있다. 지금까지는 바다 공간을 이용하기 위해 주로 해안의 얕은 곳을 매립하는 방식을 취했다. 이러한 방법은 갯벌을 사라지게 하고 해양 생태계를 파괴하는 문제가 있다. 따라서 오늘날 선진 여러 나라에서는 거대하고 튼튼한 인공 구조물을 바다에 띄우고 그 위에 해양 도시를 건설하는 계획을 추진하고 있다.

폐허가 된 해골 해안 나미브 사막은 지구에서 유일하게 사막과 바다가 맞닿아 있는 곳이다. 벵겔라 한류에 의해 형성된 안개가 뱃사람들을 꼼짝 못하게 만들어 많은 배들이 좌초되어 해안으로 떠밀려 왔다. 이 모습은 마치 죽음의 해안을 방불케 한다.

나미비아
뤼데리츠 ●

해류가 만들어 낸 폐허, 뤼데리츠 해안

나미비아는 아프리카의 남서부 해안에 있는 나라이다. 1990년에 남아프리카공화국의 식민지였다가 독립한 나미비아는 전 지역이 거의 사막 혹은 스텝으로 이루어져 있다. 동쪽에는 칼라하리 사막이, 서쪽에는 나미브 사막이 펼쳐져 있는데, 특히 나미브 사막은 해안을 따라 쭉 펼쳐진 해안사막으로 남북 길이가 1,600km에 달한다.

　나미브 사막의 남쪽에는 조그마한 항구도시인 뤼데리츠가 있다. 이 도시는 나미비아의 어업 중심지이자 다이아몬드 산지로 유명하며, 유동 인구가 많고 경제적으로 번성하였다. 그런데 이제 뤼데리츠에는 번화한 도시로서의 활기찬 모습 대신 애수에 젖은 쓸쓸함이 감돈다. 그 이유는 벵겔라 해류 때문이다.

벵겔라 해류는 남대서양을 흐르는 해류이다. 한류는 온도가 비교적 낮은 특성 때문에 해류가 흐르는 지역의 기후와 지형에 큰 영향을 끼친다. 나미브 사막은 한류의 영향으로 고기압이 발달하는데, 이 때문에 대기가 안정되어 비가 잘 내리지 않는다. 그러나 사막이라고 해서 건조하기만 한 것이 아니라 이곳의 대기는 언제나 안개가 낀 것처럼 습기가 차 있다. 이 역시 해류의 영향 때문이다. 이런 기후 조건으로 인해 거센 파도, 안개 낀 사막과 해안은 미묘한 풍경을 빚어낸다.

뤼데리츠의 해안에는 볼거리가 하나 더 있는데, 바로 폐허가 된 해안이다. 벵겔라 해류의 영향으로 생긴 짙은 안개는 뱃사람들이 시야를 확보하는 데 어려움을 주었다. 그래서 이곳은 '지옥의 모래톱', '해골 해안'이라는 이름으로 불린다. 이 해안에는 죽은 동물들의 해골과 녹슨 배, 비행기, 자동차의 잔해들이 여기저기 널려 있다. 해류 탓에 쓸쓸함을 더해 주는 잔해물이 되어 버렸다.

붉은빛 모래언덕이 펼쳐진 나미브 사막

V 지구환경의 위기를 말하다

1. 하나뿐인 삶의 터전, 지구

브라질의 아마존 개발

앨런 와이즈먼은《인간 없는 세상》에서 이렇게 말한다.

지구상에서 인류가 사라지면,

1년 후, 고압전선에 전류가 차단된다. 고압전선에 희생되던 새들이 사라진다.

10년 후, 나무가 썩으면서 목조 가옥들이 무너져 내린다.

100년 후, 코끼리의 개체 수가 스무 배로 늘어난다.

상아를 찾던 사람들이 사라졌기 때문이다.

300년 후, 세계 곳곳의 댐들이 무너지고, 삼각주 지대에

세워졌던 도시는 쓸려 내려간다.

10만 년 후, 이산화탄소가 인류시대 이전의 수준으로 떨어진다.

인류 멸망이 곧 지구 멸망은 아니란 말인가?

지구는 앞으로 50억 년이 지나면 태양과 함께 불타 사라진다고 한다.

인류가 마지막 순간까지 지구와 함께하며 사그라질 수는 없을까?

좀 더 아름다운 끝맺음은 없는 것일까?

1

하나뿐인
삶의 터전, 지구

인간은 지구환경 속에서 상호 관계를 맺으며 살아가고 있다. 과학기술의 발달로 인한 자원의 지나친 개발과 소비, 인구의 급격한 증가는 지구환경을 오염시키고 있다. 환경오염은 생물의 다양성을 해치며 결국 인류에게 커다란 위협으로 다가오고 있다. 오늘날 지구환경은 어떠한 상태일까? 인간과 자연이 공존할 수 있는 방법은 없을까?

| 사람과 환경, 환경과 사람 | 인간과 자연의 관계는 문명의 발달과 함께 끊임없이 변화하고 있다. 과거 문명의 발달이 미미하였던 시기에 인간은 환경에 절대적으로 순응하며 살았으나, 산업혁명 이후 환경을 인간의 의지와 능력에 따라 개발할 수 있는 자원으로 인식하게 되었다. 그 결과 나무를 베어 내고 땅을 파헤치며 강물의 흐름을 막는 등 자연에 대한 무차별적인 개발 행위가 가해져 결국, 오늘날 인류는 환경문제라는 심각한 과제를 떠안게 되었다.

  20세기 후반으로 접어들면서 많은 학자들은 인간과 자연의 관계를 새로운 관점에서 연구하기 시작하였다. 인간과 자연 중 어느 한쪽에 치우친 불균형적 관점이 아니라, 상호 조화에 바탕을 둔 균형적 관점을 추구하게 된 것이다. 자연은 살아 있는 유기체이며, 인간은 그 일부로서 자연과 매우 밀접한 상호작용을 하고 있다. 만약 현재와 같은 속도로 무분별한 개발이 계

속된다면 머지않아 자연뿐만 아니라 인간도 사라지는 위기에 처하게 되므로, 자연과 더불어 사는 삶을 모색해야 한다는 주장이 힘을 얻고 있다.

제2차 세계대전 이후 인도네시아의 보르네오 섬에서는 전염병인 말라리아를 옮기는 모기를 없애기 위해 DDT라는 살충제를 대량 살포하였다. 그 결과 모기를 박멸하여 말라리아를 퇴치할 수 있었지만, 모기보다 몸집이 큰 바퀴벌레는 DDT를 흡수할 뿐 죽지 않았다. 살충제에 오염된 바퀴벌레를 잡아먹은 도마뱀은 체내에 DDT가 축적되어 운동신경에 장애가 발생하였다. 민첩하지 못한 도마뱀은 고양이의 먹이가 되었고 머지않아 고양이들이 자꾸만 죽어 갔다. 고양이가 없어진 마을에는 쥐가 빠르게 늘어나면서 말라리아보다 훨씬 더 무서운 흑사병의 위협에 처하게 되었다. 재앙은 여기서 그치지 않았다. 도마뱀의 활동이 무기력해지면서 나방을 잡아먹지 못하자 나방의 유충이 널리 퍼져 집의 서까래를 갉아 먹어 여기저기서 지붕이 주저앉기 시작한 것이다. 이 사례는 지구상의 모든 생명체가 복잡하고 밀접하게 얽혀 순환하고 있음을 보여 준다. 이 사슬에서 어느 하나의 생명체가 유독물질이나 환경오염으로 피해를 입으면, 다른 생명체에게도 그 영향이 미치며 그것은 결국 인간에게 되돌아온다는 것을 알 수 있다.

DDT로 말미암은 생태적 재앙은 1960년대 이후 계속 발견되었다. 이 살충제는 독성이 매우 강하기 때문에 현재 생산이 중단되었으며, 1970년대 중반에는 대부분의 국가에서 생산과 사용을 금지하였다. 노벨상에 빛났던 DDT는 재앙의 대명사가 되었다. 과연 해마다 개발되는 수많은 화학물질 가운데 DDT와 같은 치명적인 물질이 없다고 장담할 수 있을까?

고양이 낙하 작전
1955년 인도네시아 보르네오 섬의 상공은 영국 공군이 투하한 낙하산으로 가득하였다.
이 낙하산에는 고양이가 매달려 있었다. 이 작전은 모기 박멸을 위한 DDT 살포 이후 이를 흡수한 바퀴벌레-도마뱀 –고양이의 먹이사슬에서 독성이 축적되어 전멸한 고양이를 인위적으로 늘리기 위함이었다.
이 작전으로 쥐의 급격한 증가를 막아 생태계의 균형을 가져올 수 있었다.

| **사면초가에 처한 지구** | 산업혁명 이후 인류가 석탄, 석유 같은 화석연료를 에너지원으로 이용하면서 공업 생산이 현저하게 늘어났다. 더불어 소비 활동도 급격하게 증가하여 생활은 풍요로워졌다. 그러나 20세기 후반에 들어서면서 인류의 풍요로움 뒤에 숨어 있던 그늘이 드러나게 되었다.

인류에게 풍요를 선물하였던 산업화의 주요 동력원인 석탄과 석유의 고갈 시기가 눈앞에 다가왔으며, 기하급수적으로 증가한 인구를 먹여 살릴 식량을 재배하는 공간이 부족해지는 등 자원의 한정성으로 인한 문제들이 나타났다. 하지만 이보다 더욱 심각한 것은 자원의 과도한 개발 과정에서 부

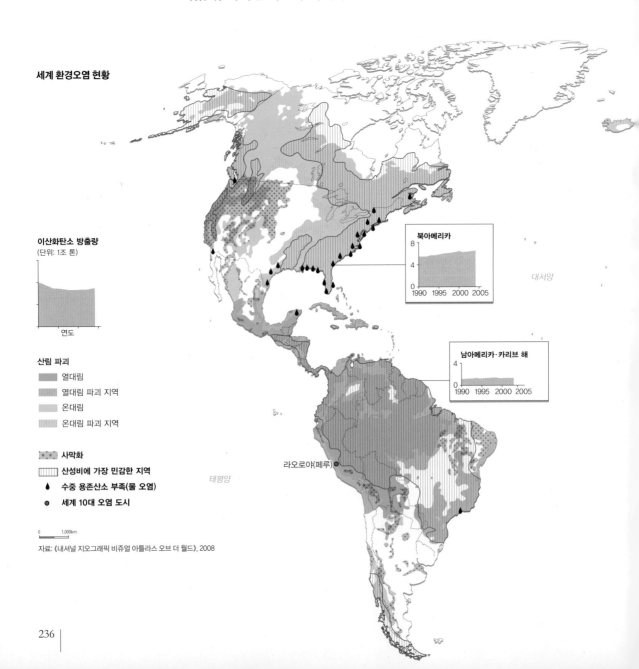

세계 환경오염 현황

이산화탄소 방출량
(단위: 1조 톤)

연도

산림 파괴

열대림
열대림 파괴 지역
온대림
온대림 파괴 지역

사막화
산성비에 가장 민감한 지역
수중 용존산소 부족(물 오염)
세계 10대 오염 도시

0   1,000km

자료: 《내셔널 지오그래픽 비쥬얼 아틀라스 오브 더 월드》, 2008

북아메리카

남아메리카·카리브 해

대서양

태평양

라오로야(페루)

수적으로 발생한 각종 환경오염이 지구 곳곳에서 재앙으로 나타나고 있는
것이다.

70억 명에 육박하는 세계 인구의 식량을 생산하는 농경지는 총 육지 면적
의 10% 미만이다. 게다가 산업화와 도시화 과정에서 많은 부분이 주거와 공
업 용지로 이용되었기에 경작지의 면적은 더욱 줄어들고 있다. 결국, 무리
한 식량 생산으로 토양의 지력이 현저하게 떨어졌을 뿐만 아니라, 산업화
과정에서 배출되는 각종 오염 물질로 토양오염까지 더해져 문제의 심각성
이 매우 크다.

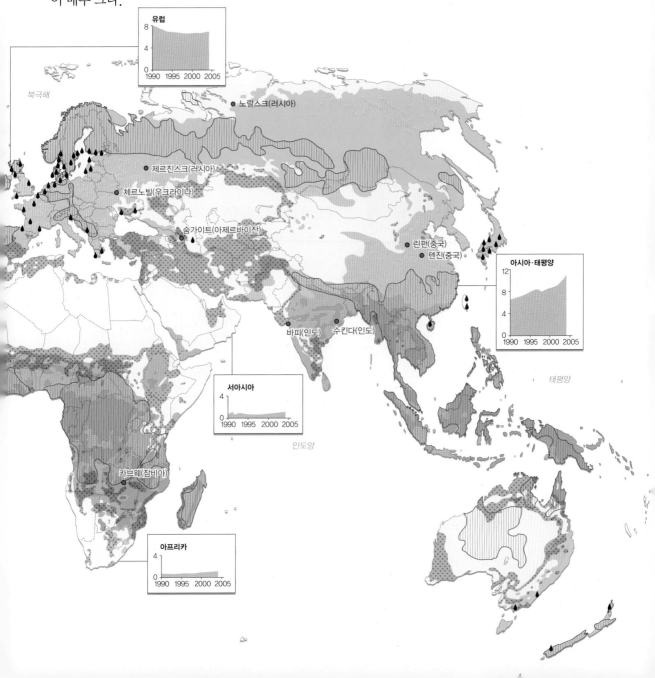

인류가 지구에서 살아가는 데 가장 필수적인 공기와 물은 순환하며 재생 가능하다는 이유로 고갈에 대한 우려가 다소 적은 자원이었다. 하지만 오늘날 공기와 물의 오염은 그 무엇보다 인류에게 위협이 되고 있다. 지구의 여기저기서 이상기후 현상이 빈번하게 발생하고, 산성비가 내려 건축물이 부식되고, 마시는 물이 오염되어 동식물이 죽어 가는 등 인간을 둘러싼 모든 환경이 변화하고 있다. 또한 피해 범위가 광범위하고 피해 규모도 상상을 초월한다.

한편, 산업화가 활발히 진행되면서 대량의 폐기물이 배출되어 그 처리가 사회문제로 대두하고 있다. 일부는 그 처리를 해외에 위탁하면서 폐기물은 배출국만의 문제가 아니라 전 세계의 문제로 확대되고 있다. 또 자연계에는 존재하지 않는 각종 인공화학물질이 다량으로 생산되어 살포되면서 생태계를 위협한다. 위험 물질이 동식물에 잔류되어 축적되면서 종種이 멸종하기도 하며, 먹이사슬을 통해 다른 종에 오염 물질이 축적되기도 한다. 이러한 문제는 결국 먹이사슬의 가장 최상층에 있는 인간에게도 치명적인 영향을 주게 된다.

오늘날 지구는 땅, 공기, 물을 비롯해 그 속에 살아 숨 쉬는 동식물마저 오염되기 시작하였고, 그로 인한 고통의 소리가 여기저기서 들려와 이른바 사면

1인당 가용 면적

7.91(1900년)

5.15(1950년)

2.60(1987년)

2.02(2005년)

1.69(2030년 예상)

1.63(2050년 추정)

(단위: ha)
자료: 유엔 환경 계획, 2007

점점 좁아지는 지구

2007년 현재 세계 인구는 약 67억 명이며, 현재의 증가 추세를 감안하면 2050년에는 92억 명에 이를 것으로 예측하고 있다. 특히, 현재 사람들의 자원 소비량은 지구가 1인당 제공할 수 있는 양보다 약 30% 정도 초과한 상태이므로 급격한 인구 증가율과 반비례하여 지구 공간은 좁아져 가고 있다.

초가의 위기에 처하게 되었다. 인류는 이러한 지구의 위기 앞에서 결코 관찰자가 될 수 없다. 인간 또한 지구에서 숨 쉬며 먹고 마시고 살아가는 수많은 생물종 가운데 하나이기 때문이다. 이제라도 인간의 편의와 풍요를 위해 지구를 파헤치는 것을 지양하고 지구와 인간의 관계 회복에 노력을 기울여야 할 것이다.

◉ 가이아 이론

1970년대 초 영국의 과학자 제임스 러브록(James E. Lovelock)은 '가이아 이론'에서 지구를 생물과 무생물이 서로에게 영향을 미치는 생명체로 보면서 지구가 생물에 의해 조절되는 하나의 유기체임을 강조하였다.

하지만 그는 30년 만에 자신의 이론을 대폭 수정하였다. 인간이 저지른 환경오염과 생태계 파괴로 지구는 회복 불가능하다는 것이다. 이렇게 가다가는 인류가 살아갈 수 없을 것이라며 기존의 주장을 뒤집었다. 지구의 자정 능력을 과신한 나머지 과다한 이산화탄소 배출과 오존층 파괴 등 심각한 환경오염을 저질러 온 인간의 능력을 과소평가하였음을 인정한 셈이다. 지구가 살아 있는 생명체라는 가이아 이론의 종말은 지구의 생명이 다해 가고 있다는 경고의 목소리임이 분명하다.

가이아(Gaia) 가이아는 그리스 신화에 나오는 대지의 여신으로, 지구를 뜻한다. '가이아 이론'은 지구를 생물과 무생물이 상호작용하면서 스스로 진화하고 변화해 가는 하나의 생명체이자 유기체로 보는 가설이다.

풍요로운 생태계, 오카방고의 위기

앙골라
나미비아 보츠와나 ● 오카방고 삼각주

결코 바다에 이르지 못하는 강이 있다. 강은 넓고 깊은 데다, 끊임없이 유유히 흐르나 절대로 바다와 만나지 못하는 운명에 처해 있다.

아프리카의 오카방고 강은 남아프리카에서 네 번째로 긴 강으로, 앙골라 중부에서 시작된다. 앙골라에서 쿠방고 강이라고도 불리는 오카방고 강은 1,600km를 흘러 보츠와나의 칼리하리 사막까지 긴 여정을 계속한다. 그리고 강은 여기서 그 흐름을 멈춘다. 200만 년 전, 지각판의 운동에 의해 단층이 생긴 이래 오카방고 강은 더는 인도양으로 흘러 나가지 못하게 된 것이다. 북쪽에 있던 단층은 강의 흐름을 여러 개로 나누어 부채꼴 모양의 땅을 만들었고, 남쪽에 있는 단층은 삼각주의 남쪽 가장자리를 단단히 지탱하는 역할을 하게 되었다. 강을 이루던 물은 모두 증발하고 오카방고 삼각주가 형성되었다. 오카방고 삼각주는 면적이 1만 8,000km²에 이르는 광활한 땅이다.

이곳을 처음 방문한 이에게 오카방고 삼각주는 마치 미로와 같다. 원주민들은 삼각주 근처에 드문드문 떨어져 살아 사람의 흔적을 발견하기 어렵다. 또한 오카방고 삼각주의 습지는 계절과

아프리카 최대의 생물 다양성을 지닌 곳, 오카방고 삼각주

기후의 변화에 따라 수량이나 물 흐름의 차이가 심해, 전통 방식으로 만든 배인 모코로를 이용해 습지를 둘러볼 수 있다.

이 습지는 주로 건조 삼림지대로 분류되는 기후 지역인데, 남쪽은 사막과 듬성듬성한 삼림지대이고 북쪽은 모래 평원과 '음분다'라고 불리는 건조 초원이다. 오카방고 삼각주에는 약 400종의 조류, 95종의 파충류와 양서류, 70종의 어류, 그리고 40종의 몸집이 큰 포유류가 서식하며, 북동부에는 모레미 야생동물 보호구역이 있다. 여기에는 사자, 치타, 물소, 레체베, 누, 몽구스, 황새, 따오기 등을 비롯하여 잉어, 돌잉어, 실벤자리 같은 물고기들이 어울려 살고 있다.

이러한 환경적 가치를 인정받아 1996년 이후 오카방고 삼각주는 습지 보호 협약인 람사르 협약에 따라 보호되고 있다. 그러나 오카방고 삼각주가 환경오염의 문제로부터 완전히 자유롭다고 보기는 어렵다. 매년 4만 명 이상 몰려드는 관광객과 엉성한 강물 배수 계획으로 위협받고 있기 때문이다. 또한 오카방고의 환경이 인간의 손길 때문에 균형을 잃어 가고 있다며 우려하는 목소리도 있다. 오카방고 삼각주가 있는 보츠와나에서는 목축이 기본 산업이기에 소 떼를 삼각주에 풀어놓는데 그 소 떼가 토착 야생동물인 코끼리, 사슴, 영양 등의 생태를 위협한다. 게다가 이상 기온으로 1990년 이후 전 세계 습지대의 절반 이상이 사라지고 있는데, 오카방고 삼각주 역시 그 피해를 비켜 가지 못하는 실정이다. 오카방고 삼각주를 지키기에도 모자란 이 순간에 인간은 오히려 그 오염에 일조하고 있는 것이다.

습지를 오가는 배, 모코로

열 받는 지구

우리가 사용하는 에너지의 대부분은 석유와 석탄에서 얻는다. 화석연료의 사용량은 20세기에 접어들어 급격히 증가하였으며, 이는 지구온난화를 더욱 부채질하고 있다. 최근 지구촌 곳곳에서 이상기후로 인한 재앙이 발생하는 것도 이와 무관하지 않다. 인류의 미래를 위협하는 지구온난화를 저지할 수 있는 방법은 무엇일까?

│ 지구온난화의 끝은? │ 2008년 5월 미국 내무부는 멸종 위기종 보호법에 따라 북극곰을 멸종 위기에 처한 동물로 공식 등록했다고 발표하였다. 이러한 결정의 배경에는 지구온난화가 있었다. 지구의 평균기온이 상승하면서 북극해의 빙하가 녹아 북극곰의 서식지가 사라지게 된 것이다. 결국, 북극곰은 지구온난화 탓에 세계 최초로 공식적인 보호를 받는 동물이 되었다. 하지만 이것은 지구온난화로 말미암은 재앙의 서막에 불과하다.

지구온난화로 인한 기후변화는 다양한 메커니즘을 통해 인류의 건강과 생명에 치명적인 영향을 미치게 될 것이다. 2003년 여름 유럽에서는 사상 최악의 불볕더위로 2만여 명이 목숨을 잃었다. 기후변화로 인한 재난이 테러나 전쟁 못지않게 심각하다는 경고가 현실로 나타난 것이다.

사라져 가는 빙하 지구온난화로 북극의 빙하가 빠른 속도로 녹고 있다. 이로 인해 북극해 최상의 포식자인 곰이 멸종 위기를 맞게 되었다.

지구의 기온 상승은 단순한 기온 변화만을 의미하지 않는다. 기온이 높아지면 대기 중 오염 물질의 농도도 높아지므로, 문제가 되는 대도시의 오존 농도 증가도 이러한 지구의 기온 상승과 무관하지 않다. 근래 들어 우리나라의 여름철 평균기온이 꾸준히 상승하는 추세를 볼 때, 유럽의 폭염과 같은 대형 기상이변이 더는 남의 나라 이야기가 아니라는 우려의 목소리가 나오고 있다.

만일 인류가 더워지는 지구를 그대로 방치한다면 어떤 일이 일어날까? 이에 대해 독일의 기후변화 연구 기관인 포츠담 연구소에서는 '온난화 재앙 시간표'를 발표하였다. 이 보고서에 따르면, 지구의 평균기온이 1℃만 상승해도 생태계는 위협을 받으며, 2℃ 상승하면 일부 생물종은 멸종하게 된다. 만약 3℃ 상승할 경우 지구에 사는 생명체 대부분은 심각한 생존 위기에 처하게 된다고 한다. 지금 지구의 기온은 산업혁명기인 1750년에 비해 약 0.7℃ 높아진 상태이며 지금과 같은 상승 추세를 유지할 경우, 2070년 이후에는 지구의 기온이 3℃ 이상 증가할 것이라고 보고서는 경고하고 있다.

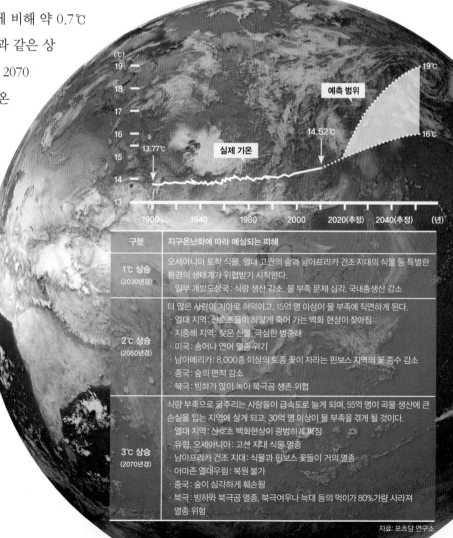

온난화 재앙 시간표
온난화 재앙 시간표는 산업혁명 시기를 기준으로 1℃씩 상승할 때마다 각각 예상되는 피해를 단계별로 예고하며, 이에 대한 시급한 대책 마련을 촉구하고 있다.

구분	지구온난화에 따라 예상되는 피해
1℃ 상승 (2030년경)	오세아니아 토착 식물, 열대 고원의 숲과 남아프리카 건조 지대의 식물 등 특별한 환경의 생태계가 위협받기 시작한다. · 일부 개발도상국: 식량 생산 감소, 물 부족 문제 심각, 국내총생산 감소
2℃ 상승 (2050년경)	더 많은 사람이 기아로 허덕이고, 15억 명 이상이 물 부족에 직면하게 된다. · 열대 지역: 산호초들이 하얗게 죽어 가는 백화 현상이 잦아짐 · 지중해 지역: 잦은 산불, 극심한 병충해 · 미국: 송어나 연어 멸종 위기 · 남아메리카: 8,000종 이상의 토종 꽃이 자라는 핀보스 지역의 꽃 종수 감소 · 중국: 숲의 면적 감소 · 북극: 빙하가 많이 녹아 북극곰 생존 위협
3℃ 상승 (2070년경)	식량 부족으로 굶주리는 사람들이 급속도로 늘게 되며, 55억 명이 곡물 생산에 큰 손실을 입는 지역에 살게 되고, 30억 명 이상이 물 부족을 겪게 될 것이다. · 열대 지역: 산호초 백화현상이 광범위하게 퍼짐 · 유럽, 오세아니아: 고산 지대 식물 멸종 · 남아프리카 건조 지대: 식물과 핀보스 꽃들이 거의 멸종 · 아마존 열대우림: 복원 불가 · 중국: 숲이 심각하게 훼손됨 · 북극: 빙하와 북극곰 멸종, 북극여우나 늑대 등의 먹이가 80%가량 사라져 멸종 위험

자료: 포츠담 연구소

| **지구온난화의 원인** | 지구의 기온이 상승하는 이유는 무엇일까? 이 글을 쓰고 있는 지금은 늦겨울이고, 나는 방 안에 있다. 창을 통해 빛이 들어오고 열이 나는 작은 전기난로가 켜져 있다. 환기를 위해 잠시 창문을 연다. 순간 방 안의 열이 창밖으로 달아나 버려 방 안의 기온이 떨어졌다. 방 안의 기온이 떨어진 이유는 무엇일까? 당연히 창문을 열었기 때문이다. 하지만 이 정도의 대답은 과학적이지 못하다.

비밀은 유리창에 있다. 유리창은 빛은 통과시키고 열은 차단한다. 빛이 유리창을 통과하는 이유는 파장이 짧기 때문이다. 반면, 열은 파장이 길기 때문에 창문을 열지 않으면 방 안의 열이 바깥으로 나가지 못해 방 안은 따뜻하게 유지된다. 지구의 대기층은 이렇게 유리창과 같은 역할을 한다. 지구의 대기층이 지구의 기온을 어느 정도 유지시키는 것을 '온실효과'라고 한다. 이상적인 지구는 창문이 적당히 열려 있는 방에 비유할 수 있다.

만약 대기가 없다면 지구의 기온은 떨어지고 만다. 현재 지구의 평균기온은 약 14℃인데, 지구에서 대기를 없애면 평균기온은 −19℃로 떨어져 버린다. 따라서 대기, 특히 대기 중의 온실효과를 일으키는 이산화탄소는 우리에게 고마운 존재이다. 온실가스가 사라지게 되면 사람이 살기 어렵다.

지구의 대기는 산소와 질소가 주를 이루지만 이들 기체는 온실효과를 일으키지 않는다. 온실효과를 일으키는 기체는 수증기, 이산화탄소, 메테인, 프레온가스 등이다. 수증기는 바다, 호수, 지표면 등에서 수분이 증발한 것이므로 수증기의 양이 온실효과에 영향을 주지는 않는다. 반면 이산화탄소, 메테인, 프레온가스와 같은 온실가스는 대기 중 그 양이 증가하고 있다. 온실가스가 증가한다는 것은 방 안에 열려 있던 창문이 조금씩 닫히고 있는 상황과 같다.

온실가스 중 지구온난화를 일으키는 주범은 이산화탄소이다. 이산화탄소는 석유나 석탄과 같은 화석연료가 연소될 때 가장 많이 발생

온실효과와 지구온난화
태양으로부터 방출된 에너지는 지구에 도달한 후 다시 우주로 방출된다. 이때 대기권의 온실가스층에 의해 우주로 방출되는 양이 들어오는 양보다 적거나 같으면 지구의 온도가 일정하게 유지된다. 그러나 화석연료의 사용으로 온실가스층이 두꺼워지면 지구에서 방출되는 에너지량이 감소함으로써 지구의 평균기온이 오르게 된다.

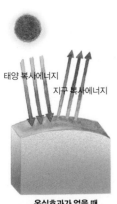

온실효과가 없을 때

온실효과

한다. 화력발전소, 제철 공장, 시멘트 공장뿐만 아니라 가정용 난방과 자동차 운행 과정에서도 석유가 많이 사용되어 다량의 이산화탄소를 발생시킨다. 또한 열대림을 방화하는 과정에서도 이산화탄소가 배출된다. 숲이 사라지면 이산화탄소를 산소로 바꾸는 숲의 기능이 사라지기 때문에 대기 중 이산화탄소의 양은 더욱 늘어나게 된다.

메테인도 대표적인 온실가스라고 알려져 있다. 메테인은 산불과 화석연료 사용 과정에서 발생하기도 하지만, 유기물질이 습한 환경에서 분해되면서도 많이 발생한다. 벼농사를 짓는 과정에서 메테인이 발생하며, 같은 원리로 습지에서도 메테인이 나온다. 논농사는 광합성 작용을 통해 이산화탄소를 줄이지만, 메테인을 늘리는 셈이다. 소나 양의 트림이나 방귀에서도 메테인이 발생하는데, 그래서 일각에서는 목축하는 사람들에게 방귀세를 내게 해야 한다고 주장하고 있다. 한편, 오존층 파괴를 유발하는 프레온가스도 온실가스의 역할을 하는데, 이를 대체하는 물질들 역시 온실가스의 성격이 커 문제가 되고 있다.

온실가스의 누적 배출량은 선진국이 많지만, 최근에는 개발도상국의 배출량이 빠르게 증가하고 있는데, 중국의 이산화탄소 배출량은 미국을 앞질렀다. 우리나라도 2009년 세계 제8위의 이산화탄소 배출국이 되었다. 어느새 다른 나라만 탓할 수 없는 처지가 된 것이다.

연간 이산화탄소 배출 규모로 재구성한 세계지도 이산화탄소는 대표적인 온실가스로, 석탄과 석유와 같은 화석연료가 연소될 때 많이 배출된다.

영국 5.2억 톤
러시아 15.7억 톤
캐나다 5.4억 톤
중국 77.1억 톤
미국 54.2억 톤
대한민국 5.2억 톤
일본 10.9억 톤
인도 16억 톤
세계 총배출량 304억 톤
자료: 기후변화 행동 연구소, 2009

| 지구온난화의 영향 | 석유·석탄 같은 화석연료의 사용이 증가하고 대량 소비형 사회가 도래하면서 지구의 평균기온이 전례 없이 급격하게 상승하고 있다. 이러한 지구온난화는 인류에게 닥칠 최대의 재앙으로, 과학자들 사이에서도 기후변화에 따른 심각한 피해가 곧 나타날 것이라는 확신이 커지고 있다.

 기온 상승으로 지구의 기후대에도 큰 변동이 일고 있다. 건조기후 지역이 늘어나고 온대기후 지역이 점차 아열대 지역으로 변해 가며, 툰드라기후 지역이 줄어드는 추세이다. 게다가 가뭄, 홍수, 태풍 등의 자연재해 발생률과 그 강도 또한 점차 높아지고 있다. 지구 곳곳에서 감지되는 이러한 기후변화의 조짐은 상호 의존하며 유지되어 온 생태계에까지 영향을 미치고 있다.

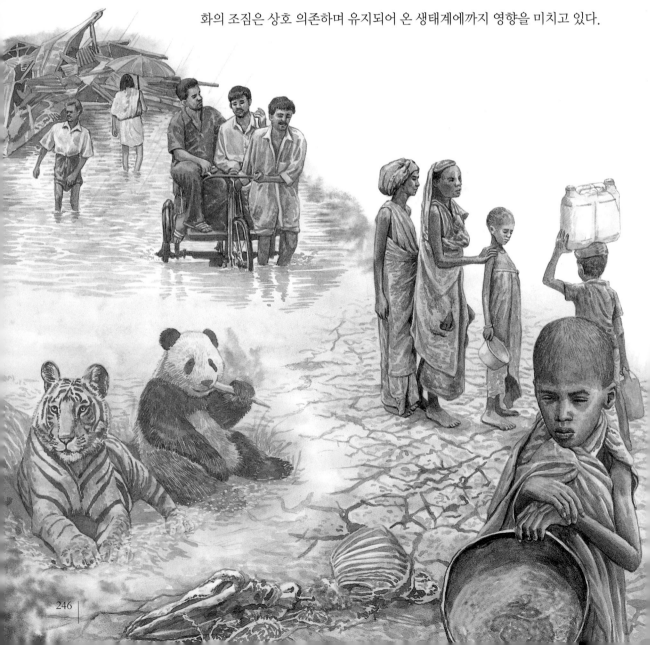

서식지가 사라지거나 먹이가 없어져 감에 따라 일부 동식물이 이미 지구에서 사라졌으며, 더 많은 종이 멸종 위기에 처하게 되었다. 세계적으로 유명한 인도의 벵골 호랑이는 절반 정도로 개체수가 줄었으며, 중국의 대표 동물 판다는 겨우 수백 마리만이 남아 있는 실정이다. 세계 자연 보존 연맹의 보고에 따르면, 현재 지구상 2만 5,000여 종의 식물과 1,000여 종의 동물이 멸종 위기에 놓여 있으며, 지금과 같은 추세로 생물종이 사라진다면 20년 후에는 100만 여 종에 달하는 생물이 사라지게 될 것이라고 한다.

지구온난화로 인한 피해는 인간의 필수 자원인 물에도 많은 영향을 준다. 급속히 증가한 인구 때문에 식량을 재배하기 위한 농업용수와 산업화에 필요한 공업용수가 증가한 탓에 많은 나라에서 물 부족 문제를 겪고 있는데, 기후변화는 이러한 상황을 더욱 악화시킨다. 기온이 올라감에 따라 지표를 흐르는 물이 증발하는 양과 속도가 증가하여 물의 공급은 감소하는 반면, 수요는 계속 증가하기 때문에 많은 지역에서 물이 심각하게 부족한 사태가 발생한다. 또한 비가 내리는 시기가 변하고 지역에 따른 강수량의 변화가 커지면서 가뭄이나 홍수로 인한 피해도 점점 더 늘고 있다.

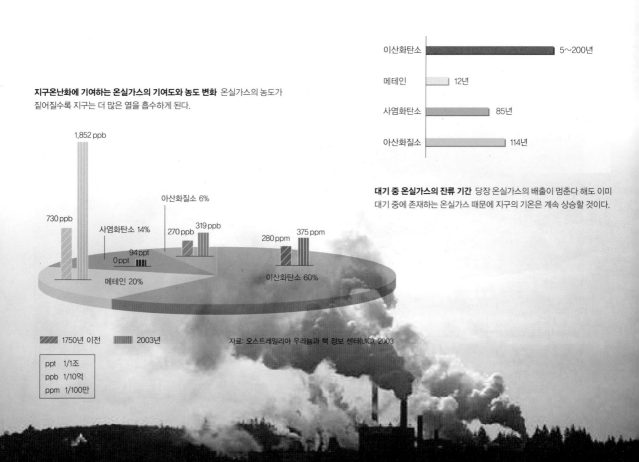

지구온난화에 기여하는 온실가스의 기여도와 농도 변화 온실가스의 농도가 짙어질수록 지구는 더 많은 열을 흡수하게 된다.

대기 중 온실가스의 잔류 기간 당장 온실가스의 배출이 멈춘다 해도 이미 대기 중에 존재하는 온실가스 때문에 지구의 기온은 계속 상승할 것이다.

이산화탄소 5~200년
메테인 12년
사염화탄소 85년
아산화질소 114년

1,852 ppb

아산화질소 6%

730 ppb

사염화탄소 14%

270 ppb 319 ppb

280 ppm 375 ppm

94 ppt
0 ppt

메테인 20%

이산화탄소 60%

1750년 이전   2003년

자료: 오스트레일리아 우라늄과 핵 정보 센터(UIC), 2003

ppt 1/1조
ppb 1/10억
ppm 1/100만

지구의 기온 상승 때문에 해수면이 상승하고 빙하가 감소하면서 인류는 또 다른 큰 문제에 직면하였다. 지구 평균해수면의 높이는 지난 20세기 동안 약 15cm 상승하였는데, 1990년과 비교하여 2100년까지 20~90cm 정도 더 상승할 것이라 예측하고 있다. 온실가스 배출량이 앞으로 수십 년에 걸쳐 급격하게 감소된다고 하더라도 그간 배출된 온실가스의 잔류와 이미 달구어진 온도 때문에 지구의 기온 상승은 상당 기간 지속되고 해수면도 계속 높아질 것이다. 세계 인구의 약 40%는 해안으로부터 100km 이내에 살고 있으며, 1억 명에 달하는 사람들이 해발고도 1m 이내 지역에서 살고 있음을 고려하였을 때, 이러한 기후변화는 인간의 거주 환경을 크게 바꿀 엄청난 비극이 될 가능성이 높다.

이 밖에도 기온 상승은 해충과 질병의 발생률을 높이기 때문에 농작물의 수확량이 줄어들 것이며, 더 많은 사람이 질병으로 고통받을 수 있다. 이러한 인류의 재앙으로 국제사회의 이해관계와 갈등은 더 복잡해지고 심각해질 것이다.

몰디브의 수중 각료 회의 2009년 11월 17일 인도양에 위치한 몰디브에서는 수중 각료 회의가 열렸다. 이는 지구온난화로 인한 해수면 상승으로 2100년에 몰디브가 물에 잠길 것이라는 비극적인 전망에 대해 국제사회에 호소하는 퍼포먼스로, 이날 회의에서 '국제사회 이산화탄소 배출 삭감 촉구 결의안'을 결의하였다.

영구 동토층 분포도 툰드라지대에는 지난 마지막 빙하기 때 죽은 수많은 동식물의 시체가 매장되어 있어 거대한 탄소탱크와도 같다. 현재 지구온난화로 동토층의 얼음이 녹으면서 메테인가스의 방출량이 증가하여 지구온난화가 한층 가속화되고 있다.

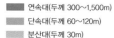

■ 연속대(두께 300~1,500m)
■ 단속대(두께 60~120m)
■ 분산대(두께 30m)

알래스카
시베리아
캐나다
러시아
북극해
그린란드
노르웨이
핀란드
스웨덴

자료: 영구 동토층 협회

  한편, 최근 지구온난화로 툰드라지대의 영구 동토층이 녹으면서 메테인가스가 발생하여 지구온난화를 더욱 부채질하고 있다. 영구 동토층의 상부에는 화석연료처럼 탄소를 함유한 상당량의 유기 탄소메테인가스가 포함되어 있기 때문이다. 영구 동토층이 지구온난화의 새로운 시한폭탄으로 주목받는 이유는 바로 그 때문이다.

  영구 동토층에는 약 1만 년 전 마지막 빙하기가 끝나 갈 무렵 매장된 수많은 고대 동식물의 시체와 잔해가 있다. 그야말로 수많은 동식물을 가둔 거대한 냉장고와 다름없다.

  지구온난화로 영구 동토층이 녹으면서 묻혀 있던 동식물의 시체가 부패하여 탄소가 이산화탄소나 메테인가스로 지상에 방출되어 지구온난화를 가속화하는 것이다. 현재 대기 중에 포함된 탄소량은 약 7,300억 톤으로 추정되는데, 시베리아나 알래스카 등지의 영구 동토층에 매장된 탄소의 양은 약 5,000억 톤에 달한다고 한다. 얼어 있던 영구 동토층이 지구온난화 때문에 새로운 골칫거리로 등장한 것이다.

  이처럼, 지구온난화로 발생하는 문제들은 세계적인 테두리에서 서로 연결되어 복합적으로 나타남에 따라 지구의 종말이라는 극단적인 결말을 초래할지도 모른다. 극단으로 가는 지구를 막기 위한 모두의 노력이 절실하다.

시베리아와 알래스카 동토층에서 발견된 긴털매머드 매머드는 굽은 엄니를 지닌 초식동물로, 약 200만~1만 년 전 사이 북반구 전역에 걸쳐 서식하였다. 멸종 원인은 아직까지 수수께끼로 남아 있으나, 기후변화에 따른 먹이 부족과 서식지 감소, 인간의 수렵 등이 종합적으로 작용하였을 것으로 보고 있다.

3 사라지는 숲과 초원

수마트라 섬 캄파르 강 연안의 텔루크 메란티 마을 주민들은 이 강에서 목욕을 하고 이를 닦고, 여기서 잡은 물고기를 먹고 산다. 어느 환경 운동가는 "여기 사람들은 숲과 강이 이들에게 얼마나 중요한지 잘 알고 있다. 이들은 나무로 집을 짓고, 고기잡이배를 만든다."라며 "숲이 사라진다는 것은 그들의 삶이 사라진다는 뜻"이라고 강조하였다.   — ○○일보, 2009. 12. 7.

| 열대림 파괴 | 열대림이란 적도 주변의 저지대에 발달한 삼림을 말한다. 열대림이 분포하는 지역은 아마존 강 유역, 콩고 분지 일대, 보르네오 섬 등지이다. 지구상에서 식생의 밀도가 가장 높게 나타나는 열대림 지역에는 키가 무려 60m에 달하는 나무부터 키가 30~40m에 달하는 아름드리나무까지 빽빽하게 들어차 있다. 나뭇가지는 서로 얽혀 하늘을 가려 마치 천장과 같

아마존 삼림 파괴의 과정
불법 벌목(마호가니와 벚나무 등 값비싼 목재를 얻기 위함) → 불법 도로 건설(벌목한 나무를 운송하기 위함) → 벌목한 열대림 지역에 소를 방목(4~5년 방목하면 소들에 의해 열대림이 다듬어져 목초지로 기능) → 방화(농작물을 심기 위한 마지막 작업) → 농지로 변신(콩, 사탕수수 등을 재배)

은 구조를 이루기에 숲 속은 빛이 적은 편이다. 이런 환경을 지닌 열대림에는 전 세계 생명체 종의 절반 이상이 살고 있어, 열대림 하면 다양한 생물종을 떠올리게 된다.

현재 열대림은 급속도로 파괴되고 있다. 1분마다 전 세계에서 38ha의 원시림이 사라져 가고 있다. 이는 곧 100m 폭의 거대한 불도저가 1분마다 3.8km를 달리면서 원시림을 파괴한다는 것을 의미한다. 하루에 파괴되는 면적은 무려 축구장 7만 2,000개에 해당한다. 지구상에 분포하는 열대림은 이미 절반 정도가 사라진 상태이며, 현재의 속도로 파괴되면 수십 년 사이에 지구의 열대림이 모두 사라질지도 모른다.

열대림이 파괴되는 이유로는 인구 증가와 그에 따른 경제개발의 필요성, 가축 방목·연료 채취·이동식 경작 등 전통적인 생활 방식의 고수와 빈곤 등을 들 수 있다. 아마존에서는 주로 목초지 조성과 소 사육, 농작물 재배와 관련하여 농경지 확보의 이유로 파괴되고 있다. 이 밖에 벌목을 위해 도로를 내거나 도시를 만들거나 광물 자원을 채굴하는 과정에서도 열대림이 파괴된다.

아마존 지역의 목초지 조성은 흔히 '햄버거 커넥션'을 통해 이해할 수 있다. 브라질에서는 소를 키우기 위해 열대림을 개간하는데, 그곳에서 사육한 소는 미국 등 선진국으로 수출되어 흔히

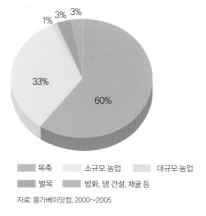

1% 3% 3%
33%
60%

■ 목축　　■ 소규모 농업　　■ 대규모 농업
■ 벌목　　■ 방화, 댐 건설, 채굴 등
자료: 몽가베이닷컴, 2000~2005

아마존의 삼림 파괴 지구촌의 허파라고 불리는 아마존 열대림은 소 사육과 농경지 개간 등의 이유로 급속히 파괴되고 있다.

말레이시아 대규모 야자수 농장 대규모 야자수 농장의 조성으로 열대림이 파괴될 뿐만 아니라 열대림을 벌목하고 불태우는 과정에서 온실가스가 배출되어 지구환경에 악영향을 주고 있다.

패티라고 부르는 햄버거용 쇠고기를 만드는 데 사용된다. 환경 운동가들에 따르면 햄버거 한 개를 먹을 때마다 열대림의 나무 한 그루가 사라진다고 말한다.

한편, 최근 열대림 파괴의 주범으로 주목받는 것은 야자수 농장이다. 말레이시아와 인도네시아에서는 기름야자에서 나오는 팜유를 생산하기 위해 농장을 만들면서 열대림이 파괴되고 있다. 팜유는 과자, 아이스크림, 초콜릿부터 식용유, 화장품, 비누, 윤활유에 이르기까지 다용도로 쓰인다. 2008년 석유 가격이 급등하자 팜유는 석유 대체제인 바이오디젤을 생산하는 데도 사용되고 있다. 열대림을 없애고 야자수 농장을 만들면 숲은 물론이고 그곳에 살던 오랑우탄과 극락조 같은 동물들도 사라지고 만다.

| 열대림 파괴의 대가 | 여러분은 과일을 몇 가지나 맛보았는가? 많아 봐야 20~30가지 정도가 아닐까? 지구상에는 무려 3,000여 종의 과일이 있는데, 문명권에서 재배, 소비되는 과일은 200여 종에 불과하다. 그에 반해 아마존 일대에 사는 인디언은 무려 2,000여 종의 과일을 먹고 있다. 아보카도, 코코넛, 무화과, 오렌지, 레몬, 자몽, 바나나, 구아바, 파인애플, 망고 등의 과일나무가 모두 열대림에서 자생한다.

이는 열대림의 생물종 다양성을 보여 주는 하나의 예에 지나지 않는다. 페루 동부의 아마존 지역에 서식하는 조류는 미국 전 국토에 사는 조류보다 다양하고, 아마존 유역에 사는 어류는 대서양에 사는 어류보다 많다. 이처럼 열대 지역의 생물종은 매우 다양해, 학자들도 그중 1% 정도밖에 연구하지 못한 상태이다.

그런데 열대림 파괴로 이 다양한 생물들이 사라지고 있다. 삼림이 파괴되면 숲으로 파고드는 햇빛의 양이 늘어나고 그에 따라 강수량은 줄어들며,

이 과정에서 생물들이 보금자리를 잃게 되는 것이다. 학자들의 조사에 따르면 매일 137종의 생명체가 사라지고 있으며, 이는 1년에 약 5만 종이 사라지는 것을 의미한다. 열대림은 다양한 생물종이 어울려 살아가고 있는 곳일 뿐만 아니라 인간들의 삶터이기도 하다. 500여 년 전까지 아마존 열대우림에는 약 1,000만 명의 인디언이 살았다고 추정된다. 오늘날 그 숫자는 20만 명으로 줄어들었다. 이는 아마존 인디언의 98%가 문명이라는 이름으로 살해된 것을 의미한다. 브라질에서만 1990년 이후 90여 부족이 사라져 버렸다. 열대 부족이 사라지는 것은 열대림에 대한 지식이 상실됨을 의미하기도 한다.

한편, 인류의 질병을 치료하기 위해 많은 의약품이 사용되고 있는데, 특히 여러 항암제 원료의 약 25% 정도는 열대림에서 구할 수 있는 것이다. 열대식물인 '빙카'에서 추출한 빈크리스틴은 강력한 항암제로 평가받고 있으며, 이 물질이 개발되면서 백혈병에 걸린 아이들의 생존율이 급격히 높아지고 있다. 이것이 열대림을 지켜야 하는 또 하나의 이유이다.

무엇보다도 열대림의 파괴는 지구촌에 기후변화를 가져오고 있다. 환경론자들은 전 지구적 기상재해를 유발하고 있는 엘니뇨 현상, 사막화 등이 모두 태양열을 흡수하고 완충시켜 주는 열대림의 파괴 때문이라고 주장한다.

1997년 인도네시아 산불은 개간을 위해 산에 불을 놓으면서 발생하였는데, 엘니뇨 현상으로 불이 번지면서 200만 ha의 삼림이 파괴되었고 수백 명이 아깝게 목숨을 잃었다. 이 화재로 발생한 엄청난 양의 이산화탄소는 지구의 기온을 높이는 데 기여하였다.

열대우림기후 지역에는 뚜렷하진 않지만 우기와 건기가 나타나는데, 열대림은 우기 때 내린 빗물을 저장해 두었다가 건기 때 물을 흘려보내는 스펀

열대림의 종의 다양성 역설적인 그림이다. 열대림 파괴 과정에서 사용되는 기계들이 실제로 작동되는 모습을 보면 우리가 인간 종(種)이라는 것이 부끄럽기 짝이 없다.

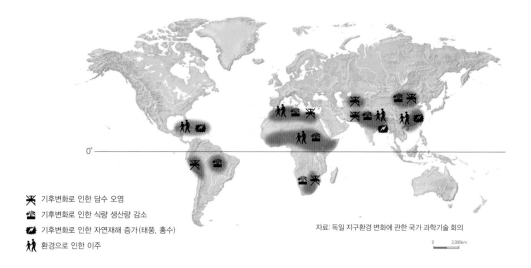

기후변화에 따른 문제들
기후변화로 아프리카 사하라 남부의 사헬 지역 등지를 비롯하여 세계 곳곳에서 사막화 현상이 확대되어 기근이 발생하고 있다. 또한 열대림 파괴로 홍수와 가뭄, 토양침식, 생물종의 감소 현상도 심화되고 있다.

범례:
- ✳ 기후변화로 인한 담수 오염
- ⛰ 기후변화로 인한 식량 생산량 감소
- 🌀 기후변화로 인한 자연재해 증가(태풍, 홍수)
- 🚶 환경으로 인한 이주

자료: 독일 지구환경 변화에 관한 국가 과학기술 회의

지 기능을 한다. 열대림이 파괴되면 열대림 지역에 거주하는 사람들은 가뭄과 홍수로 생활의 터전을 잃을 수밖에 없다. 또 열대림이 파괴되면 열대의 엷은 토양층이 강렬한 햇빛과 폭우에 노출되어 토양이 유실되기 쉽다. 이처럼 열대림을 잃는 대가는 이루 말할 수 없이 크다.

2011 세계 산림의 해 2011년은 유엔이 지정한 세계 산림의 해이다. 지구환경의 위기를 극복하기 위해서는 산림의 보호가 중요하다는 생각에 지정되었다.

| **열대림을 지켜라** | 아마존 열대림의 생명력은 아마존 강에서 비롯된다. 아마존 강은 안데스의 눈 덮인 산지에서 발원하여 대서양에 있는 벨렘이라는 도시 부근에 이를 때까지 약 6,300km를 여행한다. 아마존 강의 하구는 바다와 같이 광활하여 그 폭이 서울에서 부산까지의 거리와 비슷하다. 아마존 강 유역에 전 세계 담수의 30%가 분포한다는 것도 놀라운 일이다.

아마존 열대림은 오래전부터 원주민의 삶터였다. 원주민들은 아마존에서 먹을 것을 얻어 배를 채우고, 쉴 곳을 만들어 휴식을 취했다. 그들은 조상들로부터 어떤 열매를 취하고 어떤 열매를 버려야 할 것인지를 배웠으며, 질병에 걸렸을 때 어떤 식물이 도움이 되는지도 경험을 통해 알 수 있었다.

열대림을 파괴하여 몇몇 나라나 다국적기업들은 단기간에 큰 이익을 보겠지만, 전 인류에게 있어 열대림 파괴는 손해를 넘어 죄악에 가깝다. 전문가들의 연구 결과에 따르면, 열대림을 파괴하여 얻는 이익보다 열대림을 보존하여 견과류와 과일, 약재 식물 등을 채취하여 얻을 수 있는 이익이 더 크다고 한다. 열대림을 개간하여 목초지로 이용하였을 때의 경제적 이익보다 열대림을 보존하여 지속 가능한 자원을 얻을 때의 이익이 40배 정도나 많다고 하니 진정한 이익을 위해서도 생각과 행동의 전환이 절실히 필요하다.

지구상의 열대림은 수억 년 동안 진화하고 형성된 것이다. 이렇게 유구한 시간 속에 형성된 열대 생태계가 인류의 잘못된 판단으로 100여 년 만에 절반가량이 파괴되었다. 지금과 같은 속도로 열대림 파괴가 자행된다면, 나머지 절반이 파괴되는 것은 시간 문제이다. 특히, 열대림의 파괴가 열대 생물종의 파괴라고 할 때, 지구를 구성하는 하나의 종에 불과한 인류가 수십만 종의 생명을 절멸시킨 것이 되니 끔찍한 일이 아닐 수 없다.

그리스 신화에 에리직톤이라는 신이 나온다. 그는 곡물의 여신에게서 아무리 먹어도 허기가 가시지 않는 저주를 받았다. 눈에 보이는 모든 음식을 먹어 치웠지만 배고픔을 면할 수 없었다. 결국 그는 세상의 모든 것을 먹어 치우다가 마지막에는 자신의 몸까지 뜯어 먹게 되었다. 어쩌면 오늘날의 인류가 에리직톤과 같은 모습이 아닐까? 이기적인 인류의 허기가 아마존 열대림을 다 먹어 치우고서 인류 자신도 먹어 버리게 되는 것은 아닐까 하는 무서운 상상을 해 본다.

아마존 원주민 원시 비경 속에서 그들만의 고유한 삶의 방식으로 이어져 오던 아마존 원주민의 처소가 열대림 개발로 인하여 위협을 받고 있다.

| **사막이 넓어지고 있다** | '아프리카' 하면 우리 머릿속에는 하나의 이미지가 떠오른다. 뼈만 앙상하게 남은 가슴과 팔다리에, 배가 불룩 튀어나온 커다란 눈망울의 아이. 아프리카 사하라 사막 남쪽에 자리한 에티오피아, 수단, 차드 등에서는 이런 아이들을 어렵지 않게 만날 수 있다.

아프리카 사하라 사막 남쪽에는 수십 년 동안 이어진 가뭄으로 고통받는 사람들이 살고 있다. 사헬 지역에서는 지구온난화에 따른 기후변화와 급속

에리직톤 숲을 망친 죄로 끝없이 허기에 시달리는 벌을 받아 결국 자신의 팔다리를 뜯어 먹다 죽게 되는 에리직톤은 현대인의 자화상일지 모른다.

한 인구 증가에 따른 생태계 파괴 때문에, 사하라 사막이 조금씩 남쪽으로 내려오고 있다. 키 작은 나무와 풀이 어우러진 푸른 초원이 모래밭으로 바뀌고 있는 것이다.

열대림 파괴는 여러 생물종의 절멸을 가져왔고, 사막화■는 지역 주민의 생활과 목숨을 위협한다. 세계 육지 면적의 절반 정도는 건조 혹은 반건조 지역에 해당하는데, 이곳에서는 지구 전체 인구의 약 1/3이 살아가고 있다. 이곳 주민들은 대부분 가난하기 때문에 사막화로 인한 피해는 매우 치명적이다. 사헬 지역이나 중앙아시아 일대의 사막화 지역은 산업화의 손길이 닿지 않은 곳으로, 기본적인 의식주 생활을 자연 생태계에 의존한다. 이 지역의 생태 근간은 물인데, 안 그래도 강수가 고르지 못한 이 지역이 최근에는 해가 갈수록 강수량이 감소하고 있다. 비가 적게 내린다는 것은 작물 재배와 가축 사육, 땔감 확보 등이 어려워짐을 의미한다. 특히, 사헬 지역은 서구 의학이 도입됨에 따라 인구가 늘어났고, 이것이 과도한 목축으로 이어져 사막화 현상이 확대되는 것으로 알려졌다.

한편, 사막화는 생태적으로 지역 생물종의 다양성을 악화시키며, 바람에

세계 사막화 지도 이미 세계적으로 진행된 사막화는 전 세계 육지 면적의 약 40%에 이른다. 사막화 방지를 위해 국제적 노력을 기울이는 국제기구 유엔 사막화 방지 협약(UNCCD)은 사막화 면적을 아프리카 12억 8,600만 ha, 아시아 16억 7,200만 ha, 라틴아메리카와 카리브 해 지역 5억 1,300만 ha로 파악하고 있다.

에스파냐
국토의 20% 사막화
남부 지역 황폐화

알제리
가뭄으로 오아시스 고갈
산림 면적 국토의 1%

중국
국토의 27% 사막화
사막화 면적 30만ha씩 증가

매우 건조한 지역　　건조한 지역　　반건조한 지역

자료: 유네스코

의한 토양침식을 확대한다. 또 사막화로 토양 내에 염류가 많아지기도 한다. 그 결과 땅은 황폐해지고 토양의 식량 생산 능력은 약화되며, 기근이 확대된다. 학자들은 사헬 지역에서 발생하는 폭동과 전쟁 등도 사막화 현상과 밀접한 관련이 있는 것으로 보고 있다.

사막화는 비단 건조 및 반건조 지역의 주민에게만 악영향을 미치는 것은 아니다. 식생이 파괴되면 큰 모래 먼지가 쉽게 발생하고, 그것은 기류를 타고 주변의 인구 조밀 지역에 들어가 영향을 미치기도 한다. 중국 내륙의 사막화로 우리나라와 중국 동부 지역 등지에서 황사에 의한 피해가 늘고 있는 것도 같은 맥락에서 살펴볼 수 있다. 또한 사헬 지역의 경우 사막화 때문에 생긴 난민들이 이웃 국가로 몰려들어 정치·사회·경제적 혼란을 야기하기도 한다.

사막화와 관련하여 인류는 다양한 노력을 전개하고 있다. 유엔은 사막화 방지 위원회를 운영하고 있으며, 세계 각국의 정부와 기업은 사막화가 진행 중인 지역의 주민을 구호하는 활동과 더불어 사막화 지역에 나무를 심는 활동을 펼치는 등 사막화 방지를 위해 애쓰고 있다.

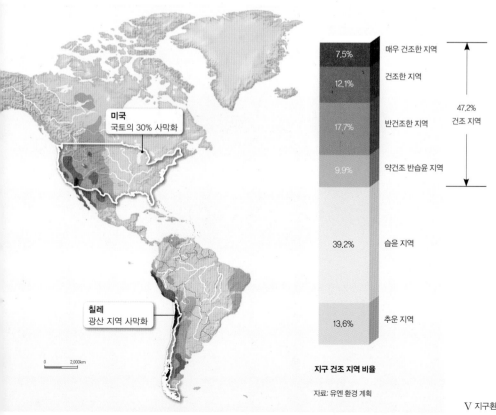

미국
국토의 30% 사막화

칠레
광산 지역 사막화

0   2,000km

7.5%	매우 건조한 지역
12.1%	건조한 지역
17.7%	반건조한 지역
9.9%	약건조 반습윤 지역
39.2%	습윤 지역
13.6%	추운 지역

47.2% 건조 지역

지구 건조 지역 비율

자료: 유엔 환경 계획

4 산성비와 오존층 파괴

매년 여름철이면 오존 주의보가 우리를 괴롭힌다. 뉴질랜드와 오스트레일리아에서는 오존층 파괴에 따른 피해가 속속 보고되고 있다. 지표상의 오존과 성층권의 오존은 어떻게 다를까? 양극 지방 주변에서 발생하는 오존층 파괴의 원인은 무엇이며, 이것은 지구에 어떤 영향을 끼칠까? 또한 인류의 미래를 위협하는 오존층 파괴를 저지할 방법은 무엇일까?

│ **새콤한 비가 무섭다!** │ 종로 탑골공원에 가면 유리 보호각에 들어 있는 원각사지십층석탑을 볼 수 있다. 이 탑을 유리 보호각에 넣은 이유는 여럿이지만, 그중의 하나는 산성비 때문에 석탑이 손상되는 것을 막기 위함이다. 서부 유럽 지역에서는 산성비로 훼손된 문화재를 많이 볼 수 있는데, 특히 대리석으로 만들어진 유적의 피해가 크다.

산성비는 화력발전소, 공장, 자동차 등에서 배출되는 황산화물과 질소산

유럽의 산성비 영국, 프랑스, 독일 등지에서 발생한 대기오염 물질이 편서풍을 타고 동유럽과 북유럽 지역에 산성비를 유발하고 있다.

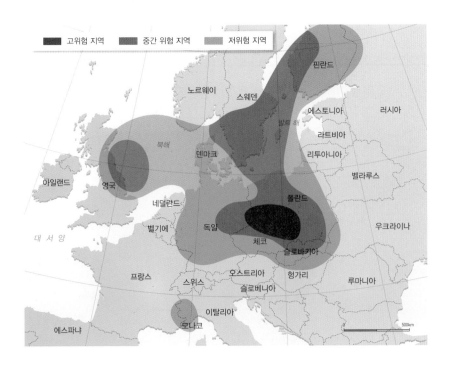

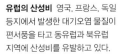

화물 같은 산성이 강한 물질이 비와 섞여 내리는 것을 말한다. 보통 비는 약산성을 띠는데, 산성비는 보통의 비보다 pH^수소이온농도지수 농도가 낮아 산성도가 높게 나타난다. 산성비는 숲과 농경지와 도시에 내려 숲을 파괴하고 토양을 산성화시키며 도시의 건축물을 부식시킨다. 산성비가 내리면 계곡물의 산성도가 높아지며, 계곡물이 모여서 이루어진 호숫물도 산성도가 높아진다. 즉 계곡과 호수에 레몬주스나 식초를 풀어 넣은 것과 같은 효과가 나타난다. 노르웨이 남쪽 지방에 있는 호수는 pH 값이 매우 낮아 산성도가 높게 나타나는데, 이들 호수에는 연어를 비롯하여 다양한 어종이 자취를 감추거나 개체수가 감소하고 있다. 산성화된 물은 토양 속에 들어 있는 알루미늄을 호수나 하천으로 녹아들게 하는데, 강과 호수의 pH 값이 낮을수록 알루미늄의 농도는 높아지며, 그에 따라 몸집이 작은 달팽이, 도롱뇽 등의 생물종부터 자취를 감추게 된다.

산성비가 내리면 산성 물질의 독성 때문에 나뭇잎은 황갈색으로 변하고 나무는 말라 죽게 된다. 또한 산성비가 내리면 토양 속에 있던 인, 칼슘, 마그네슘 등 식물에 양분이 되는 광물질이 씻겨 내려가 나무의 생장에 필요한 양분이 부족해지고, 이렇게 산성화된 토양에서는 박테리아, 곰팡이 등 미생물의 활동이 감소하여 나무가 잘 자랄 수 없게 된다.

자료: 노르웨이 물 연구소, 2009

노르웨이 여러 호수의 오염 노르웨이 남쪽 지역에 분포하는 호수들은 산성비 때문에 산성도가 무척 높다. 현재 조금씩 개선되고 있으나, 여전히 산성도가 높아 어류가 멸종하였거나 줄어들고 있다.

스모키 산 미국의 환경 단체들이 13개 국립공원을 대상으로 산성비와 오존 농도를 측정한 결과 스모키 산이 가장 오염된 공원 1위로 밝혀졌다. 스모키 산의 희귀종인 전나무의 약 90%가 산성비에 의해 병들거나 말라 죽었다.

산성비에 부식된 조형물 석회암 지질이 주를 이루는 유럽 전역에 산성비에 의한 건축물의 부식이 진행되고 있다. 일부 국가에서는 문화재의 원형 보존을 위해 실내로 옮기기도 한다.

산성비로 말미암은 숲의 파괴도 심각하다. 숲이 파괴된 모습은 산업화가 일찍 전개된 유럽 지역에서 쉽게 볼 수 있다. 1983년 독일 통일 이전 서독에서 조사한 바에 따르면 서독 전체 삼림의 34%가 산성비에 의해 훼손되었는데, 특히 독일 흑림 지대■의 절반 정도가 파괴되었다고 한다.

산성비로 숲이 파괴되는 곳은 독일을 비롯한 서부와 동부 유럽의 여러 나라, 스웨덴, 노르웨이 등의 북부 유럽 지역 등지와 미국 북동부 지역에서 날아오는 대기오염 물질이 유입되는 캐나다 남동부 등지이다. 우리나라를 비롯한 동아시아 지역의 숲도 산성비에 노출되어 있는데, 특히 중국의 공업화 발달 이후 우리나라의 청정 지역에서조차 강수의 pH 값이 낮아지고 있음을 확인할 수 있다.

│ 산성비로부터 지구를 지켜라 │ 산성비는 대기오염 물질이 비에 섞여 내리는 것으로, 대기오염 물질이 발생한 지역과 산성비로 피해를 입는 지역 간에 다소 차이가 나타난다. 서부 유럽에서 발생한 대기오염 물질이 청정 지역인 북부 유럽과 동부 유럽에 영향을 미치며, 미국 북동부 지역의 공장 지대에서 나오는 대기오염 물질은 캐나다 남동부의 삼림과 호수를 파괴한다.

독일 흑림 지대
독일 서남부, 라인 지구대의 동쪽에 있는 산지로 '흑림'이라는 이름은 햇볕이 들지 않아 깜깜할 정도로 나무가 빽빽이 들어찼다는 뜻에서 유래되었다. 1970~80년대 대기오염에 의한 산성비로 이곳이 크게 훼손되자 시민과 지역 단체들은 자전거를 이용하는 등의 개선 방법을 마련하였고 지금은 점차 나아지고 있다.

세계의 산성비 발생 지역과 피해 지역 산성비는 산업화가 이루어진 북반구 중·고위도 지역에서 주로 발생한다.

유럽 아시아 북아메리카 아프리카 태평양 대서양 인도양 오세아니아 남아메리카

| ■ 산성비가 내리는 지역 | ■ 대기오염 발생으로 산성비를 유도하는 지역 | ■ 잠재적인 토양오염 문제가 있는 지역 |

0 ~ 4,000km

특히, 중국이 경제성장에 박차를 가하면서 대기오염 물질의 배출이 폭발적으로 증가하고 있는데, 중국은 물론 우리나라와 일본도 그로 인한 피해를 볼 수밖에 없다. 스웨덴에서는 1940년 이후 하천과 호수의 산성화 현상이 확대되었는데, 스웨덴 과학자들은 그 원인이 영국과 서부 유럽에서 날아온 대기오염 물질 때문이라고 결론지었다. 하지만 영국을 비롯한 서부 유럽 국가들은 이러한 스웨덴의 주장에 반발하였다. 결국, 1977년 유엔 인간

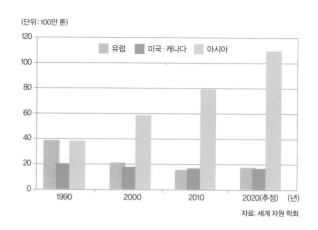

(단위: 100만 톤)

세계 지역별 아황산가스(SO₂) 배출량의 변화 유럽에서는 아황산가스 배출이 줄어들고 있는 반면, 아시아에서는 배출량이 급속히 증가하고 있어 한·중·일 간의 갈등이 깊어질 여지가 있다.

자료: 세계 자원 학회

환경 회의의 조사 보고서를 통해 북부 유럽의 하천과 호수의 산성화가 서부 유럽의 오염 물질에서 비롯되었다는 사실이 밝혀졌고, 1988년 질소산화물을 줄이기 위한 소피아 의정서가 채택되었다.

오대호 주변의 공업지대를 중심으로 미국과 캐나다의 대기오염 물질이 국경을 넘는 것을 두고 두 나라 간 갈등이 지속되고 있다. 캐나다에 내리는 산성비의 50%는 미국에서 넘어온 오염 물질에서 비롯된 것이고, 미국에 내리는 산성비의 15%는 캐나다에서 온 대기오염 물질 때문인 것으로 나타났다. 두 나라는 장거리 대기오염에 관해 공동 연구를 하고 있으나, 아직까지 이렇다 할 성과는 없다.

무엇보다 중요한 것은 산성비의 발생을 원천적으로 방지하는 것이다. 예를 들면, 석유에서 황을 제거한 후 사용하거나 공장의 굴뚝과 자동차의 배기통에 황산화물이나 질소산화물을 걸러 내는 장치를 부착할 수도 있다. 나아가 화석연료 대신 신재생 에너지를 개발하고 그 사용을 확대하는 노력과 실천이 필요할 것이다.

| **오존층은 어떻게 파괴되나?** | 초여름의 맑은 날에는 오존 주의보가 발령되기 쉽다. 오존 주의보가 발령되면 노인이나 어린이는 바깥 활동을 삼가야

하며, 대기 중의 오존 농도를 낮추기 위해 자동차 운행을 줄여야 한다. 이렇듯 오존은 신경 쓰이는 불청객이 분명한데, 사람들은 왜 오존층이 파괴되어 걱정스럽다고 이야기할까?

오존은 산소 원자 세 개가 결합된 물질이다. 산소 원자 두 개가 결합된 O_2는 우리가 숨 쉬는 산소이며, 세 개가 결합된 O_3는 바로 여름철의 불청객인 동시에, '오존층 파괴'로 감소하고 있는 오존이다. 오존층은 대류권 위에 펼쳐진 성층권에 위치하므로 오존층 파괴가 오존 주의보와는 전혀 관련이 없다는 사실을 알아 두고 시작하자.

오존층은 태양으로부터 들어오는 자외선을 차단하는 역할을 한다. 자전거를 타거나 바닷가에서 해수욕을 할 때 자외선으로부터 피부를 보호하기 위해 선크림을 바르는데, 오존층이 바로 지구 생태계에 선크림과 같은 역할을 하여 자외선을 막아 준다. 적당한 자외선은 살균 작용을 하는 등 인체에 이롭지만, 자외선의 양이 지나치게 많으면 지구상의 많은 생물종이 이를 견디기 어려우며, 사람은 피부암이나 백내장 등에 걸릴 확률이 높아진다.

오스트레일리아 자외선 예방 교육
오존층 파괴가 심해지면서 태양 빛이 뜨거운 오스트레일리아에서는 자외선에 의해 피부암 등에 걸리는 것을 막기 위해 "Slip Slop Slap"이라는 캠페인을 실시하였다. 이 구호에는 외출할 때 셔츠를 입고, 선크림을 바르고, 모자를 쓰자는 뜻이 담겨 있다.

오존층 파괴와 관련된 물질은 염화불화탄소라고 불리는 프레온가스(CFCs)이다. 염소, 불소, 탄소 등의 세 가지 원소로 이루어져 있는 이 물질은 매우 안정적이기 때문에 냉장고의 냉매, 스프레이의 분사제, 우레탄 발포제, 반도체 세정제 등 다양한 용도로 사용해 왔다. 프레온가스는 인체에 독성이 없고 불에 잘 타지 않아 이상적인 화합물로 간주되었다. 하지만 프레온가스가 성층권으로 이동하면 지구의 방패막 역할을 하는 오존층을 파괴하기 때문에 문제가 생긴다. 성층권에서 자외선에 의해 프레온가스로부터 염소(Cl)가 분리되면, 염소는 오존 파괴의 촉매자가 되어 $Cl + O_3 \rightarrow ClO + O_2$의 화학반응을 통해 오존을 파괴한다. 여기서 주목할 것은 오존을 파괴한 염소는 재생되어 반복적인 반응을 통해 염소 분자 하나가 수십만 개의 오존을 파괴한다는 것이다.

지구 위성사진을 통해 오존 구멍, 즉 오존홀을 볼 수 있다. 오존홀은 주위에 비해 오존의 농도가 낮은 곳으로 구멍의 형태를 지닌다. 오존홀이 발견된 이후 사람들은 오존층이 파괴되는 것을 심각하게 받아들이게 되었으며, 오존층 파괴를 막기 위한 다양한 노력에 관심을 두게 되었다.

여기서 생기는 한 가지 의문은 왜 남극 상공에서 오존홀이 뚜렷하게 나타나는가 하는 것이다. 과학자들은 겨울에서 이른 봄까지 발생하는 강한 제트기류가 남극대륙을 둘러싸기 때문에, 프레온가스에서 생겨난 염소가 효과적으로 남극 상공의 오존층을 파괴할 수 있다고 말한다. 실제로 봄이 지나 여름이 되어 기온이 상승하면 제트기류가 약해지면서 오존홀의 크기는 줄어든다.

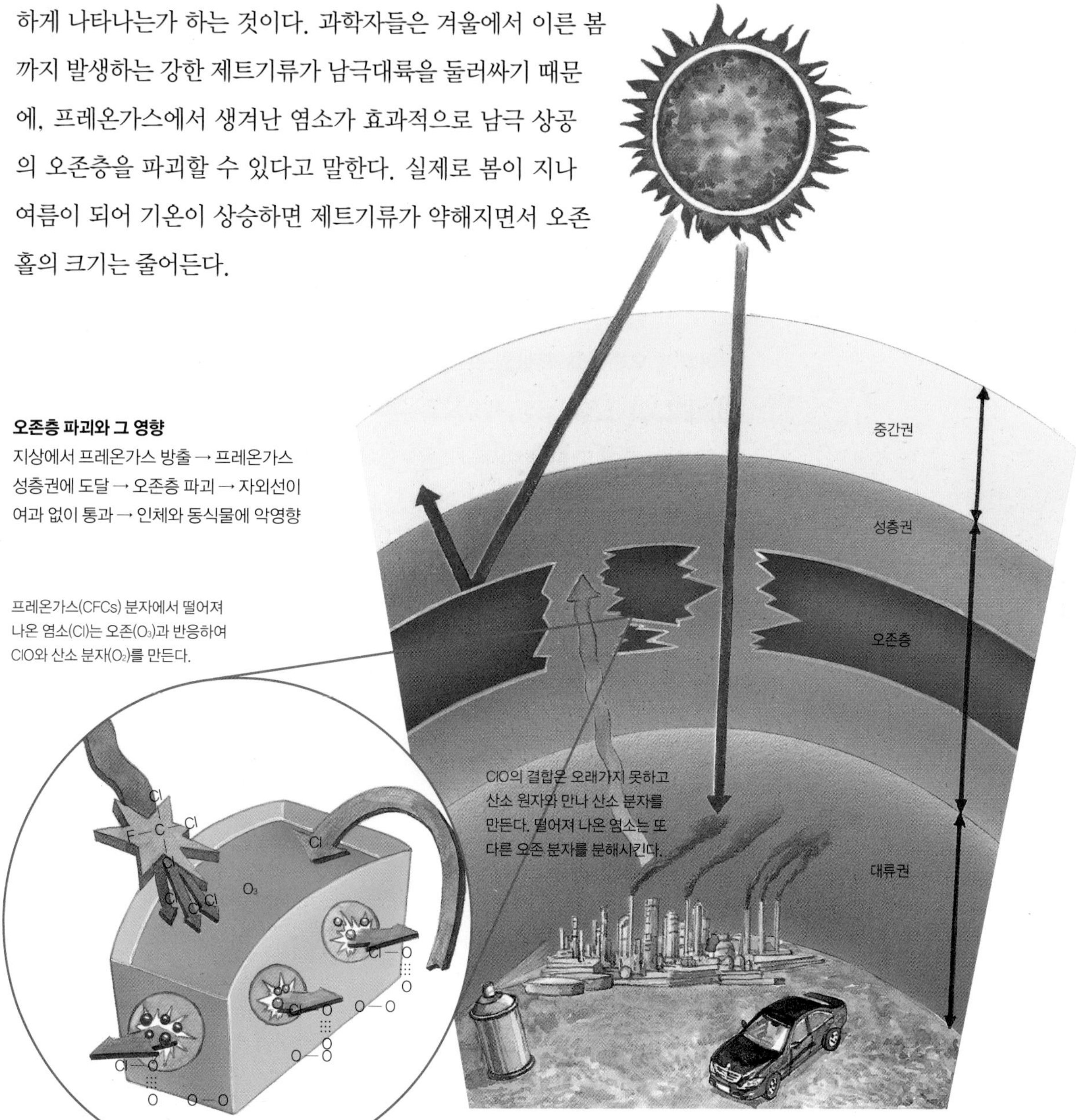
중간권
성층권
오존층
대류권
프레온가스(CFCs) 분자에서 떨어져 나온 염소(Cl)는 오존(O_3)과 반응하여 ClO와 산소 분자(O_2)를 만든다.
ClO의 결합은 오래가지 못하고 산소 원자와 만나 산소 분자를 만든다. 떨어져 나온 염소는 또 다른 오존 분자를 분해시킨다.
Cl
F
C
O_3
Cl—O
O—O

오존층 파괴와 그 영향
지상에서 프레온가스 방출 → 프레온가스 성층권에 도달 → 오존층 파괴 → 자외선이 여과 없이 통과 → 인체와 동식물에 악영향

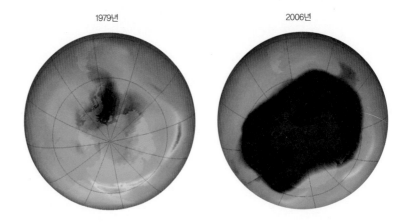

1979년 2006년

오존홀의 확대 미 항공 우주국 나사(NASA)에서 촬영한 남극의 오존홀 모습이다. 오존홀의 확대는 곧
프레온가스에 의해 오존층이 많이 파괴되었음을 뜻하므로, 이 사진에서 남극과 남아메리카의 남단이 뚜렷하게
보일수록 오존층 파괴가 심각함을 알 수 있다.

| **어떻게 오존층을 되살릴 것인가** | 오존층 파괴 물질이 프레온가스로 밝혀
진 이상, 프레온가스의 사용량을 줄이지 않으면 오존층은 회복될 수 없다.
오존층 파괴에 따른 강한 자외선은 인체에 해를 줄 뿐만 아니라 농작물의 생
육을 어렵게 하며, 플랑크톤이 감소하면서 어류가 줄어들어 인류를 위기에
빠뜨린다. 이런 오존층 파괴를 막기 위해 인류는 어떤 노력을 기울였을까?

1987년 9월, 24개국의 대표가 캐나다 몬트리올에 모여 기후 협약을 맺었
는데, 이를 '몬트리올 의정서'라고 한다. 이를 통해 선진국은 1999년까지 프
레온가스의 생산과 사용을 절반으로 줄일 것을 협약하였으며, 개발도상국
은 유예기간을 거쳐 2010년 이후 프레온가스를 생산하지 않을 것을 약속하
였다.

몬트리올 의정서를 계기로 세계 각국은 프레온가스를 대체할 새로운 물
질 개발에 나서게 되었다. 프레온가스의 대체 물질인 수소염화불화탄소
(HCFCs)가 개발되었으나, 여전히 오존층 파괴의 요소가 있어 이 물질 역시
2030년 이후 사용을 금지하도록 하였다. 그래서 최근에는 이를 대체할 수
있는 물질인 수소불화탄소(HFCs)와 과불화탄소(PFCs)가 주목받고 있다.

2010년 이후 우리나라는 프레온가스의 생산 및 수입을 전면 금지하고 있

으며, 이에 따라 기존의 냉장고, 에어컨 등에서 회수한 프레온가스 이외에는 수소염화불화탄소에 주로 의존하고 있다. 하지만 이 물질 또한 2030년이면 사용이 규제되므로, 대체 물질을 하루빨리 마련해야 한다.

한편, 프레온가스 및 기타 오존층 파괴 물질의 사용 규제 과정에서 인도와 중국 같은 개발도상국들은 지금껏 선진국이 마음껏 사용하면서 생겨난 오존홀을 막기 위해 개발도상국이 이 물질을 전혀 사용하지 못하는 것은 부당하다는 의견을 피력하였다. 이에 대해 세계 각국은 개발도상국의 오존층 파괴 물질 배출량을 동결하는 선에서 허용하는 데 동의하였다. 그러나 오존층 파괴 물질이 증가하면서 지구환경에 미치게 될 악영향을 고려하여 최근에는 개발도상국에 대해서도 이들 물질 배출의 단계적 감축을 요구하게 되었다.

이러한 노력 덕분에 남극에서 나타나는 오존홀의 크기가 더는 커지지 않고 있으며, 오존층이 회복되고 있다는 좋은 소식도 들려오고 있다.

개발도상국의 수소염화불화탄소 감축에 대한 몬트리올 의정서 개정안 개발도상국에 대해서는 수소염화불화탄소의 배출량을 2015년 배출량 수준에서 허용하려고 하였으나, 2007년 개정안에서는 2013년에 2009~2010년 배출량 수준으로 동결하는 것을 포함하여 5단계에 걸쳐 수소염화불화탄소의 배출량을 줄여 나가기로 하였다. 2040년이 되면 수소염화불화탄소 배출량은 거의 없어질 전망이다.

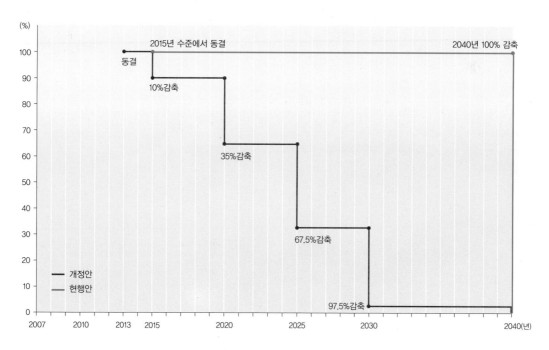

5 생명의 근원,
물과 땅의 오염

칠레의 한 어촌에서는 높은 지대에 나무로 기둥을 세우고 거기에 물 수집판을 걸어, 안개 속의 작은 물방울을 모아 먹는 물을 만든다. 그런데 사람들은 자연조건에서 물을 얻는 '원시적'인 방법에서 벗어나 자꾸 엄청난 계획을 세운다. 인위적으로 물을 가두고 강제로 물길을 내고…… 이 엄청난 계획은 생태계를 파괴하고 분쟁을 부르면서 물을 더 고갈시키는 악순환을 불렀다. ―《생명시대》, 김소희

| **물이 오염되고 있다** | 1961년 인류 최초의 우주 비행사 유리 가가린이 지구로 보내온 첫마디는 "지구는 푸르다."였다. 지구가 이렇게 푸른색을 띤 이유는 지표면의 70%를 차지하는 물 때문이다. 물은 지구상의 모든 생명의 근원이다. 따라서 푸른색은 생명의 색이다. 그런데 불과 30여 년 후인 1992년 미국 우주왕복선을 타고 지구궤도에 올랐던 일본 최초의 우주 비행사 모리 마모루는 "물의 색깔이 변하고 있다."라고 전했다. 지구가 생명의 빛을 잃어간다는 뜻이다.

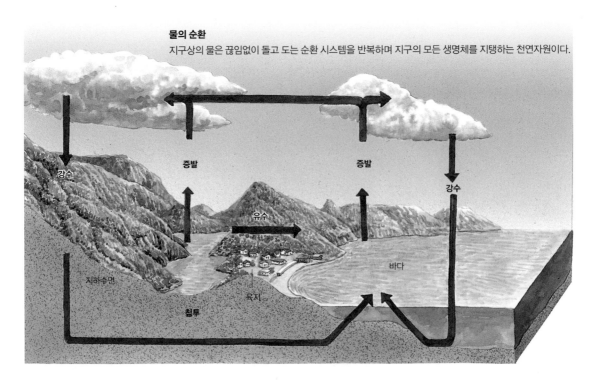

물의 순환
지구상의 물은 끊임없이 돌고 도는 순환 시스템을 반복하며 지구의 모든 생명체를 지탱하는 천연자원이다.

자연재해로 인한 수질오염 홍수 때 각종 생활 쓰레기가 밀려들어 수질을 크게 악화시킨다. 물이 본래 지닌 자정 능력의 한계를 넘게 되면 그 피해는 결국 인간에게 되돌아온다.

부영양화로 인한 적조 현상 물속 미생물의 과다 증식으로 용존산소가 부족하게 되는 부영양화 현상으로 수중 생태계는 큰 위협을 받는다. 서식하는 미생물 플랑크톤의 종류에 따라 색소가 달라 적조 현상 또는 녹조 현상이 나타난다.

도대체 지구에서 어떤 일이 벌어지고 있기에 물의 색깔이 변하는 것일까? 인류는 식수뿐만 아니라 작물과 가축을 키우기 위해 끊임없이 물을 사용해 왔다. 인류 최초의 정착지가 강이나 호수 주변이었던 것도 바로 그런 이유에서였다. 인류의 역사에 견주어 보면, 물은 생물이 살아가는 데 없어서는 안 될 물질인 동시에 쓰레기를 처리하는 수단으로 활용되어 왔다. 문제는 물을 너무 많이 사용할 뿐만 아니라 정화되지 않은 각종 오·폐수가 강과 호수, 그리고 바다로 흘러듦으로써 생태계의 파괴를 넘어 인류의 생명을 위협할 만큼 물이 오염되었다는 데 있다.

자연계에 존재하는 물은 본래 그 스스로 유입된 오염 물질을 생화학적 작용으로 정화할 수 있는 자정 능력을 지니고 있다. 그러나 유기물과 중금속을 포함한 유독성 무기 오염 물질이 호수나 강에 과다하게 유입되면, 자정 능력의 한계를 벗어나 물고기를 비롯한 많은 수생 생물체가 살 수 없게 된다. 이렇게 하천과 호수가 오염되어 물이 자연성을 상실하면 결국 그 피해가 인간에게 되돌아오기에 문제가 심각하다.

인구가 증가하고 산업화가 급속히 진행됨에 따라 세계 곳곳에서 수질오염이 심각한 문제로 대두되고 있다. 2003년 발표한 유엔 통계자료에 따르면, 날마다 약 600만 톤의 쓰레기가 강과 호수로 쏟아져 들어가고 있다. 수질오염 때문에 심각한 피해를 경험한 선진국에서는 기술 개발을 통해 수질 개선에 나서고 있지만, 개발도상국과 후진국은 식수마저 마음 놓고 마실 수 없는 열악한 환경에 처해 있어 수질 개선은 엄두도 못 낼 형편이다. 오늘날 연간 약 800만 명이 수인성 질환으로 목숨을 잃는다고 한다. 이는 전쟁으로 인한 사망자 수보다 10여 배나 높은 수치이다. 물을 살리는 일은 곧 인류의 생존과 직결되는 문제이다.

| **목마른 지구** | 에티오피아 수도 아디스아바바에 있는 최대 시장 마르카토에서 여자들에게 가장 인기 있는 상품은 우리 돈으로 약 4,500원 정도 하는 플라스틱 물통이다. 여자들이 플라스틱 물통을 갖고 싶어 하는 이유는 무엇일까? 에티오피아에서는 물동이를 지고 마실 물을 구하기 위해 길을 나선 여자들의 모습을 흔히 볼 수 있다. 하루 최대 7~8시간을 걸어 몇 번씩 강이나 공동 수도를 찾아 물을 길어 오는 것이다. 물통은 단순한 도구가 아니라

물 부족으로 시련을 겪고 있는 에티오피아 주민들 급격한 인구 증가와 지체된 산업 발전, 이상기후에 의한 가뭄의 지속으로 물의 공급량이 수요량에 턱없이 못 미친다. 전 세계적으로 물 부족을 겪고 있는 사례가 해마다 급증하고 있다.

식수를 구하기 위해 매일 반복되는 에티오피아 주민의 고달픈 삶을 대변한다.

물은 지구상에 있는 가장 흔한 천연자원으로 언뜻 풍부해 보이지만, 현재 전 세계에는 에티오피아처럼 심각한 물 부족으로 고통을 겪는 나라가 많다. 유네스코는 2006년 제4차 세계 물 포럼 보고서에서 2000년 60억 명이던 세계 인구는 2025년에 80억 명으로 증가할 것으로 예상되어, 물 소비 증가 추세가 지속된다면 20년 후에는 18억 명의 인구가 물이 고갈된 지역에 살게 될 것이라고 밝혔다. 2009년 제5차 세계 물 포럼 보고서에서는 세계 인구 규모가 매년 8,000만 명가량 증가함에 따라 물에 대한 수요도 640억 m³씩 늘어날 것이라고 전망했다. 따라서 물도 "기후변화나 환경문제처럼 세계적인 협력과 과학적인 접근이 필요하다."라고 촉구하였다. 현재 세계는 수자원 격차 극복이라는 새로운 과제에 맞서고 있으며, 보편적 인권 차원에서 가난한 사람들도 깨끗한 물을 마실 수 있어야 한다는 목소리가 커지고 있다.

물에 대해 알아 두어야 할 수치

1$^{\%}$
지구상 담수 중 사용 가능 비율

15^{초}
물 관련 질병으로 인한 어린이
사망자 1명 증가 시간

3,575,000^{명}
연간 물 관련 질병으로 인한
전 세계 사망자

884,000,000^{명}
안전한 식수를 구하지 못하는 인구

물 부족 지역
현재 세계 31개국 5억 명 이상의 인구가 물 부족으로 인한 고통을 겪고 있다.
물 부족 지역은 점차 증가하고 있으며, 그 속도도 빨라지고 있다.

물 부족 지수(WSI)

약   중   강   극심

0   0.3   0.5   0.7   1

0   2,000km

2010 '물의 날' 캠페인 국제 구호 개발 NGO인 굿네이버스가 '물의 날'을 맞아 캠페인을 벌였다.

과연 지구는 전 인류가 사용할 수 없을 만큼 물이 부족한가? 문제는 물의 전체적인 양이 부족한 것이 아니라 사람들이 필요할 때 필요로 하는 곳에서 사용할 수 없을 정도로 고갈되고 있는 곳이 많다는 데 있다. 즉 지역에 따라 물 부존량의 편차가 크다. 캐나다, 러시아, 브라질, 미국 등은 물이 풍부한 데 반해, 강수량이 적은 튀니지·수단·파키스탄을 연결하는 서남아시아와 아프리카 일부 국가는 심각한 물 부족 문제를 겪고 있다. 물 부족 현상의 가장 큰 원인은 무엇보다 지속적인 인구 증가에 있다. 또, 산업 발달로 물 자원에 대한 수요가 늘고 더불어 이상기후 현상으로 가뭄이 지속되는 것도 큰 요인이다.

1일 물 발자국

'나'는 하루 동안 얼마큼 물을 쓸까? 우리가 쓰는 물은 수도꼭지에서 나오는 게 전부가 아니다. 우리가 소비하는 모든 음식과 물건에는 그 생산과정에서 쓰이는 물이 숨겨져 있는 셈이다. 이처럼 소비재를 생산하는 데 필요한 물의 총량을 가상수라 한다. 인구가 증가하고 산업이 발달하면서 가상수도 급격하게 증가하고 있다.

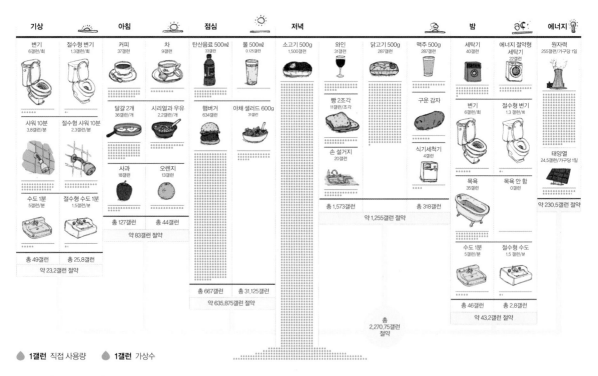

● 1갤런 직접 사용량　● 1갤런 가상수

*물 발자국(Water Footprint)은 사람이 사용하는 물의 양을 나타내는 지표로, 가상수를 합친 총량으로 측정한다.

자료: 굿·미국 에너지국·워터 풋프린트 네트워크

270

현재 세계 인구의 약 40%가 인접국의 물에 의존하고 있으며, 국제하천은 214개에 달한다. 그러니 인접국으로부터 물 공급이 원활하지 못하면 물이 국가 간 갈등을 불러일으키는 요인이 될 수도 있다. 가까운 장래에 전 세계적인 물 부족 현상이 예상되는 가운데 이미 서남아시아와 아프리카 등 지구촌 곳곳에서 물 분쟁이 발생하고 있다. 앞으로 물 부족 사태가 더욱 심각해질 것으로 예상되어 이러한 국가 간의 물 분쟁은 더욱 빈번해질 전망이다.

목마른 지구를 구하기 위해 다목적 댐, 저수지 등을 활용하여 많은 양의 물 자원을 확보하려는 노력도 필요하지만, 근본적으로는 녹색 댐이라 할 수 있는 산림을 보존하여 댐 개발에 따른 생태계의 파괴를 막는 것이 더욱 중요하다.

한편, 전 세계 물 사용량의 70%가 농업용수로 사용되고 있는데, 관개를 중심으로 한 물 사용 방식의 효율성을 높이는 것이 필요하다. 점차 논밭을 유기농으로 전환하고 식수 생산과 공급 구조를 개선하려는 노력이 필요하다. 아울러 국가 간의 국제하천을 공동 자산으로 여겨 수자원을 절약하고 보존 및 오염 방지를 위한 협력 체제를 구축해야 한다. 이것이 인류가 함께 사는 길이다.

| **인구 증가와 도시화에 따른 토양오염** | 1892년 미국 나이아가라 폭포 주변에 건설 중이던 러브 캐널Love Cannal 공사가 경제 불황으로 중단되었다. 1942년, 오래 방치되었던 길이 1.6km, 깊이 3~12m의 긴 운하 자리를 한 화학 회사가 인수하였다. 이 회사는 약 10년에 걸쳐 2만여 톤의 유해 화학물질을 매립한 후 나이아가라 시에 기증해 버렸다. 이 사실을 알 리 없는 시 당국은 이곳에 학교와 주거지를 조성하였는데, 1970년대 초부터 지하에 묻혀 있던 온갖 폐기물이 서서히 땅 위로 스며 나오기 시작하였다. 이로 인해 주민들은 온갖 피부병과 심장 질환, 만성 천식 등에 시달렸으며, 심지어 기형아를 출산하는 큰 고통을 겪기도 하였다. 주민들의 피해 사례가 속출하자 1977년 이곳을 조사한 시 당국은 지하수가 유해 화학물질로 오염된 것을 발견하였으며, 이어 국가 긴급 재해 지역으로 지정하여 거주민을 다른 곳으로 이주

러브 캐널 사건 주민들이 집단 이주까지 하게 된 토양오염 사고로, 아래는 유독성 산업폐기물이 다량 매립된 러브 캐널 지역의 모습이다.

시켜야만 하였다.

러브 캐널 사건은 토양오염의 피해가 얼마나 심각한지 여실히 보여 주는 대표적인 사례이다. 급속하게 진행된 산업화의 여파로 세계 곳곳에서 다양한 유형의 토양오염 사례가 보고되고 있다. 사람은 땅에서 태어나 땅으로 돌아가는 존재이며, 살아가는 동안에도 의식주 대부분을 땅에서 해결한다. 그러나 급속한 산업 발달과 인구 증가는 필연적으로 토양오염을 동반한다. 그런데 토양은 단지 오염물의 최종 처분지로 생각하여 대기오염이나 수질오염 등에 비해 상대적으로 소홀히 여겨 토양오염의 심각성을 잘 인식하지 못한 것이 큰 문제이다. 토양에 유입된 오염원은 토양구조를 파괴하고 생물의 생육에 장애를 일으키며, 결국에는 먹이사슬을 통해 체내에 중금속을 축적시켜 인간과 동물의 건강에 심각한 영향을 미친다.

토양도 물과 같이 스스로의 정화 작용으로 유입된 오염원을 분해한다. 그러나 토양오염은 그 회복 기간이 길며 오염 물질이 잔류하여 생물체에 축적되는 경향이 있다. 카센터에서 버린 엔진오일로 인해 토양이 오염되면 스스

토양오염의 경로 중금속은 농약과 화학비료 살포, 그리고 광산이나 제련소, 염색 공장 등에서 방류된 폐수로 토양에 유입된다. 중금속은 생물체에 축적되어 심각한 문제를 일으키며, 토양오염의 주범으로 지목받고 있다.

로 원래 상태로 돌아오는 데에 150년 이상이 걸린다고 한다. 이처럼 토양에 침투한 오염 물질은 제거하기 어려울 뿐만 아니라, 오랫동안 잔류하기 때문에 오염되지 않도록 예방하는 일이 무엇보다 중요하다. 따라서 건강한 토양 환경을 보전하기 위해서는 농약과 화학비료 사용량을 최소화하고, 천적을 이용하거나 유기질비료를 사용하는 유기농업을 널리 보급해야 한다. 그리고 정화 능력이 떨어진 토양이나 오염된 흙을 제거하고 깨끗한 흙으로 바꾸는 객토 작업도 필요하다. 아울러 산업폐기물의 보존과 관리에 대한 체계적인 시스템도 마련해야 한다.

토양은 자연계의 물질 순환 기능과 오염 물질에 대한 여과, 완충, 자연 조절 기능을 하는 환경의 어머니와도 같은 존재이다. 오염된 토양을 복원하는 사업은 그동안 무한 자원으로 인식하였던 토양을 유한 자원으로 인식하는 계기가 되어 토양의 가치를 보전하고 상승시키는 데 그 의의가 있다. 오염된 토양을 지하수를 이용하여 세척하거나 미생물을 이용한 친환경적 경작 등의 방법으로 정화하여 자연 상태 그대로의 토양으로 되돌리는 방법 등을 모색해 나가야 한다.

폐기물의 분해 기간 우리가 쓰고 버린 각종 폐기물은 재질에 따라 분해되는 데 걸리는 시간이 각기 다른데, 플라스틱 등은 무려 분해에 500년이나 걸린다.

종이	2~5개월
우유 팩	5년
나무젓가락	20년
일회용 컵	20년 이상
가죽 구두	25~40년
나일론 천	30~40년
금속 캔	100년
일회용 기저귀	100년 이상
칫솔	100년 이상
알루미늄 캔	500년 이상
플라스틱 용기	500년 이상
스티로폼	500년 이상

자원 결핍의 시대를 넘어

휴대전화 전자회로인 '탄탈 커패시티'는 '콜탄'이라는 금속 물질로 만들어지는데, 이것은 주로 콩고민주공화국에서 생산된다. 콜탄을 개발하고 생산하는 과정에서 열대림이 파괴되고, 열대림에 사는 고릴라도 목숨을 잃는다. 그렇다고 콜탄이 지역 주민들에게 부를 가져다주지도 않는다. 콜탄을 판 돈으로 군벌들이 무기를 사들여 내전을 치르기 때문이다. 이래저래 휴대전화는 피를 먹으며 번성하고 있다.

| **자원이 줄어들고 있다** | 2008년 7월 중순 세계 석유 가격은 1배럴당(약 163.5ℓ) 147달러에 달했다. 2004년 1배럴당 20달러에 불과했던 석유 가격이 폭등한 것이다. 석유 가격이 상승하자 미국을 중심으로 대체 연료인 바이오 에너지 생산이 늘어났으며, 그 과정에서 바이오 에너지의 원료가 되는 옥수수와 콩 가격이 폭등하고 덩달아 밀과 쌀 가격도 올랐다. 필리핀 등에서는 곡물 가격 상승 때문에 폭동이 일어났으며, 치솟는 곡물 가격을 견디지 못한 여러 지역에서는 정원을 텃밭으로 바꾸어 직접 경작하기도 하였다.

석유 가격 상승과 애그플레이션 2008년 석유 가격 상승은 곡물 가격 상승을 부추겼으며, 이로 인해 물가가 전반적으로 상승하였다.

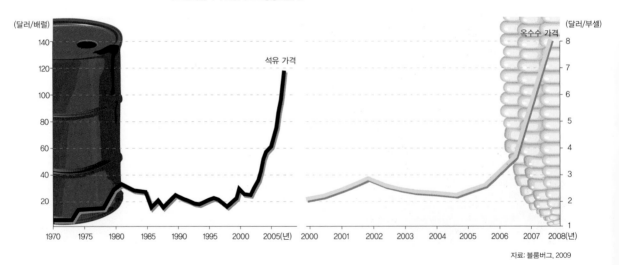

자료: 블룸버그, 2009

2008년 석유 가격이 폭등한 주원인은 미국 유수의 금융 업계와 석유 업계가 결탁하여 이루어진 투기 때문인 것으로 밝혀졌다. 당시 석유 가격의 폭등으로 대두된 자원 가격의 상승이 인류에게 어떤 대혼란을 가져오는지 우리는 뼈아프게 경험할 수 있었다.

지구는 유한하고 석유·천연가스와 같은 화석연료, 그리고 철광석·금과 같은 광물 자원도 유한하다. 현대 문명은 유한한 자원을 '곶감 빼먹듯' 소비하고 있는데, 짧게는 30년 길게는 몇백 년이 지나면 이들 자원이 고갈될 것이다. 자원 문제를 해결하지 못하면 우리 문명은 석유 이전의 문명 단계로 퇴보할 수밖에 없으며, 그 과정에서 발생할 갈등과 혼란의 폭과 깊이는 우리의 상상을 뛰어넘을 것이다.

천연자원의 가채 연수

인류에게 주어진 자원은 생각보다 많지 않다. 알루미늄은 1,000년 이상 사용할 양이 남아 있지만, 은이나 안티몬 등은 사용할 수 있는 양이 30년이 채 되지 않는다.

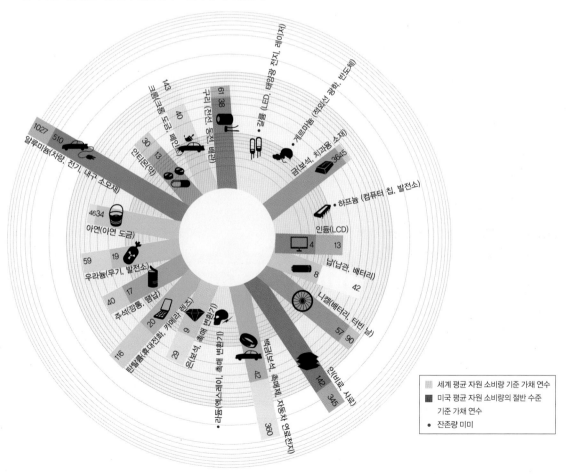

│ **소비 문명이 만들어 낸 어두운 그림자** │ 우리는 얼마나 많은 자원을 소비하고 있을까? 한 해에 태어나는 아이들의 숫자보다 몇 배나 많은 자동차를 생산하고 있으며, 수천 km 떨어진 공항을 오가는 비행기의 숫자도 급속하게 늘고 있다. 생활수준이 향상되면서 냉난방기의 가동 시간이 길어지고 있으며, 발전소에서 소비되는 화석연료의 양도 늘어나고 있다.

자원의 꽃이자 현대 문명의 원천인 석유는 자동차 운행, 냉난방, 전력 사용 이외에 생활용품을 만드는 데도 사용된다. 석유화학제품은 7만 종이 넘는데, 플라스틱, 아크릴, 화장품, 페인트, 아스팔트, 비료, 의약품, 의류 등을 모두 석유에서 뽑아낸다. 우리가 대형 할인점에서 볼 수 있는 제품 대부분을 생산하는 데는 석유가 소비된다. 이로 미루어 볼 때 석유가 사라지게 되면 결국 현대 문명도 사라질 위기에 처할 것이다.

멕시코 만에 자리한 쿠바는 사회주의 체제를 고수하면서 오랫동안 미국으로부터 경제봉쇄를 당했고, 구소련이 몰락하면서 경제 사정이 더욱 어려워졌다. 쿠바의 수도 아바나에 남아 있는 고풍스러운 건물, 움직일 것 같지 않은 오래된 자동차, 걸어 다니는 많은 사람들의 모습은 모두 석유를 비롯한 자원 부족 현상과 관련 있다. 세계인의 칭송을 받는 아바나의 유기농업도 실은 자원 부족에서 비롯되었다. 쿠바의 중고 물품 시장에 가면 우리가 쉽게 버리는 플라스틱 옷걸이, 낡은 의류, 녹슨 자전거 등이 버젓이 가격표를 붙이고 팔리는 것을 볼 수 있다. 이것이 쿠바의 현실이자 석유 고갈 시대가 왔을 때 우리가 맞게 될 모습이다.

쿠바의 거리 풍경

쿠바의 유기농업

한편, 자원의 소비에도 쏠림 현상이 나타난다. 2010년 현재 전 세계 전력 소비량 중에서 미국이 20.3%, 중국이 19.9%를 소비한다. 두 나라가 세계 전력의 절반 가까이 소비하는 셈이다. 석탄은 중국이 48.4%, 미국이 14.8% 를 소비하고 있으며, 석유는 미국이 21.1%, 중국이 11%, 천연가스는 미국이 21.7%, 러시아가 13%를 소비한다. 1인당 자원 소비량은 선진국이 개발도상국보다 월등히 많아 자원 이용은 곧 국가 간 경제적 격차를 반영한다. 한편, 중국과 인도의 경제성장은 이들 국가를 자원의 블랙홀로 만들고 있어 앞으로 자원의 가채 연수는 더욱 빠른 속도로 짧아지게 될 것이다.

각국의 에너지 소비량 에너지 사용에서도 빈국과 부국의 격차가 크고 총에너지 수요는 계속 증가할 전망이다. 최종 에너지 소비에서 가장 많은 비중을 차지하는 것은 주거와 교통이다. 따라서 우리의 에너지 소비 행태에 따라 미래의 에너지 수요는 다른 양상을 띠게 될 것이다.

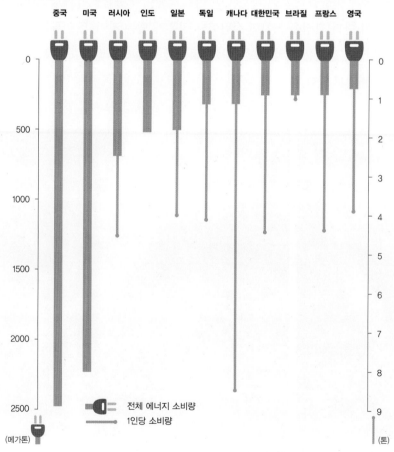

자료 : BP 에너지 통계, 2011·세계 자원 학회, 2005

| 화석연료에서 신재생 에너지로 | 모든 에너지는 태양으로부터 나온다. 태양이 없다면 에너지에 힘입어 살아가는 지구 생태계의 어떤 생물종도 존재할 수 없다. 태양은 지구에 비와 눈을 내리게 하고 바람을 불게 할 뿐만 아니라 생명이 있는 모든 것에 에너지를 제공하기 때문이다. 우리가 숨 쉬는 것, 웃는 것, 책을 읽는 것, 그리고 에너지 문제를 걱정하는 것 모두 태양에너지 덕분이다.

오늘날 전 세계 에너지 소비는 석유 33.6%, 석탄 29.6%, 천연가스 23.8%, 원자력 5.2% 재생에너지 1.3%의 비중으로 구성되는데, 화석연료가 92.2%로 압도적이다. 화석연료는 지질시대에 땅속에 묻혀 화석같이 굳어져 오늘날 연료로 이용하는 물질이다. 대지나 바닷속에서 자라는 식물 대부분은 광합성 작용을 통해 포도당을 만들어 내고, 그렇게 만들어진 식물들이 먹이사슬을 통해 동물들의 살을 찌운다. 이러한 식물이나 동물들이 대량으로 땅속에 묻혀 탄화 과정을 거치면 석탄이나 석유가 되는 것이다. 인류는 짧게는 수천만 년, 길게는 수억 년에 걸쳐 만들어진 석유와 석탄을 아주 짧은 시간에 써 버리고 있다.

체르노빌 원자력발전소 사고 1986년 체르노빌 사고 직후 태어난 방사능에 오염된 아이들의 모습이다. 체르노빌 원전 사고는 인류가 만든 최대의 재난으로, 대중에게는 끝없는 핵의 공포를, 반핵·반원전 운동가에게는 원자력 이용을 반대하는 좋은 사례가 되었다.

지진해일로 인한 일본 후쿠시마 원자력발전소의 방사능 누출(2011) 이 사고는 보다 안전하고 지속 가능한 에너지를 사용해야 한다는 경고로, 천문학적인 피해를 발생시켰다.

화석연료가 급격히 감소하는 것도 문제이지만, 화석연료가 기후변화에 영향을 미쳐 지구온난화가 가속화되는 등 환경문세를 일으키는 것도 매우 심각하다. 지구환경을 감안해 2050년까지 온실가스 배출량을 현재의 절반으로 줄이려면 화석연료 사용량을 1900년 이전 수준으로 줄여야 한다.

1970년대 석유파동 이후에는 적은 비용으로 고효율의 에너지를 얻을 수 있고 오염 물질 배출이 비교적 적은 원자력 에너지가 각광을 받았다. 하지만 체르노빌 원자력 발전소의 원자로 폭발 사고와 후쿠시마 원전 사고는 방사성 폐기물 처리 기술과 안정성의 문제를 야기시켜 원자력 에너지에 대한 회의를 품게 하였다.

결국 지속 가능한 에너지 생산과 소비를 위해서는 환경에 무해하고, 안전하면서도 재생이 가능한 에너지를 개발하는 데에 눈을 돌려야 한다. 그래서 오늘날 우리는 땅속에 갇힌 에너지가 아닌, 지구에서 실시간 만들어지는 에너지를 이용하려고 노력하고 있다. 거기에는 태양열과 태양광이 있으며, 수력, 풍력, 파력 등이 있다. 또한 밀물과 썰물에 의해 발생하는 조력, 땅속에서 발생하는 에너지를 이용하는 지열 등도 신재생 에너지로 각광받고 있다. 이론상으

재생에너지 예상 가격 변화 현재 신재생 에너지 개발 추세에 근거해 2015년, 2030년 신재생 에너지 가격을 예측한 자료이다. 신재생 에너지는 시설 비용이 비싸고 많은 양의 에너지를 필요로 하는 곳에서는 부적합하다는 단점이 있다. 따라서 신재생 에너지의 기술력을 높여 가격을 낮추는 것이 필요하다.

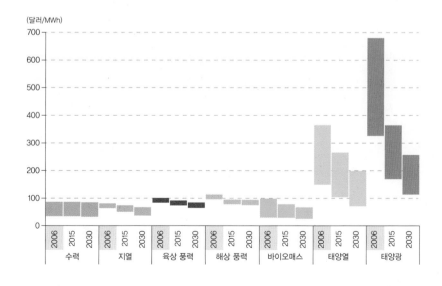

로 전 세계의 사막에 6시간 내리쬐는 태양에너지를 모두 합하면, 인류가 1년 동안 사용할 수 있는 에너지량이 된다. 하지만 자연에서 우리가 필요로 하는 에너지를 끄집어내는 일은 결코 쉽지 않다.

유럽연합은 사하라 사막과 아라비아 반도의 여러 지역에 태양열 발전소를 설치한 후, 그 에너지를 유럽으로 가져오는 데저텍Desertec : Desert+Technology 프로젝트를 계획하고 있다. 2003년에 시작된 이 프로젝트가 완료되는 2050년이 되면 일반적인 원자력발전소 약 390개의 발전량과 맞먹는 엄청난 발

데저텍 프로젝트
사하라 사막 등지에 태양열 발전소를 세운 뒤, 전력 송신망을 통해 유럽 지역에 필요한 전력을 충당하는 장기적인 전력 생산 및 공급 계획이다. 2050년 유럽연합의 전력 사용량의 15%를 공급하는 것이 목표이다.

전 용량을 갖추게 된다. 태양광발전이 아니라 태양열발전 방식이므로 환경 조건이 좋은 곳에서는 낮 동안 저장한 열을 이용하여 밤에도 발전을 할 수 있을 것이다. 또한 냉각수로 사용한 바닷물을 증류하여 얻은 물로 농사를 짓는 방안도 모색하고 있다. 하지만 천문학적인 비용 문제와 기술적 장애가 있는 이 계획이 어떻게 실현될지는 미지수이다.

신재생 에너지 중 세계 여러 나라에서 가장 많이 개발, 이용되고 있는 것이 풍력 에너지이다. 독일, 미국, 에스파냐 등이 풍력 선진국이며, 이들 세 나라가 세계 풍력 에너지 생산량의 50% 이상을 차지한다. 덴마크도 풍력 에너지 개발에 힘쓰고 있다. 덴마크의 풍력발전은 세계 풍력 에너지의 3% 이상을 차지하고 있으며, 덴마크 국내 전력 소비량의 20% 정도를 차지한다. 덴마크에는 세계에서 가장 큰 해상 풍력 단지인 혼스 레프 풍력 공원Horns Ref Windmill Park이 있다. 덴마크는 풍력발전소 건설 경험을 바탕으로 세계 풍력 산업 시장을 점유해 나가고 있다. 덴마크는 풍력발전을 넘어 생물체를 열분해 시키거나 발효시켜 메테인·에탄올·수소와 같은 연료, 즉 바이오매스 에너지를 채취하는 방법 등을 연구해 탄소 배출 제로에도 도전하고 있다.

사막의 태양열발전소 세계 각 지역에서는 기존의 에너지 판도를 바꿀 만한 대규모 태양열 프로젝트가 진행되고 있다. 사막은 태양열발전소를 세우고 그 효율을 극대화할 수 있는 최적의 장소이다.

해상 풍력발전소 풍력 에너지는 연 20~30%의 성장률을 보이며 지속적으로 발전하고 있다. 에너지 효용성과 소음 문제 등을 이유로 반대하는 목소리도 있지만, 점차 전력 생산의 중요한 에너지원으로 자리 잡아 갈 것이다.

숲 속 모래섬, 프레이저

오스트레일리아 　프레이저 섬

선생님께

선생님, 안녕하세요? 저는 지금 오스트레일리아 퀸즐랜드에 있는 삼촌 댁에 와 있어요. 삼촌은 퀸즐랜드에서 사탕수수 농장을 하고 계세요. 아침에 일어나 수평선 저 너머까지 펼쳐진 사탕수수 밭과 과일나무들을 보고 있으면 정말 오스트레일리아의 자연환경이 아름답다는 생각을 하게 돼요.

　며칠 전 삼촌이 농장 일을 쉬고 어디론가 저를 데리고 가셨어요. 한참을 달려 도착한 곳은 허비 베이에 있는 프레이저 섬이었습니다. 프레이저 섬은 남북 길이 122km, 해발고도 250m로, 매우 큰 섬입니다. 하지만 프레이저 섬이 유명한 이유는 그 크기 때문만이 아니예요. 바로 모래로 이루어졌기 때문이죠. 이 섬은 바람에 의해 만들어진 섬이라고 해요. 빙하시대부터 바람은 엄청난 양의 모래를 육지에서 이곳으로 날려 보냈고 그 모래들이 모여 섬을 만든 거죠. 모래로 만들어진 섬에는 수백 개의 사구와 40여 개의 담수호가 있어요. 이 중에서 가장 인기 있는 곳은 단연 맥켄지 호수인데, 그 이유는 물 빛깔이 매우 맑아서예요. 실제로 보니 호수 바닥의 모래알

모래로 만들어진 프레이저 섬

염분이 없고 물빛이 아름다운 맥켄지 호수

유칼립투스로 둘러싸인 와비 호수

이 다 보일 정도로 맑더라구요. 저는 유칼립투스와 프레이저섬테레빈나무가 빽빽이 우거진 숲도 감상하고 멸종 위기에 있는 쿨룰라 사초개구리도 보았습니다. 잔뜩 신이 나서 이곳저곳을 바라보며 사진을 찍고 있는 저에게 삼촌이 놀라운 이야기를 해 주셨어요.

프레이저 섬은 1992년 세계 자연 유산으로 등록되었을 만큼 풍요롭고 아름다운 곳이지만, 이 천혜의 환경을 갖춘 프레이저 섬도 인간의 이기심 앞에서 속수무책이었던 적이 있었다고 해요. 백인 정복자들이 원주민을 쫓아내고 나무를 마구 베어 1860년대에는 자원 고갈과 산림 파괴로 큰 몸살을 앓았다고 해요. 대부분은 수에즈 운하를 건설하는 데 쓰였는데, 그 이유는 이 섬에서만 볼 수 있는 몇몇 희귀한 나무들이 물속에 잠겨도 잘 썩지 않았기 때문이래요. 1970년대에는 나무뿐만이 아니라 여러모로 쓰임새가 많은 모래 역시 희생의 대상이 되었고요. 결국, 1976년 10월 프레이저 섬 환경 위원회가 이곳을 보호구역으로 지정하면서 더 이상의 파괴를 막고 아름다운 섬을 지킬 수 있었다고 합니다.

끝없는 인간의 욕심에 내던져졌다면 프레이저 섬의 모습은 어땠을까 생각만 해도 아찔합니다. 삼촌 댁으로 돌아가는 길에 다시 한번 프레이저 섬의 아름다운 경치를 눈에 담았습니다. 지금까지 원래의 모습을 간직하고 있어 다행이라고 생각하면서요.

제자 우영 드림

지구의 미래를 위한 연대

7

6월 5일은 '세계 환경의 날'이다. 1972년 '유엔 인간 환경 회의'에서는 제27차 유엔 총회 개막일인 6월 5일을 '다양한 생물종, 하나뿐인 지구, 하나뿐인 미래'를 슬로건으로 하는 '세계 환경의 날'로 지정하였다. 세계 환경의 날을 지정한 것은 어떤 이유에서일까?

유엔 환경 계획(UNEP) 유엔 인간 환경 회의는 환경문제에 관한 국제 협력 추진 기구인 유엔 환경 계획을 창설하였다. 이는 처음으로 지구 환경문제 해결의 이정표를 제시하였다는 점에서 의의가 크다.

| **지구를 지키기 위한 세계인의 노력** | 유럽의 산성비 문제, 아시아의 황사 문제 등에서 보듯이 한 국가의 환경문제는 비단 자국에 그치지 않고 이웃 국가에까지 피해를 준다. 이러한 세계적인 환경문제를 해결하기 위해 국제사회는 국가 간 파트너십의 필요성을 절감하게 되었다. 그러한 노력의 일환으로 환경문제의 대안을 마련하기 위한 다양한 국제회의와 협약이 이루어졌다.

환경문제를 논의한 최초의 국제회의는 1972년 6월 스웨덴의 스톡홀름에서 열린 '유엔 인간 환경 회의UNCHE'이다. '하나뿐인 지구Only One Earth'를 주제로 113개국이 참여한 이 회의에서 지구 환경문제를 다루는 유엔 전문기구가

주요 국제 환경 협약
❶ 런던 협약(1975년 발효) 폐기물과 기타 물질의 투기에 의한 해양 오염 방지에 관한 협약이다.
❷ 람사르 협약(1975년 발효) 물새 서식지로서 중요한 습지에 관한 협약이다. ❸ 몬트리올 의정서(1989년 발효) 오존층 파괴 물질인 프레온가스의 생산과 사용을 규제하고자 제정한 협약이다. 이에 따라 규제 물질을 포함한 냉장고나 에어컨 등은 1992년 5월 이후 비가입국으로부터 수입할 수 없게 되었다.

❶ 런던 협약

❷ 람사르 협약

있어야 한다는 공감대가 형성됨에 따라 '유엔 환경 계획UNEP'이 설립되었다. 유엔 환경 계획은 국제적으로 중요한 환경문제에 대해 각국 정부의 주의를 환기시키며, 5년마다 지구 전체의 환경 추세와 관련한 종합 보고서를 발간하고 있다. 1987년 9월에는 오존층을 파괴하는 물질에 대한 '몬트리올 의정서'를 채택하고 오존층 보호를 위한 국제 협력을 촉구하였다.

유엔 인간 환경 회의 20주년을 기념해 1992년 브라질 리우데자네이루에서는 '유엔 환경 개발 회의UNCED'가 열렸다. 환경적으로 건전하고 지속 가능한 개발을 구현하기 위한 지구환경 질서의 기본 규범인 '리우 선언'과 그 실천 계획인 '아젠다 21'을 채택하였다. 또한 지구온난화에 위기의식을 느낀 주요 국가들이 모여 온실가스의 방출을 제한하여 지구온난화를 방지하고자 정식으로 기후변화 협약을 체결하였다. 이후 이에 대한 노력은 '교토 의정서'와 '코펜하겐 기후변화 회의'로 이어졌다.

❹ **바젤 협약(1992년 발효)** 국제적으로 문제가 되는 유해 폐기물의 수출입과 그 처리를 규제하기 위해 제정된 협약이다. ❺ **생물 다양성 보존 협약(1993년 발효)** 지구상의 다양한 생물종을 보호하고, 생물 자원의 지속 가능한 이용을 위한 협약이다. ❻ **기후변화 협약(1994년 발효)** 지구온난화를 일으키는 온실가스 배출량을 억제하기 위한 협약이다. 기후변화 협약을 이끌어 낸 '리우 선언'과 '아젠다 21'은 환경문제를 해결하기 위한 탈국경(borderless)·탈국가(trans-national)적 국제 협력을 상징적으로 보여 준다. ❼ **사막화 방지 협약(1996년 발효)** 심각한 가뭄과 사막화의 영향을 받고 있는 국가에 대한 재정적·기술적 지원과 이를 위한 재정 체계의 수립, 개발도상국의 사막화 대응 능력의 향상을 위해 채택된 국제 협약이다. ❽ **교토 의정서(2005년 발효)** 기후변화 협약의 구체적 이행을 위한 협약으로, 온실가스 감축 목표를 담고 있다. 선진국 38개국에서 이산화탄소를 비롯한 6가지 온실가스의 배출량을 2008~2012년 사이 일정 수준 이하로 줄이는 것을 목표로 한다.

❻ 기후변화 협약, ❽ 교토 의정서

❺ 생물 다양성 보존 협약

❹ 바젤 협약

❸ 몬트리올 의정서

❼ 사막화 방지 협약

강대국의 이율배반 아이러니하게도 세계 최대 온실가스 배출국인 미국과 중국이 국제적인 온실가스 배출 억제 협약을 이행하지 않고 있다.

국제사회의 이러한 노력으로 각종 환경 협약이 늘고 있으며, 2009년 말 현재 221개의 환경 협약이 채택되었다. 그중 대기, 물, 폐기물, 유해 물질, 자연환경 등의 분야에서 대해 국가 간 협약이 체결되어 이미 발효된 것만 164개에 달한다. 이런 가운데 현재 세계 여러 나라가 국제적인 환경문제를 실제적으로 해결하기 위해 협력 체제를 유지하고 있다. 대표적인 예로 중국의 고비 사막에서 발원하는 황사를 방지하기 위한 노력으로 중국, 몽골, 한국, 일본 4개국이 참가하는 황사 극복 프로젝트를 들 수 있다.

그러나 국제 환경 협약을 통한 국제적인 협력에 대해 회의적인 시각도 있다. 2005년 발효된 교토 의정서는 온실가스의 배출량을 줄이려는 세계 최대 규모의 협약이었다. 그러나 그것이 얼마나 효력을 발휘할지는 의문이다. 여러 가지 지표를 볼 때, 많은 나라가 목표치를 달성하지 못할 것이라는 예측이 나오고

황사 극복 프로젝트 황사 피해의 당사국인 중국, 몽골, 한국, 일본은 지구온난화의 영향으로 더욱 심화되고 있는 황사 문제를 해결하기 위해 국제 공조를 펼치고 있다. 황사 관련 기상정보를 공유함은 물론이고 황사 발원지인 고비 사막과 타클라마칸 사막 일대에 모래 포집기를 설치하고 나무를 심어 황사 피해를 예방하고 있다. 사진은 한국과 몽골의 협력으로 고비 사막에 나무를 심는 모습이다.

있기 때문이다. 세계 최대의 온실가스 배출 국가인 미국이 조약에 서명하지 않고 있으며, 미국에 이어 두 번째로 온실가스를 배출하는 중국 역시 아무런 제약을 받지 않고 있는 등 환경을 위한 국제적인 협력보다 자국의 이익을 앞세우고 있는 것이 현실이다.

| **지속 가능한 개발** | 식량은 산술급수적으로 늘어나는 데 비해 인구는 기하급수적으로 늘어난다는 이론에 따르면 과잉인구로 인한 식량 부족은 피할 수 없을 것이다. 또한 인구 증가 때문에 유한한 지구 자원은 훨씬 빨리 고갈될 것이다. 이것은 1798년 영국의 고전 경제학자 토머스 맬서스_{Thomas R. Malthus}가 쓴《인구론》과 1972년 로마의 경제학자와 기업이 함께 발표한 〈로마 클럽 보고서〉의 핵심 주제이다. 인구 증가와 자원 고갈로 경제성장에 한계가 있음을 지적한 것으로, 당시 경제 성장론자들에게 큰 충격을 안겨 주었다.

지구의 위기를 경고한 두 이론의 주장은 결국 경제개발의 개념을 수정하는 결과를 가져왔다. 1972년 스웨덴 스톡홀름 회의에서 채택한 인간 환경선언은 "인간은 그 생활의 존엄과 복지를 보유할 수 있는 환경에서 자유, 평등, 적절한 수준의 생활을 영위할 기본적 권리를 갖는다."라는 환경권을 선언하고, 지역개발은 생태계를 파괴하지 않는 범위에서 이루어져야 한다는 이른바 '생태학적 개발'이라는 개념을 정립하였다.

생태학적 개발은 이후 1980년에 국제 자연보호 연합_{IUCN}이 마련한 세계 자연 자원 보전 전략_{WCS}에서 '지속 가능한 개발'이라는 용어로 발전하였다. 이후 1984년에 발족한 환경과 개발에 관한 세계 위원회_{WECD}가 1987년 채택한 도쿄 선언에서 지속 가능한 개발은 "장래의 세대가 스스

지속 가능한 개발 사회, 경제, 환경이 조화를 이루는 개발이 이루어질 때만이 건강한 지구의 미래가 보장된다.

로의 필요를 충족할 능력을 손상받음이 없이 현재 세대의 필요를 충족시킬 수 있는 인류 사회의 진보를 위한 대응"이라고 정의하였다. 지속 가능한 개발이란 용어의 등장은 지구 규모의 환경문제에 관한 전 지구적 관심을 드높이는 계기가 되었다는 점에서 의의가 매우 크다.

지속 가능성의 개념은 원래 생물학적 논리에서 출발하였으나 이후 경제, 복지, 의료, 문화, 예술 등 사회 전반의 문제로까지 확대되었으며, 그 파급효과도 컸다. 그렇다면 도대체 어떤 것이 지속 가능한 개발인가? 지속 가능한 개발은 개발 대상이 무엇이냐에 따라 여러 가지로 달라질 수 있다. 그러나 크게 자연의 재생 능력의 범위 안에서 자연조건을 만족시키는 개발, 세대 간의 자연 자원 이용의 형평성이 보장되는 개발, 절대 빈곤의 추방을 통한 사회 정의 실현으로서의 개발 등으로 압축된다. 즉 사회, 경제, 환경이 조화를 이룬 개발이 되어야 함을 의미한다.

| **작은 것이 아름답다** | 지구가 병들어 가고 있다. 이런 지구를 구하기 위해 우리는 무엇을 어떻게 해야 할까? 그 해답을 찾기란 쉽지 않다. 그러나 1973년 영국의 경제학자 에른스트 슈마허E. F .Schumacher가 발표해 사회적으로 큰 반향을 일으켰던《작은 것이 아름답다》에서 그 해답을 엿볼 수 있다.

슈마허는 제2차 세계대전 이후 대량생산에 의한 대량 소비사회의 진행으로 자연이 수용할 수 있는 한계를 넘어서는 인간의 무한한 욕망에 대해 성찰함으로써, 인간과 자연이 공존할 수 있는 인간 중심의 경제로 나아가자고 주장하였다. 인간이 진정으로 인간답게 살 수 있는 방법은 인간도 자연계의 일부로서 자연과 함께 살아가는 생물 가운데 하나로 인식하는, 생태학에 기초한 삶의 시스템을 구축하는 것임을 강조하였다. 이를 위해 '절제 없는 생산과 소비가 미덕인 사회'에서 '절제와 검소가 미덕인 사회'로의 전환을 실천 대안으로 제시하였다.

지금 당장 지구에 닥친 모든 문제를 해결할 수는 없다. 수만 개의 핵무기를 모두 없앤다거나, 아름드리나무를 베어 내는 전기톱을 모조리 멈추게 할 수는 없다. 하지만 문제를 해결하는 것이 불가능한 것도 아니다. 문제는 우

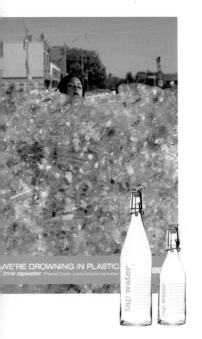

일회용 생수 이용 자제 캠페인
2008년 캐나다 토론토에서 벌인 캠페인으로, 일회용 용기에 담긴 생수 사용을 줄이고 수돗물을 애용하자는 공익광고이다.

리가 비록 사소한 것일망정 믿음과 의지를 가지고 일상생활에서 작은 것부터 실천해 나갈 수 있느냐 하는 것이다. 지구를 살리는 작은 실천으로는 절약, 재활용, 일회용 물건 안 쓰기, 자전거 타기 등을 들 수 있다. 그러나 무엇을 해야 하는지, 또는 무엇을 할 수 있는지를 잘 알고 있으면서도 이를 실천하지 않는 것이 가장 큰 문제이다. 실제로 환경오염의 문제는 우리가 몰라서 생기는 것보다 알면서도 실천하지 않아 생기는 경우가 훨씬 더 많다. 당장의 편리함과 욕심 때문에 해가 된다는 것을 뻔히 알면서도 행동하지 않아 우리의 현재와 미래를 망치고 있는 것이다.

지구를 살리는 것은 분명 굉장히 힘겹고 어려운 일이다. 그렇다고 그것을 포기할 수는 없다. 더 늦기 전에 작은 것부터 실천에 옮길 때 지구는 자연성을 회복할 것이다. 슈마허가 "작은 것이 아름답다."라고 외치는 이유가 바로 여기에 있다.

지구를 살리는 작은 실천들

자전거 타기

육류 소비 줄이기

빨랫줄 이용하기

무당벌레를 이용한 유기 농법

공공 도서관 이용하기

지속 가능한 발전을 말하다

기자 여기는 세계 청소년 환경 회의 현장입니다. 올해의 주제는 신재생 에너지입니다. 세계 각지의 청소년들이 모여 자국의 대체에너지 개발과 재생 가능한 에너지원 사용 실태를 보고하였는데요, 그중 가장 인상적인 두 발표자의 말을 전해 드릴까 합니다.

핀란드 대표 핀란드는 목재 산업으로 유명합니다. 우리나라의 70%는 산지인데, 소나무와 가문비나무 같은 유용한 나무가 많고 수출 소득의 상당 부분을 이런 삼림 자원을 통해 얻습니다. 하지만 우리는 이런 목재 산업에서 나오는 찌꺼기와 벌목의 부산물도 허투루 이용하지 않습니다. 우리는 목재 부산물을 주로 연료로 사용하고 있는데 2000년 우리나라 에너지 수요의 20%와 전력 수요의 10%는 부산물로 충족된 것들입니다. 또한 정부에서는 지속적으로 환경오염에 대해 깊은 관심을 갖고 여러 프로젝트를 진행하고 있습니다. 1990년 시작한 자연과 조화를 이룬 생태 주거 단지 '비키'의 건설도 그중 하나인데, 이 주거 단지에서는 화석연료를 가능한 한 사용하지 않고 녹지를 가꾸고 있으며 각종 환경과 관련된 연구도 진행되고 있습니다. 또한 2008년에는 제품 내 탄소 농도를 측정해 대기오염과 기후변화에 관한 정보를 파악할 수 있는 기후 레이블 시스템에도 관심을 갖고 실용화를 목표로 보고서를 발간하기도 하였습니다.

핀란드의 생태 주거 단지 비키

일본 대표 일본에서도 환경에 많은 관심을 쏟고 있습니다. 전 세계에서 도시의 배수 시설이 가장 잘된 나라로 꼽히고 있으며, 자연 체험 학습장을 전국 곳곳에 두어 어릴 때부터 환경에 대한 친근함과 경각심을 함께 키울 수 있도록 하고 있습니다. 또한 정부에서는 친환경 에너지 부분에 많은 관심을 쏟고 있는데, 그중에서도 주로 에너지 사용으로 발생하는 온실가스를 줄이고 유해한 가스 배출을 막기 위해 신경 쓰고 있습니다. 오염 물질 배출 구조를 개선시키는 기업에 특혜를 주고 지구온난화 대책을 마련한 회사에 인센티브를 주는 등 여러 정책적인 제도가 이를 뒷받침해 줍니다. 이런 우리나라의 정책을 보여 주는 상징적인 건축물은 교토의 급수탑일 것입니다. 1999년에 세워진 급수탑은 교토에서 흔히 볼 수 있는 식물인 대나무를 모티프로 하였는데, 대나무는 정화에 특히 탁월한 효과가 있는 식물입니다. 교토에 서 있는 대나무 모양의 급수탑은 보기만 해도 더러운 공기를 정화시켜 줄 것 같아 마음이 상쾌해집니다.

1만 6,000여 명에게 충분한 물을 공급할 수 있는 교토의 급수탑

일본의 자연 학습장인 시로가네 공원

부록

| 찾 아 보 기 |

| 필자 소개 및 집필 후기 |

위상복   유성종   엄정훈   김지현   최병천   이우평   김민수   김진수   오기세

| 최병천 |

세상을 교실 안으로 가져오고 싶었다. 그래서《살아있는 지리 교과서》에는 세상을 담고 싶었다. 자라나는 청소년들이 세상을
보며 크게 호흡할 수 있도록 돕고 싶어 시작하였지만 나 자신의 호흡만 커진 느낌이다. 긴 집필 기간 동안 즐겁게 동행한 여러
선생님과 전국에서 성원해 주신 전국지리교사연합회 모든 선생님께 감사드린다.
건국대학교 지리학과 및 동 대학원 졸업. 서울 중동중학교 교감 및 건국대학교 교육대학원 지리 전공 겸임교수.
현재 전국지리교사연합회 특임회장을 맡고 있다. cbcgeo@hanmail.net

| 김민수 |

이 책과 함께 인연을 맺은 여러 선생님으로부터 많은 것을 배운 3년이었다. 부족한 점이 많지만 서로의 생각을 나누며 힘을
합해 만든 책이라 의미가 크다. 우리의 삶도 이처럼 미흡하고 부족한 게 있어도 손을 맞잡고 따뜻한 기운을 전하며 서로의
삶에 의미를 더해 주었으면 좋겠다. 그렇게 서로를 이해하고 온기를 나누는 살 만한 세상을 만드는 데 이 책이 조금이라도
기여하기를 간절히 바란다.
경희대학교 지리학과 졸업. 서울 용문중학교 교사. 현행 중·고등학교 교과서를 함께 썼다. 국토지리학회 소속으로
《우리 국토》중고등학생용을 집필하였고, 지리교육연구회 지평에서 활동하면서《지리 교사들, 남미와 만나다》집필과.
《개념과 지역 중심으로 풀어쓴 세계지리》번역에도 참여하였다. minsoo@happygeo.com

| 김지현 |

새 학기 첫 수업 시간에는 언제나 칠판 가득 세계지도를 그려서 아이들에게 지리를 소개한다. 그런 마음으로 집에서,
학교에서, 때론 커피점을 전전하며 원고를 썼고, 경부선을 오가며 회의에 참석하였다. 공간의 이야기를 쓰기 위해 공간을
이동하였던 것이다. 같은 공간에서 다른 시간을 살았던 사람들의 흔적을 찾고, 같은 시간에 다른 공간에 살았던 사람들의
모습을 상상하였다. 시간과 공간을 이리저리 배열하며 고민스러웠지만 돌아보니 행복한 시간이었다.
부산대학교 지리교육과 및 동 대학원 졸업. 부산 경남여자고등학교 교사. 현행 한국지리 교과서를 함께 썼고,
지금은 중학교 교과서를 쓰고 있다. impact9435@nate.com

| 김진수 |

"지리를 참 좋아하는데, 뭐라 표현할 수는 없고……." 이 책을 통해 지리를 좋아하는 마음이 조금 표현되었는지 모르겠다. 지리의 매력에 한번 빠지면 헤어나기 어렵다. 죽을 때까지 지리를 등질 수 없으리라는 생각이 든다. 30대 후반 이후 학습 참고서를 집필하는 데 많은 시간을 보냈다. 친구 같은 아내는 나를 B급이라고 말한다. 이 책을 통해 B+급이 되었으면 좋겠다. 내게 '일용할 노동'을 주신 모든 분께 감사의 마음을 보낸다.

고려대학교 지리교육과 졸업. 인천 인하대학교 사범대학 부속고등학교 교사. 여러 차례 교과서 작업에 참여하였으며,
지금은 중학교 교과서를 함께 쓰고 있다. land999@chol.com

| 엄정훈 |

팔딱팔딱 살아 숨 쉬는 지리책, 무릎을 치며 '아하, 그렇구나!' 감탄사를 연발하는 지리책을 쓰고 싶었다. 수업 시간에는 학생들에게, 동네 놀이터에서는 아줌마들에게, 내가 만나는 다양한 사람들에게 기회가 있을 때마다 "지리를 알면 세상이 보인다."라고 과장해서 말하곤 한다. "정말?"이라고 되묻는 그들에게 이 책을 보여 주고 싶다.

서울대학교 지리교육과 및 동 대학원 졸업. 서울과학고등학교 교사. 고등학교 교과서 외에도 《땅이 가족의 황당 지리여행》,
《손에 잡히는 사회 교과서-지도》, 《질문을 꿀꺽 삼킨 사회 교과서-세계지리》 등을 썼다. lollyjh@paran.com

| 오기세 |

지리를 통해 세상을 보기 위하여 이 작업을 시작하였고, 많은 시간이 흘렀다. 그 시간 동안의 노력이 지리의 소중함과 중요성을 주변으로 더욱 확대하는 데 도움이 되기를 바랄 뿐이다. 나아가 자라나는 청소년들이 우리가 처해 있는 지구환경의 미래를 예측하고, 예상되는 문제들을 해결하려고 노력하는 데 조금이나마 도움이 되기를 바란다.

서울대학교 지리교육과 및 고려대학교 교육대학원 지리교육과 졸업. 전 서울 구로고등학교 교사.
중·고등학교 세계지리 교과서를 함께 썼고 전국지리교사연합회 초대회장을 지냈다. os5252@paran.com

| 위상복 |

지난 3년간 이 책을 위해 노력하였던 힘든 시간들이 이제 아름답게 느껴진다. 지리를 알고 싶은 학생들에게 쉽고 재미있는 책으로 인식되기를 기대하며, 아울러 많은 도움이 되었으면 좋겠다. 이 작업을 함께한 모든 선생님께 감사드린다.

경북대학교 지리학과 및 동 대학원 졸업. 대구 경일여자고등학교 교사. 교육 부문 신지식인으로 선정되었고,
현재 전국지리교사연합회 회장을 맡고 있다. sangbokw@hanmail.net

| 유성종 |

거문도 등대 아래에 부서지던 하얀 파도가 그립다. 밀려드는 파도처럼 《살아있는 지리 교과서》를 엮어 보자고 다짐하였던 집필진 선생님들의 열정이 생생하다. 집필 기간 내내 선각자들의 "아는 만큼 보인다.", "천하에서 밝히지 않으면 안 되는 것도 지리보다 더한 것이 없다."라는 말씀을 실감하였다. 고생한 만큼 아이들의 웃음으로 보상받고 싶다.

전남대학교 지리교육과 및 동 대학원 졸업. 전남 순천고등학교 교사. 현행 한국지리 교과서를 함께 썼다. ysj983@hanmail.net

| 이우평 |

이 책이 세상에 나오기까지 정말 힘든 여정이었다. 모든 분 또한 그러하였을 것이다. '어떻게 하면 생명력을 지닌 좋은 책을 만들 수 있을까.' 하는 고민의 연속이었다. 그래도 그 힘든 과정 내내 매우 행복하였다. 지리에 푹 빠져 있었기에……. 이제 멀찌감치 떨어서 도대체 '지리'가 무엇이기에 우리를 이렇게 힘들게 했나 생각해 본다. "지리학만큼 인생의 참맛을 느끼게 해 주는 학문이 또 있을까. 천기와 지기를 헤아리고, 사람 사는 냄새를 가장 가까이서 맡을 수 있으니……."

공주대학교 지리교육과 및 서울대학교 사범대 대학원 지리교육과 졸업. 인천 신송고등학교 교사. 전국지리교사연합회 학술부장으로 활동하며
고등학교 교과서와 《한국 지형 산책 1, 2》, 《모자이크 세계지리》 등을 썼다. lwp0424@empal.com

자료 제공 및 출처

그 림

김윤경 70_인류의 진화 71_루시의 복원 모습 72_아프리카의 원주민, 북극해 연안의 원주민 76~77_세계의 식생 78~79_세계 주요 기후대의 생활 모습 80_라디오존데, 백엽상과 풍향계, 기상레이더, 윈드 파일러 81_기상위성 83_해발고도에 따른 기온 분포 87_구름의 형성 과정 88_대류성 강수, 지형성 강수 89_전선성 강수, 저기압성 강수 90_고기압대에 발달한 사막, 한류 연안 지역의 사막 92_대기대순환 93_아시아의 겨울 계절풍 95_지구 대기의 역할 98_열대우림기후 지역 101_강수의 원리 111_초원 116_에스파냐의 플라멩코 117_그리스 가옥 118_전통적인 영국 신사의 모습 119_혼합농업 120_러시아인의 옷차림 126_백야와 극야의 발생 127_툰드라의 동물들 128_이누이트의 생활 135_산지 지역의 국지적인 기후 특색 140_세계 기상이변의 원인 150~151_지구의 탄생과 내부 구조 152~153_판의 움직임에 의해 만들어지는 지형 154~155_지구 외부 에너지에 의한 지형 형성 과정 156_슈거 로프 형성 과정 160~161_습곡산맥, 변환단층, 호상열도, 변환단층, 습곡산맥 163_동아프리카 지구대의 형성 과정 170_감입곡류 하천의 발달 과정 172~173_하천이 만든 지형 178~179_대기의 순환 시스템 180~181_사막의 다양한 지형 183_중국의 카얼징, 이란의 카나트, 오스트레일리아의 찬정 185_화산 분출 186~187_칼데라 호의 형성 과정, 화산 지형, 성층화산, 용암대지, 순상화산, 종상화산 192_빙하의 형성 193_다양한 빙하들 194~195_빙하지형, 에스커와 표석 점토, 모레인 196_얼음 쐐기의 형성 과정 197_다각형 구조토, 핑고 198~199_석회동굴, 석회암 지형 202~203_동굴 지형 214_해식절벽의 형성 과정, 해안 지형 217_산호초의 형성 과정 220_컨베이어 벨트 이론에 따른 해수 흐름도 222~223_태양과 달의 위치에 따른 밀물과 썰물의 모양, 랑스 댐 조력발전의 원리 224_해저지형 225_하와이 제도 234~235_고양이 낙하 작전 239_가이아 244_온실효과와 지구온난화 246_지구온난화의 영향 263_오존층 파괴와 그 영향 266_물의 순환 **김윤한** 75_여름이 사라진 1816년의 유럽 176~177_하천의 다양한 역할 190~191_파괴의 신 화산, 삶의 공간으로서의 화산 **김창희** 81_날씨 정보를 구입하는 사람 82_남자아이 86_축구 선수 131_기차 내 해발고도 안내 표시와 산소 공급 장치 272_토양오염의 경로 **AGI** 49_세계지도의 비밀 97_열대 기후 지역의 도시 112_엘렌하우터 115_온대 기후 지역의 도시 122_프로방스 139_지구의 기온과 대기 중 이산화탄소 농도 변화 비교 136_쿤밍 144_방글라데시 158_울루루 168_포카라 213_해안 지역 도시 238_1인당 가용 면적 240_오카방고 삼각주 243_온난화 재앙 시간표 251_아마존의 삼림 파괴 261_세계 지역별 아황산가스 배출량의 변화 287_지속 가능한 개발 **EpS 이형수** 95_대기권의 구조 **임근선** 29_수단의 지형도 31_수단의 종교 분포도 32_수단의 자원 분포도 35_세계 각국의 지니계수 50_메르카토르 도법상의 그린란드 51_몰바이데 도법상의 그린란드 73_인간의 기후적 활동력의 분포 74_세계 4대 문명의 발상지 76~77_쾨펜의 기후구분 84_세계 연평균 기온의 분포 86_아시아의 계절풍, 유럽의 편서풍 89_다양한 열대저기압의 이름 90_세계의 연평균 강수량 분포 92_무역풍, 편서풍 94_제트기류 96_지구의 공전과 기후 97_커피 벨트 101_인도의 여름 계절풍 105_위도별 연 강수량 분포 106_세계의 사막 분포 125_한대 기후 분포도 129_남극반도 130_칭짱 철도 개통 132_고산 도시 153_움직이는 대륙 154_베게너의 대륙 이동 증거들 160_히말라야 산맥의 형성 과정 160~161_판구조와 대륙 이동 162_세계의 주요 산지 163_동아프리카 지구대 164_차마고도 166_세계의 산지 171_나이아가라 폭포의 형성 과정, 콜로라도 강 174_바이칼 호와 티티카카 호 180_사구 181_바람에 의한 침식 182_시와 오아시스, 오아시스 샘의 형성 183_건조 기후 지역의 관계시설 분포 184_아이슬란드의 에이야프얄라쿨 화산 폭발 피해 188~189_자와-수마트라 화산대, 불의 고리 206_평야의 형성 과정 215_빙하기의 대륙, 빙하기의 해안선 변화 219_바덴 해의 갯벌 국립공원 221_세계의 주요 해류 222_해수의 심층 순환 236~237_세계 환경오염 현황 245_연간 이산화탄소 배출 규모로 재구성한 세계지도 249_영구 동토층 분포도 254_기후변화에 따른 문제들 256~257_세계 사막화 지도 258_유럽의 산성비 259_노르웨이 여러 호수의 오염 260_세계의 산성비 발생 지역과 피해 지역 269_물 부족 지역 280_데저텍 프로젝트 286_황사 발원지 **조규상** 58_스마트폰의 위치 인식 방법 85_파리와 하바롭스크의 기온 그래프 97_열대 기후의 구분 101_체라푼지의 강수량 105_카이로의 기후 110_울란바토르와 덴버의 기후 115_세계의 온대 기후 121_모스크바와 블라디보스토크의 기후 125_위도별 흡수 및 방출 에너지량 125_배로의 기후, 남극 세종 과학 기지의 기후 132_푸에르토말도나도의 기후, 라파스의 기후 141_최근 1,000년간의 기후변화 247_지구온난화에 기여하는 온실가스의 기여도와 농도 변화, 대기 중 온실가스의 잔류 기간 265_개발도상국의 수소염화불화탄소 감축에 대한 몬트리올 의정서 개정안 273_폐기물의 분해 기간 274_석유 가격 상승과 애그플레이션 275_천연자원의 가채연수 277_각국의 에너지소비량 279_재생에너지 예상 가격 변화

사진

굿네이버스 270_2010 물의 날 캠페인 **그린피스** 278_체르노빌 원자력발전소 사고 **김민수** 40_마추픽추 잉카 트레일 지도의 범례 **Reghunath Shanmathuran** 22_2011년 세계 환경의 날 포스터 **민족문제연구소** 44_조선박람회 홍보용 관광 지도 **산림청** 254_2011년 세계 산림의 해 포스터 **셔터스톡** 15_1845년 북서항로 개척에 도전한 존 프랭클린 일행 20_헨리쿠스 혼디우스가 그린 세계지도 24~25_18세기 세계지도 26_범례, 뭄바이 지도, 망원경, 세계지도 30_수단 북부의 사막, 수단 남부의 열대초원 32_포트수단 41_중국 한나라 시대의 나침반 43_후추, 정향, 팔각, 육두구 46_그리니치천문대 56_인공위성 66~67_페루의 잉카 유적지 마추픽추 68_융가스 도로, 크렘린 궁전, 리비아 사막, 비오는 거리, 세렝게티 국립공원 88_2011년 미국 미주리 주 토네이도 피해 모습 91_모로코 베르베르 마을, 인도네시아 수마트라 섬의 가옥 99_이동식 화전 농업 102_필리핀의 계단식 논 103_세렝게티 국립공원 104_달의 계곡, 사막 지역의 옷차림 105_카이로 107_소노라 사막, 전갈, 사막 여우 108_비 온 뒤의 사막 109_사막의 행렬, 낙타 112_얼렌하오터의 공룡알 화석지 113_몽골 고원에 펼쳐진 고비 사막 114_온대기후의 봄, 여름, 가을, 겨울 117_수목농업, 올리브, 그리스 해안의 가옥들 118_비 오는 영국 거리 119_서부 및 북부 유럽의 혼합농업, 낙농업의 발달 120_온대겨울 건조기후의 대나무 숲 122~123_프로방스의 풍경 126_백야 127_툰드라의 여름 129_세종 과학 기지 132_알파카 133_잉카 문명의 유적지 마추픽추 134_세르파, 고산 지역의 가축 사육 135_알프스를 오르내리는 산악 열차, 스키 타는 사람 136_꽃의 도시로 널리 알려진 쿤밍 137_이국적인 윈난 성의 돌숲 146~147_미국의 그랜드캐니언 148_유럽 대평원, 푸에르토리코의 석회동굴, 에베레스트 산, 미국의 콜로라도 강, 에콰도르의 퉁구라우아 화산 156_리우데자네이루의 슈거 로프 165_메사와 뷰트 166_스칸디나비아 산맥의 서부 해안, 알프스 산지의 에모송 댐, 침엽수림이 우거진 우랄 산맥, 히말라야 산맥의 마차푸차레 산 167_킬리만자로 산, 로키 산맥, 애팔래치아 산지의 탄광 168_네팔 제2의 도시이자 최고의 휴양도시인 포카라 169_만년설로 덮인 히말라야를 품은 페와 호 171_나이아가라 폭포, 그랜드캐니언 174_호수의 어머니로 불리는 바이칼 호, 물범 175_오스트레일리아의 카카두, 악어, 남아메리카의 아마존 강 180~181_플라야, 버섯 바위, 뷰트, 메사, 사막 분지, 오아시스, 바르한 182_시와 오아시스 184_아이슬란드 에이야프얄라요쿨 화산 폭발 187_하와이 마우나케아 화산 188~189_메라피 화산 192_빙하 194_알프스 산맥을 상징하는 스위스의 마터호른 196_주빙하 기후구 토양 197_다각형 구조토, 알래스카의 송유관 200_마다가스카르 칭기 국립공원의 카렌, 터키 파묵칼레의 석회화 단구 203_쿠푸왕의 피라미드 204~205_유럽 대평원, 시베리아 평원, 미국의 중앙 대평원, 아르헨티나의 팜파스, 오스트레일리아의 중앙 평원, 테이블 마운틴 207_세렝게티의 누 떼 이동, 세렝게티의 치타 208_프레리 독, 온대 초원 209_여름철 툰드라 초원과 순록 201~211_북아메리카 곡창지대 프레리 212_아말피 해안 213_뉴욕 216_피오르 해안 217_그레이트배리어리프 218_네덜란드의 상징으로 통하는 풍차 219_바덴 해의 갯벌, 바덴 해 서식 동물들 226_세계 최대의 해양 도시 두바이 팜 아일랜드 227_기름 유출에 의한 해양오염 228_폐허가 된 해골 해안 229_붉은빛 모래언덕이 펼쳐진 나미브 사막, 나미브 사막 위성 사진 232_가뭄으로 갈라진 땅, 화력발전소의 매연, 원자력발전소 건설 반대 운동, 워싱턴 주의 홍수, 소코트라 섬 해안의 쓰레기 더미 240_오카방고 삼각주 241_습지를 오가는 배 모로코, 오카방고 서식 동물들 242_사라져 가는 빙하 245_대기오염 250~251_아마존 삼림의 불법 벌목, 벌목한 열대림 지역에서 소 방목 252_말레이시아 대규모 야자수 농장 255_아마존 원주민 259_스모키 산 267_자연재해로 인한 수질오염, 부영양화로 인한 적조 현상 281_사막의 태양열발전소, 해상 풍력발전소 282_모래로 만들어진 프레이저 섬 283_염분이 없고 물빛이 아름다운 맥켄지 호수, 유칼립투스로 둘러싸인 와비 호수 284~285_풍력발전소, 런던 협약, 람사르 협약, 몬트리올 의정서, 바젤 협약, 기후변화 협약, 사막화 방지 협약 286_강대국의 이율배반 289_자전거 타기, 빨랫줄 이용하기, 공공 도서관 이용하기, 무당벌레를 이용한 유기 농법, 육류 소비 줄이기 291_일본의 자연 학습장인 시로가네 공원 **연합뉴스** 140_2010년 영국 런던의 폭설, 2010년 브라질 바레이로스의 홍수 248_몰디브의 수중 각료 회의 **유엔 환경 계획** 230~231_브라질의 아마존 개발 268_물 부족으로 시련을 겪고 있는 에티오피아 주민들 **이우평** 157_소금 결정에 의한 염풍화, 탄산염 광물로 만들어진 기형 휴석, 이끼류에 의한 화학적 풍화, 기계적 풍화에 의한 테일러스 167_안데스 산지에 발달한 고산도시 쿠스코 187_일본 후지 산, 인도 데칸 고원, 제주도 산방산 194_알프스 산맥의 U자곡 200_베트남 하롱베이에 발달한 탑 카르스트 201_베트남 하롱베이 띠엔꿍 동굴, 동굴 커튼, 동굴 팝콘, 동굴 진주 286_황사 극복 프로젝트 **진상수** 46_본초자오선 47_본초자오선과 세계 각 도시의 경도

*이 책에 쓰인 사진과 도판 자료는 정해진 절차에 따라 저작권자의 허락을 받아 사용하였습니다.
저작권자를 찾지 못한 자료는 확인되는 대로 다음 쇄에 반영하겠습니다.

살아있는 지리 교과서 1권

자연지리―사람과 자연의 조화로운 공존

1판 1쇄 발행일 2011년 8월 29일
1판 9쇄 발행일 2021년 6월 21일

지은이 전국지리교사연합회

발행인 김학원
발행처 (주)휴머니스트출판그룹
출판등록 제313-2007-000007호(2007년 1월 5일)
주소 (03991) 서울시 마포구 동교로23길 76(연남동)
전화 02-335-4422 **팩스** 02-334-3427
저자·독자 서비스 humanist@humanistbooks.com
홈페이지 www.humanistbooks.com
유튜브 youtube.com/user/humanistma **포스트** post.naver.com/hmcv
페이스북 facebook.com/hmcv2001 **인스타그램** @humanist_insta

편집주간 황서현 **편집** 이영란 이영아 최윤영 **교정** 최인수 **크리에이티브 디렉션 AGI** 김영철
책임디자인 이인영 **디자인** 최주영 지은미 **표지디자인** 김태형 **일러스트** 김윤경 김윤한 김창희 조규상
지도 임근선 **용지** 화인페이퍼 **인쇄** 청아디앤피 **제본** 정민문화사

ⓒ 전국지리교사연합회, 2011

ISBN 978-89-5862-411-0 03900